高等学校城市轨道交通系列教材

城市轨道交通运营安全管理

主　编　刘志钢　丁小兵
副主编　何　静

中国铁道出版社有限公司
2023年·北　京

图书在版编目（CIP）数据

城市轨道交通运营安全管理/刘志钢，丁小兵主编．—北京：中国铁道出版社，2021.12(2023.1 重印)
高等学校城市轨道交通系列教材
ISBN 978-7-113-24555-9

Ⅰ.①城…　Ⅱ.①刘…　②丁…　Ⅲ.①城市铁路-交通运输安全-交通运输管理-高等学校-教材　Ⅳ.①U239.5

中国版本图书馆 CIP 数据核字(2018)第 114948 号

书　　名：城市轨道交通运营安全管理
作　　者：刘志钢　丁小兵

责任编辑：李嘉懿　张　彤　　**编辑部电话：**(010)51873147　　**电子邮箱：**ljy_jtu@163.com
封面设计：陈东山　崔丽芳
责任校对：孙　玫
责任印制：高春晓

出版发行：中国铁道出版社有限公司(100054，北京市西城区右安门西街 8 号)
网　　址：http://www.tdpress.com
印　　刷：三河市兴博印务有限公司
版　　次：2021 年 12 月第 1 版　2023 年 1 月第 2 次印刷
开　　本：710 mm×1 000 mm 1/16　**印张：**15.75　**字数：**275 千
书　　号：ISBN 978-7-113-24555-9
定　　价：50.00 元

前 言

截至2020年12月31日，全国共有44个城市开通运营城市轨道交通线路233条，运营里程7 545.5 km，车站4 660座，实际开行列车2 528万列次，完成客运量175.9亿人次（未含港澳台数据），如此庞大的网络，轨道交通运营安全的地位不言而喻。随着我国城市轨道交通系统的不断发展和完善，运营安全管理工作出现了很多新的特点和趋势，《城市轨道交通运营安全管理》一书正是顺应了该趋势和社会安全需求，并经过多次实践教学和不断地修正，结合一线运营生产过程中的素材，不断地系统化、理论化，最终使得本书结构和体系更加完善。

本书内容融合了现代安全理论和城市轨道交通系统的现场运营工作。全书共分为6篇，分别是安全基础知识篇、安全基础理论和方法篇、运营安全管理篇、运营安全评价篇、应急管理篇和运营安全事故篇，内容既符合城市轨道交通行业的特点，又符合专业从业人员的知识体系需求。全书由刘志钢、何静、陈玲和丁小兵负责统稿。第1篇由刘志钢、丁小兵、何静、庄异凡、陈玲、陈修竹编写；第2篇由刘志钢、丁小兵、庄异凡、杨薛臣编写；第3篇由黄远春、朱琳、何静、马靖超、刘春宏、韩春芳、郭锐、殷光跃编写；第4篇由胡华、郝妍熙、隆海军、郁嬛君、韩春芳、杨荣编写；第5篇刘志钢、潘寒川、郁嬛君、张德媛、杨婧编写；第6篇由王奋、何静、杨荣、周娜、张德媛、许敏娟、郁嬛君编写。

本书编写工作历经两年，是编写人员长期不懈努力的成果。在这个过程中，编写组真切地体会到了学无止境的真谛。本书还需不断地改进和完善，也期待读者的宝贵建议。

编 者

2021年8月

目　　录

第1篇　安全基础知识

第2篇　安全基础理论和方法

第 3 篇 运营安全管理

第4篇　运营安全评价

第5篇 应急管理

第6篇 运营安全事故

第1篇　安全基础知识

做好安全生产工作，是全面落实科学发展观的必要，是建设和谐社会的迫切需要，是各级政府和生产经营单位，做好安全生产工作的基础。安全生产管理不仅具有一般管理的规律和特点，还有自身特殊的范畴和方法。安全生产工作也是城市轨道交通运营生产过程中的重中之重。本篇简要介绍了安全的基本概念和理论，城市轨道交通运营管理的主要专业领域以及城市轨道交通安全管理体系的基本内容。

第1章　绪　　论

1.1　轨道交通安全概述

“公共安全”是指不特定多数人的生命、健康、财产以及国家公共财产等社会公共利益的安全。现代社会的“公共安全”是包括社会成员的人身、健康、财产的安全保障及社会本身处置突发性事件的能力。

城市轨道交通同样面临着公共安全问题。在北京、上海等大城市，城市轨道交通已成为主要的公共交通工具。城市轨道交通是一个社会公共场所的缩影，是人群非常集中的场所，容易引发针对不特定人群或个体的公共安全事件。近年来，国外连续发生的城市轨道交通的公共安全事件已经给我们敲响了警钟，城市轨道交通的公共安全问题越来越受到各级政府和部门的重视。同社会的公共安全问题一样，城市轨道交通也面临着安全生产事故、自然灾害、人为灾祸、治安事件、有害生物侵害、疫情传播等危害安全的事件威胁，但造成威胁的因素构成比例不相同。

纵观世界各国的城市轨道交通，构成对城市轨道交通公共安全的主要威胁有：

1. 恐怖暴力袭击

城市轨道交通的车站、列车、区间、运营控制中心等重要部位都面临着恐怖暴力袭击的危险。近10年来，全球的城市轨道交通发生的恐怖袭击事件，造成了大量的人员伤亡和财产损失。

2. 地铁火灾

由于地铁所具有的建筑和环境特点，地铁中发生的各种灾害以火灾所带来的损失和伤亡最为严重。地铁火灾起因可分为人为因素(包括制造爆炸和过失引火)、系统故障因素(包括地铁电气与机械设备故障等)两大类。

3. 大量客流拥堵

各种因素导致的瞬间客流大量聚集拥堵从而容易引发群体性伤亡事件的发生。一旦形成超大客流的瞬间聚集,使运能和运量矛盾急剧放大,极易产生"点堵、线瘫、面乱"的蔓延和辐射效应,造成局部秩序混乱,一遇其他诱发因素更易导致骚乱性群死、群伤事件。

4. 阻碍运营事件

一旦遇因运营故障、乘客滞留或其他群体性行为都可能产生阻碍列车运营的事件。甚至有行人因各种原因违规进入轨道、穿越轨道以及自杀等行为而造成列车被迫停运的事件。

5. 有毒、有害的生物或气体的侵害

地下车站由于空间封闭、场地狭小、空气流通性较差,有毒、有害的生物或气体一旦侵入就较难控制,使涉及的伤害范围比较大。

6. 自然灾害和其他意外因素的侵害

自然灾害和其他意外因素也对城市轨道交通的公共安全构成威胁。例如,台风刮倒电杆、大树,高空坠物等都可能威胁到地面城市轨道交通线路的安全。

1.2 影响轨道交通安全相关因素与安全保障措施

城市轨道交通由于其自身特有的密闭性、高速性、容量大、系统复杂等特点,其运营安全也呈现出不同于其他交通工具的特点。作为重要的公共交通工具,一旦发生安全事故,必将对城市的生产、生活产生重大的社会影响。

城市轨道交通系统是一个庞大复杂的系统工程,其建设施工到正式运营的整个过程中都存在着诸多的潜在安全隐患。例如,在施工期间以及运营期间的供电系统,车辆系统,屏蔽门系统,售检票系统,通风、排烟系统,给排水系统,通信、信号系统等方面都会出现危险因素。从城市轨道交通事故产生的基本原因来看,可以归结为人员因素、设备因素、管理因素和环境因素等。

从我国的运营实践来看,客流管理和乘客的不良乘车行为是影响正常运营的两大因素。另外人多、人车冲突和人员侵限等人的因素也会对运营造成较大影响,对于运营时间长、运营里程较长的线路尤其如此。对于运营时间较长的线路来说,由于客流压力较大,由车辆引起的故障较多;对于刚开通的线路,由于系统处于磨合阶段,车辆故障和信号故障较为频繁,这些都是设备因素对运营造成的影响。

1. 设备因素

轨道交通是一个庞大而复杂的系统，是由一个个相互独立而又相互关联的子系统组成，由于设备系统状况造成安全隐患的因素主要有以下几点：

(1)工务系统因素

工务系统是轨道交通运营的基础，包含轨道、路基、桥隧、房建以及其他附属设备等。工务系统工作状态异常，会对运营安全带来严重隐患。

(2)车辆系统因素

车辆是轨道交通系统中的运载工具，车辆故障通常是影响线路运营的主要原因，其中以车门故障、主回路故障居多，此外还有列车制动故障、电气故障、列车出轨以及列车追尾等。

(3)信号系统因素

信号系统是轨道交通运营的行车指挥系统，信号系统的异常，会对轨道交通运营带来不良影响。由信号引起的故障以车载设备故障(主要是 ATC/ATP 故障)最为频繁，还有 SECEM 故障、列车收不到速度码、发车表示器不亮、中央 ATS 故障导致进路不自动触发等。出现 SECEM 故障后需用电话闭塞法行车，这在行车密度加大的情况下，对运营有较大影响。另外，新车载客运行，上线后也会出现较多的信号故障。

对于这些常见信号故障，调度员要对重点车站和重点设备重点监控，同时也要发挥车站的主观能动性，遇此类故障做到尽早发现，尽快处理。

(4)通信系统因素

通信系统是轨道交通运营的信息收发系统，其电源发生故障或通信设备本身发生故障时，不能保证各种行车信息及控制信息不间断地可靠传输，从而引起事故的发生。

(5)供电系统因素

供电系统是为轨道交通运营提供电能的设备，供电系统故障对轨道交通运营的打击往往是致命的。供电系统包括电气元件及其线路连接，轨道交通的各设施设备都要依靠电来运行，因此，电气系统对安全运营也有着重要影响。接触网带的是高压电，一旦发生接触网断线或绝缘子损坏，接触到金属结构物就会使其带电，危及人身安全；由于电气设备损坏和使用不当常发生触电伤亡事故；变电所、配电室中的电气设备等由于短路、过载、接触不良、散热不良、照明、电热器具安置或使用不当、违章作业等均会引起电气火灾、触电事故；杂散电流会给城市轨道交通以外的金属管道、金属结构造成电蚀危害。

(6)通风/排烟系统因素

在通风系统管理上的缺陷，如对风亭、风道设置不合理，会妨碍通风系统的正常工作。排烟系统对轨道交通的安全运营也相当重要，在城市轨道交通系统内，如在地下隧道内发生火灾，不仅火势蔓延快，而且积聚的高温浓烟很难自然排除，还会在隧道、车站内蔓延，给人员疏散和灭火抢险带来极大的困难，严重威胁乘客、员工和抢险救援人员的生命安全。

(7)给/排水系统因素

给/排水管道的防腐、绝缘效果不佳会发生泄露；隧道内排水系统不完善，隧道防水设计等级过低，会导致涝灾或地表水侵入；地面车站的地坪高度低于洪水设防要求；排水系统设置不完善，污水乱排以及污水、垃圾的排放会影响运营环境卫生。

(8)服务设备因素

轨道交通的其他系统出现故障，对运营及服务也会造成较大影响。如车站地面材料防滑效果不明显会存在安全事故隐患；在自动扶梯运行中，可能发生梯级下陷，驱动链断裂，梯级下滑，扶手带断裂等故障，并对乘客造成伤害。

2. 人员因素

人员因素是导致城市轨道交通事故的主要原因，一般性事故主要是因乘客未遵守安全乘车规则，而险性事故则多是由于工作人员职责疏忽引发的。工作人员业务素质不高、经验欠缺、处置不当、职责疏忽是造成重大事故的主要原因。

(1)拥挤

拥挤是车站安全事故的诱因之一，站台人员过多可能会使乘客跌入轨道；太过拥挤的车站也可能发生踩踏事件。

(2)道床伤亡

长期以来，因人员进入城市轨道交通线路区段，造成轨道交通列车延误的事件屡次发生。

(3)处理措施不当

工作人员在突发事件时处理措施不当是造成事故发生或事态严重的又一因素。

1.3 轨道交通运营安全的内涵与保障措施

1. 运营安全性与可靠性的概念

对于城市轨道交通系统，运营安全性指在整个系统运营过程中，保障“乘客和员工不受伤害以及设备不遭破坏”的能力；运营可靠性指在系统运营过程中，保障“乘客准时到达目的地”的能力。通常所讲的“保障乘客安全正点旅行”即包含了运营安全性与可靠性两方面的概念。

保障“乘客和员工不受伤害以及设备不遭破坏”的能力包含了两个方面，即不发生意外的安全(Safety)和免遭破坏的安全(Security),对应的事故也有两种,即意外发生的事故(Accident)和故意造成的事件(Incident)。

“保障乘客准时到达目的地”的能力也包含了两个方面:一是运输容量能力,二是列车按计划正点运行能力。因乘车人多造成拥挤而导致无法登乘、列车无法准时出发,以及由此引发的后续列车运行延误和车底周转延误属于前者;因技术或管理原因造成的运营中断、列车延误,以及由此引发的后续列车运行延误和车底周转延误或维修延误造成的列车运行延误等属于后者。

另外,“乘客方便舒适地旅行”是运营可靠性的另一项度量。如车站的空调、电梯等,列车上的灯光、座椅等,这些设备发生故障可能并不影响列车的正点运行,但会对乘客带来不便或不舒服。此项度量可作为更高一级的可靠性要求,即正点运营可靠性基础上的服务质量可靠性。

2. 保证运营安全的措施

城市轨道交通作为重要的公共交通工具,一旦发生安全事故,必将对城市的生产、生活产生重大的社会影响。因此,保证城市轨道交通的运营安全是城市轨道交通运营单位的首要任务和职责。为确保城市轨道交通的运营安全,应着重做好以下几方面的工作:

(1)建立、健全城市轨道交通的安全管理体系

做好城市轨道交通的立法工作使之有法可依,并制定一系列配套的具体法规。

建立一个包括安全管理的机构、制度、责任、设施、岗位职责、人员配置、资金的投入和使用等一系列严密的管理体系。

(2)做好城市轨道交通公共场所的保安防范工作

运营单位必须确立“防控第一”的安全战略,视防范和控制为第一要务,力求把涉及公共安全的灾难性事件消灭在萌芽状态;应针对城市轨道交通的特点和场所的具体情况,切实制定保安措施,加强保安巡逻。

(3)做好城市轨道交通重点单位、重要部位的安全防范工作

关系到城市轨道交通安全运营全局的重点单位、重要部位,一旦出事就可能造成重大伤亡或经济损失,必须加强其安全防范工作。应加强对重点单位、重要部位人员的管理和安全教育,建立安全防范制度、岗位责任制度和检查制度,切实制定和落实相应的安全防范措施。

(4)健全和落实确保城市轨道交通安全运营的各项技术措施

城市轨道交通运营单位应加大对城市轨道交通安全运营的监测、预警、预防和应急处置技术研发的投入,不断改进技术装备,建立健全城市轨道交通安全应急技术平台。

(5)制定应对城市轨道交通突发事件的应急预案及组织实地演习

所谓城市轨道交通突发事件，是指在城市轨道交通区域（包括车站、列车内和区间线路）突发火灾、水灾、爆炸、毒品（气）施放或泄漏、大客流爆满或停电造成险情、车辆脱轨和道床伤亡等事件。为了有效预防和及时处置在车站、列车、区间线路等处发生的突发事件，防止事件扩大，减少人员伤亡和财产损失，城市轨道运营单位应针对不同的突发事件分别制定相应的应急处置预案。

1.4 轨道交通运营危险源

1. 城市轨道交通建设期危险因素

城市轨道交通系统是一个庞大复杂的系统工程，从其建设施工到正式运营的各个环节存在着诸多的危险因素。轨道交通工程是由地下、地表、地上、多层次、多专业、不同功能的机械设备、多工种密集操作的施工人员构成的全方位立体交叉运作系统。

2. 工程地质等自然条件危险因素

各种不良地质条件，如暗河、古河道、地下人防设施、地下不明障碍物、承压水地层、复杂地貌条件等不良地质条件及施工方法不当，机具配备衬砌强度和工程进度等方面的原因，存在着塌方、异常涌水、有害气体堆积等危险因素。

3. 施工环境保护、管理危险因素

被拆迁建筑的外接管线，特别是电源、煤气等的切断、检查不当引发事故；施工期间临时交通标志、标线没有设置或设置不当；施工人员携带火种、打火机等可引起火灾的物品进入洞内引起爆炸、火灾等事故；施工机械噪声、振动过大，会妨碍对话，影响信号联络，还会对作业人员造成不适感；长期吸入洞内作业产生的粉尘、内燃机排出废气和烟雾，会引发矽肺病、缺氧症。

4. 城市轨道交通运营安全典型事故危险因素

轨道交通运营危险源的识别涉及员工的健康与安全、行车安全、设备安全、消防安全、交通安全、乘客安全及相关方安全、财产损失、列车延误等范畴。城市轨道交通运营安全主要受两大方面因素影响，即内部因素和外部因素。内部因素主要是指设备设施故障、人为误操作等；外部因素主要是指恐怖袭击、乘客携带违禁物品，自然灾害、外界事故（如停电、水、气管道破裂）等。轨道交通运营过程中典型事故危险因素有：

(1)火灾危险因素

①内部火灾危险因素。车站、隧道以及列车内存在大量的电气设备等火灾危险因素；车站、列车内的建筑装饰材料、广告牌等为可燃材料，遇火可能会发生火灾危险；车辆、供电设备、机电设备等若处在超期服役状态，一旦发生故障，也可能导

致城市轨道交通系统火灾事故。

②外部火灾危险因素。乘客违章携带危险物品，吸烟和吸烟后烟蒂随处乱扔等不当处置引起的火灾危险；人为因素（如恐怖袭击、投毒、纵火等）、意外明火引起的火灾危险；地铁车站站厅乘客疏散区、站台和疏散通道内违规设置的商业网点存在发生火灾的危险，且可能会引起连锁火灾事故。

(2)列车脱轨危险因素

列车脱轨主要是由城市轨道交通系统内部危险因素导致的：

①线路设计或铺设不合格，道岔伤损、轨枕伤损、道床伤损、接触轨伤损、钢轨断裂等均可能导致列车脱轨危险。

②列车超速、列车走行部件发生故障，可能导致列车脱轨危险。

③地铁列车、线路设备等存在老化现象，均处在超期服役状态时，这些设备一旦发生故障，可能导致列车脱轨事故。

此外，轨道周边物体侵入运营线路，如电缆伪装门坠落、抹灰层脱落等，异物侵限可引起列车损坏、列车倾覆、列车脱轨等重大、特大安全事故。

5. 地铁拥挤踩踏危险因素

地铁发生拥挤踩踏事故有两方面原因：一是车站内人员负荷过大，车站疏散通道或疏散楼梯设置不合理，车站站台、集散厅及疏散通道内有妨碍疏散的设施或堆放物品。车站出入口存在缺陷或有突发事件发生时，都有可能造成人员拥挤踩踏。二是其他原因，如地铁列车故障、火灾或其他危险状况等紧急情况发生时，也可能发生乘客挤伤、踩踏等危险。

6. 列车撞车危险因素

处于高速移动状态的列车，也伴随着高风险。一旦出现瞬间的设备异常或人员违章操作，可能造成撞车事故。撞车危险包括与第三方相撞、迎向相撞、迎面相撞等。

7. 中毒和窒息危险因素

地铁发生火灾后会产生大量的烟雾，如果通风设施故障，可能造成中毒和窒息的危险；人为恐怖袭击使用的有害气体等也会造成中毒和窒息。

8. 其他危险因素

城市轨道交通系统内部的电动车辆、变电所、配电室、电缆、第三轨以及风机、水泵等设备，由于设备缺陷、涉及不周、防护不当等技术原因可能导致触电伤害危险。此外，由于人为的违章作业、违章操作，也可能造成触电伤害危险。乘客使用扶梯时，可能造成碰撞、夹击、卷入等伤害。扶梯正常运行状态下的乘客违章乘梯，可能造成严重的乘客摔伤。列车车厢内灯管爆裂、内侧玻璃意外脱落等均可能导致机械伤害。此外，列车在紧急起动、制动时具有很大的惯性，可能导致乘客摔伤危险。乘客手扶车门、上下车时机选择不当或地铁列车设备故障等可能导致车门夹人等机械伤害。

第 2 章　安 全 理 论

2.1　绝对安全观与相对安全观

关于安全的概念,可归纳为两种,即绝对安全和相对安全。

绝对安全观是人们较早时期对安全的认识,目前仍然有一部分现场生产管理人员和科技工作者有此认识。绝对安全观认为,安全指没有危险、不受威胁、不出事故,即消除能导致人员伤害,发生疾病、死亡或造成设备财产破坏、损失以及危害环境的条件。这种安全观认为发生死亡、工伤等的概率为零,这在现实生产系统中是不存在的,它是安全的一种理想状态。

与绝对安全观相对应的就是人们现在普遍接受的相对安全观。相对安全观认为,安全是相对的,绝对安全是不存在的。例如,美国哈佛大学的劳伦斯教授将安全定义为"安全就是被判断为不超过允许极限的危险性"。

2.2　安全基本概念

1. 安全

安全是指不受威胁,没有危险、危害、损失。安全是在人类生产过程中,将系统的运行状态对人类的生命、财产、环境可能产生的损害控制在人类能接受水平以下的状态。

2. 危险

作为安全的相对面,可以将危险定义为:危险是指在生产活动过程中,人或物遭受损失的可能性超出了可接受范围的一种状态。危险与安全一样,也是与生产过程共存的过程,是一种连续型的过程状态。危险包含了尚未为人所认识的,以及虽为人们所认识但尚未为人所控制的各种隐患。同时,危险还包含了安全与不安全一对矛盾斗争过程中某些瞬间突变发生外在表现出来的事故结果。从危险的概念可以看出,危险是人们对事物的具体认识,必须指明具体对象,如危险环境、危险条件、危险状态、危险物质、危险场所、危险人员、危险因素等。

3. 安全性

从系统的安全性能讲,安全性为衡量系统安全程度的客观量。与安全性对立的概念是描述系统危险程度的指标——风险(又称危险性)。

假定系统的安全性为 S,危险性为 R,则 $S=1-R$。

4. 可靠性

可靠性指系统或元件在规定条件下、规定时间内,完成规定功能的能力。

5. 隐患

从系统安全的角度来看,通常人们所说的隐患包括一切可能对人-机-环境系统带来损害的不安全因素。

隐患指在生产活动过程中,由于人们受到科学知识和技术力量的限制,或者由于认识上的局限,而未能有效控制的有可能引起事故的一种行为(一些行为)、一种状态(一些状态)或二者的结合。隐患是事故发生的必要条件,隐患一旦被识别,就要予以消除。对于受客观条件所限,不能立即消除的隐患,要采取措施降低其危险性或延缓危险性增长的速度,减少其被触发的"概率"。

6. 重大危险源

《危险化学品重大危险源辨识》(GB 18218—2009)中对重大危险源的定义:重大危险源是指长期或临时生产、搬运、使用或储存危险物品,且危险物品的数量等于或超过临界量的单元。单元是指一个(套)生产装置、设施或场所或同属一个生产经营单位且边缘距离小于 500 m 的几个(套)生产装置、设施或场所。

7. 本质安全

本质安全是指通过设计等手段使生产设备或生产系统本身具有安全性,即使在误操作或发生故障的情况下也不会造成事故的功能。具体包括:

(1)失误—安全功能(误操作不会导致事故发生或自动阻止误操作);

(2)故障—安全功能(设备、工艺发生故障时还能暂时正常工作或自动转变安全状态)。

上述两种安全功能应该是设备、设施和技术工艺本身固有的,即在规划设计阶段就被纳入其中,而不是事后补偿的。

8. 安全生产

安全生产是指在生产经营活动中,为了避免造成人员伤害和财产损失的事故而采取相应的事故预防和控制措施,以保证从业人员的人身安全,保证生产经营活动得以顺利进行的相关活动。

9. 安全生产管理

安全生产管理就是针对人们在安全生产过程中的安全问题,运用有效的资源,发挥人们的智慧,通过人们的努力,进行有关决策、计划、组织和控制等活动,实现生产过程中人与机器设备、物料环境的和谐,达到安全生产的目标。

生产管理的基本对象是企业的员工,涉及企业中的所有人员、设施设备、物料、环境、财务、信息等各方面。

2.3 事故分类

可以将事故定义为在生产活动过程中，由于受到科学知识和技术力量的限制或者由于认识上的局限，当前还不能防止或能防止而未有效控制所发生的违背人们意愿的事件序列。

1. 按安全事故类别分类

将企业工伤事故分为20类：物体打击、车辆伤害、机械伤害、起重伤害、触电、淹溺、灼烫、火灾、高处坠落、坍塌、冒顶片帮、漏水、放炮、瓦斯爆炸、火药爆炸、锅炉爆炸、容器爆炸、其他爆炸、中毒和窒息以及其他伤害等。

2. 按安全事故的伤害程度分类

按伤害程度分为：

(1)轻伤，指损失1个工作日至105个工作日以下的失能伤害；

(2)重伤，指损失工作日等于和超过105个工作日的失能伤害，重伤损失工作日最多不超过6 000工作日；

(3)死亡，指损失工作日超过6 000工作日，这是根据我国职工的平均退休年龄和平均寿命计算出来的。

3. 按安全事故受伤性质分类

受伤性质是指人体受伤的类型，实质上从医学角度给予创伤的具体名称，常见的有电伤、挫伤、割伤、擦伤、刺伤、撕脱伤、扭伤、倒塌压埋伤、冲击伤等。

2.4 危险源及其分类

危险源是可能导致死亡、伤害、职业病、财产损失、工作环境破坏或这些情况组合的根源或状态。在《职业健康安全管理体系—要求及使用指南》(GB/T 45001—2020)中的定义为：可能导致人身伤害和(或)健康损害的根源、状态或行为或其组合。危险源的实质是：具有潜在危险的源点或部位，是爆发事故的源头，是能量、危险物质集中的核心，是能量从那里出来或爆发的地方。

根据危险源在事故发生、发展中的作用，把危险源划分为两大类，即第一类危险源和第二类危险源。

第一类危险源是指系统中存在的、可能发生意外释放的能量或危险物质，实际工作中往往把产生的能量源或拥有能量的能量载体作为第一类危险源来处理。第一类危险源具有的能量越多，一旦发生事故其后果越严重。相反，第一类危险源处于低能量状态时比较安全。同样，第一类危险源包含的危险物质的量越多，干扰人的新陈代谢越严重，其危险性越大。

第二类危险源是指导致约束、限制能量措施失效或破坏的各种不安全因素，包括人、物、环境三个方面的问题。人失误可能直接破坏对第一类危险源的控制，造成能量或危险物质的意外释放；同时，人失误也可能造成物的故障，进而导致事故。物的故障可能直接使约束、限制能量或危险物质的措施失效而发生事故；有时一种物的故障可能导致另一种物的故障，最终造成能量或危险物质的意外释放；物的故障有时会诱发人失误；人失误会造成物的故障，实际情况比较复杂。环境因素主要指系统运行的环境，包括温度、湿度、照明、粉尘、通风换气、噪声和振动等物理环境以及企业和社会的软环境。不利的物理环境会引起物的故障或人失误；企业的管理制度、人际关系则会影响人的心理进而可能引起人失误。

第二类危险源往往是一些围绕第一类危险源随机发生的现象，它们出现的情况决定事故发生的可能性，第二类危险源出现的越频繁，发生事故的可能性越大。

2.5 事故隐患

所谓隐患是指隐藏的祸患，事故隐患即隐藏的、可能导致事故的祸患。这是一个在长期工作实践中大家形成的共识用语，一般是指那些有明显缺陷、毛病的事物，亦即人的不安全行为和物的不安全状态。

从系统安全的角度来看，通常人们所说的事故隐患包括一切可能对人-机-环境系统带来损害的不安全因素。事故隐患可定义为：在生产活动过程中，由于人们受到科学知识和技术力量的限制，或者由于认识上的局限，而未能有效控制的有可能引起事故的一种行为（一些行为）或一种状态（一些状态）或二者的组合。隐患是事故发生的必要条件，隐患一旦被识别，就要予以消除。对于受客观条件所限不能立即消除的隐患，要采取措施降低其危险性或延缓危险性增长的速度，减少其被触发的“概率”。

2.6 风险的概念及其度量

1. 风险概念

根据ISO9001:2015的定义，风险是指发生引起损害危险的概率及其损害的严重程度。

简单地讲，风险就是发生事故的概率。在安全领域，风险指的是可能出现的影响安全的不确定因素。

(1)风险和危险的区别

危险只是意味着一种坏兆头的存在，而风险则不仅意味着这种坏兆头的存在，而且意味着有发生这个坏兆头的渠道和可能性。因此，“危险”是事物客观的属性，是风险的一种前提表征。

(2)风险是一种不确定性

不确定性是某一事件的预期结果与实际结果间的变动，风险是不确定性的一种。由于不确定因素的影响，对于一个特定的事件或活动，人们不能确知最终会产生什么样的结果，或者能够事先辨识各种可能结果，但仍然难以确定或估计它们发生的概率，这就是不确定性。不确定性存在的主要原因是人们对未来活动或事件的信息掌握不全面，无法对结果进行准确预计。

2. 风险的度量

不确定性的可能结果是多样的，难以度量，而风险是可以度量的。个别的风险事件是很难预测的，但可以对其发生的概率进行分析，并可以评估其发生的影响，同时利用分析预测的结果为人们的决策服务，预防风险事件的发生，减少风险发生造成的损失。

(1)把风险看成是一个系统内有害事件或非正常事件出现可能性的量度；

(2)把风险定义为发生一次事故的后果大小与该事故出现概率的乘积。

一般意义上的风险具有概率和后果的二重性：$R=f(p,c)$，其中，R 表示风险，p 表示风险发生的概率，c 表示发生风险后的损失后果。

为简单起见，大多数文献中将风险表达为概率与后果的乘积：$R=p\times c$。

2.7 安全因素相互关系

1. 安全与危险的关系

安全与危险是一对此消彼长、动态发展变化的矛盾双方，它们都是与生产过程共存的连续型过程。

描述安全与危险的指标分别是安全性与危险性(风险)，二者的关系为：安全性＝1－危险性。

事故与安全是对立的，但事故并不是不安全的全部内容，而只是在安全与不安全一对矛盾斗争过程中某些瞬间突变结果的外在表现。

系统处于安全状态并不一定不发生事故，系统处于不安全状态，也未必完全是由事故引起。

危险不仅包含了作为潜在事故条件的各种隐患，同时还包含了安全与不安全的矛盾激化后表现出来的事故结果。

事故发生，系统不一定处于危险状态，事故不发生，也不能否认系统不处于险状态，事故不能作为判别系统危险与安全状态的唯一标准。

事故总是发生在操作的现场，总是伴随隐患的发展而发生在生产过程之中，事故是隐患发展的结果，而隐患则是事故发生的必要条件。

2. 安全性与可靠性的关系

安全性与可靠性是两个不同但又有密切联系的概念。一般来讲，“安全”表示系统的“完整”与“稳定”状态，安全性是指系统保持这种状态的能力。安全状态被破坏是因为意外事件的发生，即通常讲的“事故”发生，其特征指标是人员伤亡、设备财产损失或环境危害的程度。“可靠”表示系统性能的“保证”与“可信赖”，可靠性是指系统性能“保证”与“可信赖”的能力。可靠状态被破坏是因为自身某些能力的下降或消失，即通常讲的出现“故障”，其特征指标是系统某些性能下降或丧失的程度。

第3章 安全系统工程

3.1 系统论和系统工程简介

1. 系统概念

系统就是由相互作用和相互依赖的若干组成部分结合成的具有特定功能的有机整体。

由上述定义可以分析得出，系统概念含有五个基本要素：功能、组元或组成、结构、运行与环境。

(1)功能

所谓功能是指系统将一定的输入(外界对系统的作用)转换为一定的输出(系统对外界的作用)的能力，且这种输入不等于输出。通俗地讲，系统的功能是指系统与外部环境相互联系和相互作用中表现出来的性质、能力和功能。

系统有一定的功能，或者说系统要有一定的目的性。例如，建造一幢房屋，总是有其特殊的功能即一定的目的。像建医院，就是用来治病救人，救死扶伤；建商店，就是用来出售商品，搞活流通，繁荣市场，发展经济；建学校则是为了教书育人，培养人才；建住宅，是为了给人们的生活、学习提供一个宁静、温馨的环境等。在这里，尽管医院、商店、学校、住宅都是房屋建筑，但由于它们的功能作用不同，其系统内部元素之间的联系也就不同。也就是说，系统内各元素的组织(联系)方式是按照系统的不同功能(目的)要求而建立的。

(2)组元或组成

组元是指组成系统的成分，作为系统概念要素的“组成”一词，是指系统组元的集合，每个系统都有两个以上的组元。通常人们将组元理解为相对独立、具有特定功能的部件或要素。系统的组元按相对运动的特性可以分为三类：固定组元、运转组元和流动组元。交通运输系统中的基础设施(线路、港、站等)为固定组元；载运工具(飞机、轮船、汽车、列车等)为运转组元；运输计划、统计报表等为流动组元。

(3)结构

系统的组元之间总以某种方式相互联系和作用着。某些组元之间往往存在着较为紧密而稳固的联系，而与其他组元相互作用时呈现出一定的整体性——系统性。系统之内存在着较为紧密而稳固的组元团体称为子系统。

所谓结构，是指系统内子系统的划分及子系统功能的分配，当然也包含子系统间的联系。系统的整体功能，是其子系统功能的综合。系统与子系统之间、子系统与子系统之间的联系，本质上都是物质、能量、信息在它们之间的流通。这种流通是有方向的，相互联系的事物之间的流通是不等价的，系统的功能是通过与外界进行(关于物质、能量和信息)不等价交换体现的。子系统构成及子系统间流通成分的质和流动方向的规定，形成了子系统在空间上的有序性，这就是系统结构。结构对系统的功能体现有很大的影响。

(4)运行

无生命的物理系统，含各种人造机器与设备，结构完全决定了子系统间的联系，从而在组成固定情况下完全决定了系统的功能。但是有人参与的系统，由于具有能动性的组元存在，结构并不能唯一确定各子系统间的联系。在系统结构，即对流动组元流通的质及其方向规定的情况下，系统能动部分还可以对流通的具体内容、数量及其在时间上的分布进行控制。例如，铁路运输系统中的调度员，结构(职能)赋予它向车站下达接发列车的调度命令，但是命令的具体内容及其是否符合车站的实际、何时下达并不确定。再如驾驶员与汽车固然是操纵与被操纵的关系(这是结构赋予的)，但驾驶员可以有不同的操纵方式，或者安全行驶，或者发生交通事故。这种在结构的基础上决定了运转组元的实际运动，从而决定了流动组元的实际变换与流通的机制称为运行。显然，依托于一定结构上的运行最终决定了系统的实际功能。

(5)环境

由系统功能的定义，必然有与它相互作用(有输入、输出关系)的外界，这个客观存在的与系统有着较密切联系的外界就是系统的环境。不存在没有环境的系统。许多系统，特别是生物系统和社会系统，离开环境无法生存，更不用说发展。

上述要素或者组元之间的有序联系，形成事物的结构和事物变化的实际运行过程，事物与外界的有序联系形成事物的环境和功能，组成、结构、运行、环境与功能的统一，就是科学的系统概念。

2. 系统工程

系统工程是组织管理系统的规划、设计、制造、试验和使用的科学方法，是一种对所有系统都具有普遍意义的科学方法。这个定义表示：系统工程属工程技术范畴，主要是组织管理各类工程的方法论，即组织管理工程；系统工程是解决系统整体及其全过程优化问题工程技术；系统工程对所有系统都具有普遍的适用性。

系统工程是运筹学、系统论、控制论、信息论、计算机技术和现代管理科学等相互渗透发展起来的一门以大规模复杂系统为研究对象的应用学科。它把自然科学和社会科学中某些思想、理论、方法、策略和手段等根据总体协调的需要，有机地联系起来应用于实践，以实现系统整体优化目的。

系统工程打破了各学科之间的界限，沟通了自然科学和社会科学的联系，使人们能够摆脱传统方法的束缚，为综合运用现代科技成就提供了最有效的方法和思路，为解决庞大复杂的系统性问题开辟了新的途径。其特点可以归纳为以下几点：

(1)研究方法的整体性

把研究对象看作一个整体，同时，把研究过程也看作一个整体，按系统工程的三维结构，即时间维（工作阶段）、逻辑维（思维步骤）和知识维整体配合研究解决问题。

(2)应用科学的综合性

综合运用多学科理论和管理工程技术，揭示并协调系统各要素之间以及系统与外部环境之间的关系，为实现系统整体功能最优化提供决策、计划、方案和方法。

(3)组织管理科学化

运用数学方法和计算机技术定量（或定量与定性相结合）分析、评价系统结构层和状态，以达到最优设计、最优控制和最优管理的目标。

3.2 系统分析的基本内涵

1. 系统分析的含义

系统分析是指在管理信息系统开发的生命周期中系统分析阶段的各项活动和方法。系统分析还可以定义为应用系统思想和系统科学的原理进行分析工作的方法与技术。

系统分析是有目的、有步骤的探索过程。目的是为决策者提供直接判断和决定最优方案的所需信息资料；步骤是使用科学方法，对系统的目的、功能、环境、效益等进行充分地调查研究，把试验、分析、计算的各种结果，同预期的目标进行比较，最后整理成完整、正确、可行的综合资料，作为决策者择优的主要依据。

2. 系统目标和系统分析的主要活动

系统目标就是对系统的要求，它是系统分析的基础。系统分析人员最初的也是最重要的任务就是要了解领导者的意图，明确存在的问题，确定系统的目标。其次，目标是目的的具体化，是建立更新系统的依据。由于系统问题的复杂性，系统的决策者难以确切提出系统的目标，往往是通过分析者与决策者进行多次“对话”后得到的，确定目标时应遵守必要性、有依据、可行，使提出的目标科学、合理。

系统分析阶段的主要活动包括系统初步调查、可行性研究、系统详细调查、新系统逻辑方案提出。

3. 系统分析工作的特点

(1)工作内容涉及面广,不确定性大。

(2)系统分析工作主要面向组织管理问题,工作方式主要是和人打交道。

(3)系统分析工作的主要成果(产品)是文件。包括系统开发建议书、可行性研究报告、现行系统调查报告、系统说明书等。

(4)系统分析工作追求的是有限目标。

4. 结构化系统分析方法

结构化系统分析方法是结构化方法的基本思想和主要原则在系统分析中的应用所形成的一系列具体方法和有关工具的总称。

这些工具有:数据流图(Data Flow Diagram,DFD),数据字典(Data Dictionary,DD),结构化语言、决策树、决策表。

结构化系统分析的工具建立的系统逻辑模型具备的特点:

(1)表达方式规范,内容确切,无二义;

(2)形式简洁,易理解,便于和非专业用户交流;

(3)便于查询、检索,易维护;

(4)便于计算机辅助建模。

3.3　安全系统及安全系统工程

1. 安全系统的构成

从安全系统的动态特性出发,人类的安全系统是人、社会、环境、技术、经济等因素构成的大协调系统。无论从社会的局部还是整体来看,人类的安全生产与生存需要多因素的协调与组织才能实现。安全系统的基本功能和任务是满足人类安全的生产与生存,以及保障社会经济生产发展的需要,因此安全活动要以保障社会生产、促进社会经济发展、降低事故和灾害对人类自身生命和健康的影响为目的。为此,安全活动受限应与社会发展基础、科学技术背景和经济条件相适应、相协调。安全活动的进行需要经济和科学技术等资源的支持,安全活动既是一种消费活动(以生命与健康安全为目的),也是一种投资活动(以保障经济生产和社会发展为目的)。

2. 安全系统的优化

可以说,安全科学、安全工程技术学科的任务就是为了实现安全系统的优化。特别是安全管理,更是控制人、机、环境、管理四要素,以及协调人、物、能量、信息元素的重要工具。不仅要从个别要素出发,研究和分析系统的元素,如安全教育、安全行为科学研究,以及分析人的要素,安全技术、工业卫生研究等物的要素,更要从整体出发研究安全系统的结构、关系和运行过程等，通过对安全系统工程、安全人机工程、安全科学管理等要素的研究实现安全系统的优化这一目标。

3. 安全系统工程

(1)定义：采用系统工程的基本原理和方法，预先识别、分析系统中的危险因素，评价并控制系统风险，使系统安全性达到预期目标的工程技术。

(2)研究对象：人子系统、机器子系统、环境子系统。

(3)目标：控制危险；消除事故对环境子系统主要考虑环境的理化因素和社会因素。

(4)研究内容或主要技术手段：系统安全分析、系统安全评价、安全决策与事故控制。

安全系统评价的任务：以系统安全分析为基础，了解系统存在的危险因素，评价系统的事故风险大小。与安全指标比较，如果超出指标，则应对系统的主要危险因素采取控制措施，使其降至安全指标以下。

(5)安全系统工程的研究方法：

①从系统整体出发的研究方法；

②本质安全方法；

③人-机匹配法；

④安全经济方法；

⑤系统安全管理方法。

(6)安全系统工程的优点：

①通过分析可以了解系统的薄弱环节所在及危险性可能导致事故的条件；

②通过评价和优化技术，可以找出最适当的方法使各分系统之间达到最佳配合，用最少的投资达到最佳的安全效果，大幅度地减少伤亡事故；

③安全系统工程的方法，不仅适用于工程，而且适用于管理，现已形成安全系统工程和安全系统管理两个分支；

④可以促进各项标准的制定和有关可靠性数据的收集；

⑤可以迅速提高劳动保护安全工作人员的水平。

(7)安全系统工程分析法与传统分析方法区别：

安全系统工程分析法是事故预防型，在问题出现前，就通过分析和评价找到问题，避免事故发生。传统分析方法是问题出发型，在问题发生后，采取措施弥补损失。

第 2 篇　安全基础理论和方法

第 1 章　事故致因理论

事故致因理论是从大量典型事故的本质原因的分析中所提炼出的事故机理和事故模型。本章介绍了事故的概念及其分类，并且在此基础上介绍了事故致因理论的发展历程，着重介绍了当代较为主流和具有代表意义的理论研究成果，能够为事故原因的定性、定量分析，做好事故的预测预防，改进安全管理工作，从理论上提供科学的、完整的依据。

1.1　事故的概念及分类

事故是指人们不希望发生的，导致人员伤亡或疾病、系统或设备损坏、社会财产损失，或环境破坏的意外事件。而广义地讲，人们在实现其目的的行动过程中，突然发生的、违反人意志的、迫使行动暂时或永久停止的一切意外事件，都称之为事故。

1. 按伤害程度分类

根据《企业职工伤亡事故分类》(GB/T 6441—1986)规定，按伤害程度分类为：

(1)轻伤：指损失 1 个工作日至 105 个工作日以下的失能伤害；

(2)重伤：指损失工作日等于和超过 105 个工作日的失能伤害，重伤损失工作日最多不超过 6 000 个工作日；

(3)死亡：指损失工作日超过 6 000 个工作日，这是根据我国职工的平均退休年龄和平均寿命计算出来的。

2. 按受伤性质分类

受伤性质是指人体受伤的类型，实质上是从医学角度给予创伤的具体名称，常见的有电伤、挫伤、割伤、擦伤、刺伤、撕脱伤、扭伤、倒塌压埋伤、冲击伤等。

3. 按事故损失分类

事故一般分为以下等级：

(1)特别重大事故，是指造成 30 人以上死亡，或者 100 人以上重伤(包括急性工业中毒，下同)，或者 1 亿元以上直接经济损失的事故；

(2)重大事故，是指造成 10 人以上 30 人以下死亡，或者 50 人以上 100 人以下重伤，或者 5 000 万元以上 1 亿元以下直接经济损失的事故；

(3)较大事故，是指造成 3 人以上 10 人以下死亡，或者 10 人以上 50 人以下重伤，或者 1 000 万元以上 5 000 万元以下直接经济损失的事故；

(4)一般事故，是指造成 3 人以下死亡，或者 10 人以下重伤，或者 1 000 万元以下直接经济损失的事故。

以上等级划分所称的“以上”包括本数，所称的“以下”不包括本数。

1.2 致因理论发展历程

随着科学技术和生产方式的发展，事故发生的本质规律在不断变化，人们对事故原因的认识也在不断深入，因此先后出现了十几种具有代表性的事故致因理论和事故模型。

1. 单因素事故原因模型

单因素理论的基本观点是：事故是由单一因素（因素是指人或环境的某种特性）引起的，其代表性理论主要是事故倾向性理论。

事故倾向性理论是早期的事故致因理论，只确认了事故原因的一个侧面，并且只提出单一的补救措施。在 20 世纪 50 年代以前，资本主义工业化大生产飞速发展，美国福特公司的大规模流水线生产方式得到广泛应用。这种生产方式利用机械的自动化迫使工人适应机器，包括操作要求和工作节奏，一切以机器为中心，人成为机器的附属和奴隶。与这种情况相对应，人们往往将生产中的事故原因推到操作者的头上。19 世纪末 20 世纪初，差别心理学盛行，事故倾向性理论正是在这一背景下形成的，曾在安全管理界产生重大影响长达半个世纪之久，被许多西方工业界作为招聘、安排职业、进行安全管理的理论依据，这一理论对本文调查问卷设计中关于个体因素对安全的影响，有重大的参考价值。但这一理论存在的最大的弱点是过分强调了人的个性特征在事故中的影响，把工业事故的原因归因于少数事故倾向者，而且难以解释为何在同等危险暴露情况下，人们受伤害的概率并不相等。

2. 事故因果连锁理论

事故因果连锁理论的基本观点是：事故是由一连串因素以因果关系依次发生，就如链式反应的结果。其代表性理论主要有：海因里希事故因果连锁理论、博德事故因果连锁理论和亚当斯事故因果连锁理论。以下主要介绍海因里希事故因果连锁理论。

1936 年海因里希（H. W. Heinrich）对当时美国工业安全实际经验做了总结、

概括，上升为理论，提出了“工业安全公理”，出版了流传全世界的《工业事故预防》一书，在该书中阐述了工业事故发生的因果连锁论。该理论的核心思想是：伤亡事故的发生不是一个孤立的事件，而是一系列原因事件相继发生的结果。Heinrich提出了“事件链”(chains of events)这一重要概念，即伤害与各原因相互之间具有连锁关系。Heinrich 认为事故因果连锁过程受以下五个因素的影响：

(1)遗传及社会环境。遗传及社会环境造成人的缺点的原因。遗传因素可能使人具有鲁莽、固执、粗心等不良性格；社会环境可能妨碍人的安全素质培养，助长不良性格的发展。这种因素是因果链上最基本的因素。

(2)人的缺点。包括鲁莽、固执、过激、神经质、轻率个体等性格上的先天缺点，以及缺乏安全生产知识和技术等后天缺点。

(3)人的不安全行为或物的不安全状态。是指那些曾经引起过事故，可能再次引起事故的人的行为或机械、物质的状态，它们是造成事故的直接原因。

(4)事故。即由于人、物或环境的作用或反作用，使人员受到伤害或可能受到伤害、出乎意料的、失去控制的事件。

(5)伤害。即直接由事故产生的财产损害或人身伤害。

Heinrich 提出了多米诺骨牌理论(Domino Theory)，用五块骨牌形象地描述这种因果关系，如图 2-1 所示。在骨牌系列中，第一颗骨牌被碰倒了，会发生连锁反应，其余的几颗骨牌相继被碰倒。如果移去中间的一颗骨牌，则连锁被破坏，事故过程被中止。Heinrich 认为，企业安全工作的中心是防止人的不安全行为，消除机械的或物质的不安全状态，中断事故的进程以避免事故的发生。控制事故的方

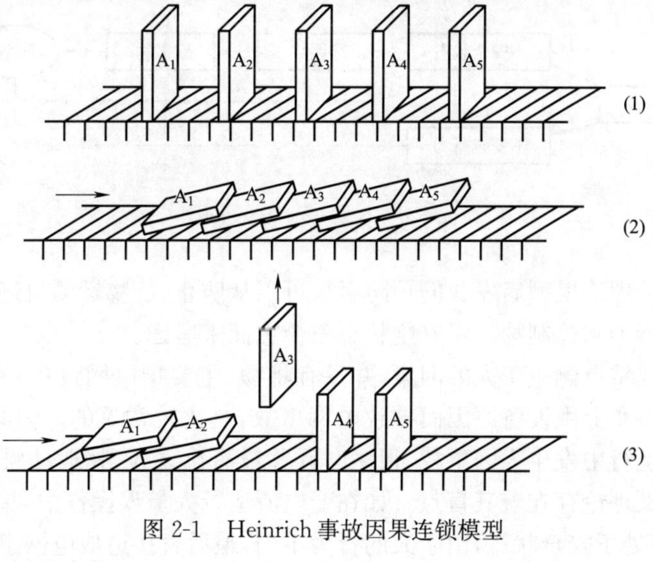

图 2-1　Heinrich 事故因果连锁模型

法也必须针对人的失误,移去中间因素,使系统中断,令前级因素失去作用。

Heinrich 理论不仅确立了事故致因的事件链概念,开创性地用骨牌形象、直观地描述了事故发生的因果关系,而且提出了抽除一张牌,即可破除事故链而达到防止事故发生的诱人思路。这一理论是事故研究科学化的先导,具有重要的历史地位,在实际的安全管理中广泛应用。

然而事实上,各骨牌(要素)之间的联系并不是单一的,具有随机性、复杂性的特征。海因里希事故因果连锁理论的不足之处就在于把事故致因的事件链描述得过于绝对化和简单化,而且过多地考虑了人的因素。尽管如此,该理论模型由于其形象化和在事故致因理论研究中的先导作用,因而有着重要的历史地位。

3. 轨迹交叉理论

轨迹交叉理论基本思想是:伤害事故是许多相互关联的事件顺序发展的结果。这些事件概括起来不外乎人和物两个发展系列,当人的不安全行为和物的不安全状态在各自发展过程中(轨迹),在一定时间、空间发生了接触(交叉),能量"逆流"于人体时,伤害事故就会发生。而人的不安全行为和物的不安全状态之所以产生和发展,又是受多种因素作用的结果。多数情况下,在直接原因的背后,往往存在着企业经营者、监督管理者在安全管理上的缺陷,这是造成事故的本质原因。如图2-2所示,起因物与施害物可能是不同的物体,也可能是同一个物体,同样,肇事者与受害者可能是不同的人,也可能是同一个人。

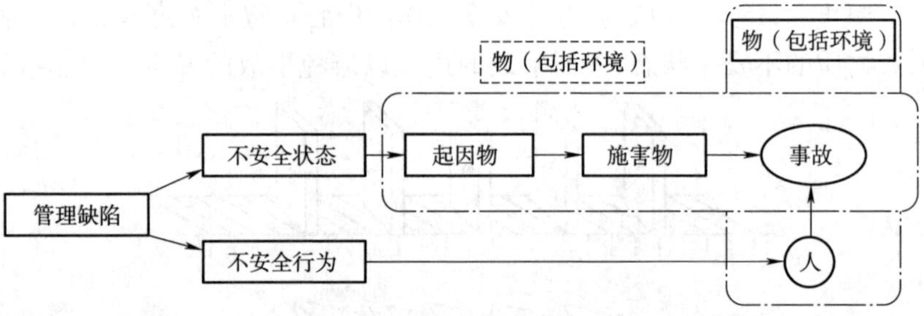

图 2-2 轨迹交叉理论模型

轨迹交叉理论模型启发我们预防事故可以从防止人、物运动轨迹的交叉,控制人的不安全行为和控制物的不安全状态三个方面来考虑。

由于研究重点侧重于人的因素,并没有将物(主要指电网设备)的不安全状态考虑在内。事实上由设备原因而导致电网事故,是比较常见的。但必须引起注意的是在电网运行中发生人因事故,很多时候并没有出现人、物运动轨迹的交叉,也就是轨迹交叉理论存在着其盲点。如在变电所运行人员误操作中,基本上物(电网设备)当时都处于安全状态,由于人的行为不当,最后直接造成电网事故。

事故致因理论和人因分析理论是人类安全实践深入的结果，并伴随着实践的发展而发展。从前人的努力中，可以得到以下基本启示：

第一，导致事故产生的原因是复杂的。众多的事故致因理论同时存在，而没有一个统一的可以解释所有事故的模型和理论，这充分说明了事故产生原因的复杂性。这一结论说明了运用科学理论和科学方法对不同领域的安全问题进行具体研究是有必要和有价值的。

第二，导致事故产生的原因是有规律可循的。事故的产生原因虽然复杂，但其中无外乎于人、机、环境和管理这四个要素。其中按照人因分析理论，人的因素是主要因素。这一结论说明本文抓住“人”这一最主要的因素，围绕“人”来开展轨道交通运行的安全研究，抓住了安全矛盾的主要方面；因为安全问题有规律可循，本文就有可能得出轨道交通安全运行中有规律性的结论。

可以从个体、群体、组织三个层次去探寻与人相关的不安全因素。从人因分析理论中可以看到众多的学者对人因进行了深入研究，提供了不少有价值的参考。人因研究的发展过程就是从注重个体研究到注重组织研究的过程。通过加强安全教育和安全技能培训、进行科学的安全管理等措施来控制人的不安全行为，或者通过改进生产工艺、设置有效的安全防护装置等措施来根除生产过程中的危险条件，消除生产作业重物的不安全状态，使人与物两大发展轨迹避免交叉，可以有效地防止事故的发生。

1.3 当代事故致因理论

事故模式理论是通过对大量典型事故本质原因的分析，提炼出的事故机理与事故模型。这些机理和模型描述了事故的成因、经过和后果，反映了事故内在的规律性，对于人们认识事故本质，指导事故调查、事故分析及事故预防等有着十分重要的作用和意义。

随着科学技术的发展和人类生产方式的变革，事故的本质规律不断变化，人们对事故的认识也在不断深入，目前，世界上先后出现了十几种具有代表性的事故模式理论和事故模型，其中对我国影响较大的主要有如下几种：

(1)事故因果连锁理论；

(2)系统观点理论；

(3)轨迹交叉理论；

(4)能量转移理论；

(5)事故原点理论；

(6)心理动力理论；

(7)扰动起源事故理论;

(8)事故倾向理论等。

限于篇幅,本书仅对其中的部分事故模式理论和事故模型做简要介绍。

事故因果连锁理论与轨迹交叉理论在上文中有所介绍,于此不再赘述。在此着重介绍其余几种理论。

1. 系统观点理论

系统观点理论把人、机和环境作为一个系统(整体),研究人-机-环境之间的相互作用,反馈和调整,从中发现事故的致因,揭示预防事故的途径。该理论着眼于下列问题的研究:

(1)机械的运行情况和环境的状况如何?是否正常?

(2)人的特性(生理、心理、知识技能)如何?是否正常?

(3)人对系统中的危险信号的感知、认识理解和行为响应如何?

(4)机械的特性与人的特性是否相容?

(5)人的行为响应时间与系统允许的响应时间是否相容?

在这些问题中,又特别关注对人的特性的研究,如:

(1)人对机械和环境状态变化信息的感觉和察觉怎样?

(2)对这些信息的认识和理解怎样?

(3)采取适当响应行动的知识怎样?

(4)面临危险时的决策怎样?

(5)响应行动的速度和准确性怎样?

系统观点理论认为,事故的发生是来自人的行为与机械特性间的失配或不协调,是多种因素互相作用的结果。该理论有许多种事故致因模型,其中比较具有代表性的是美国人瑟利(J. Surry)在1969年提出的瑟利模型。该模型根据人的认知过程对事故致因进行分析,把事故的发生过程分为危险出现和危险释放两个阶段,这两个阶段各自包括一组类似认知信息处理过程,即感觉、认识和行为响应,如图2-3所示。

首先,在危险出现阶段,如果人的信息处理的每个环节都正确,危险就能被消除或得到控制;反之,就会使操作者直接面临危险。然后,在危险释放阶段,如果人的信息处理过程的各个环节都是正确的,则虽然面临已经显现出来的危险,但仍然可以避免危险释放出来,不会带来伤害或损害;反之,危险就会转化成伤害或损害。

该模型从人、机、环境的综合方面,对危险从潜在到显现、从而导致事故和伤害或损害的过程进行了深入细致地分析,给人以多方面的启示。例如,为了防止事故,关键之一就在于对危险的发现与识别。这涉及操作者的感知能力、环境的干扰、危险相关的知识和技能等。因此,对安全管理的改善就应该致力于这些方面问

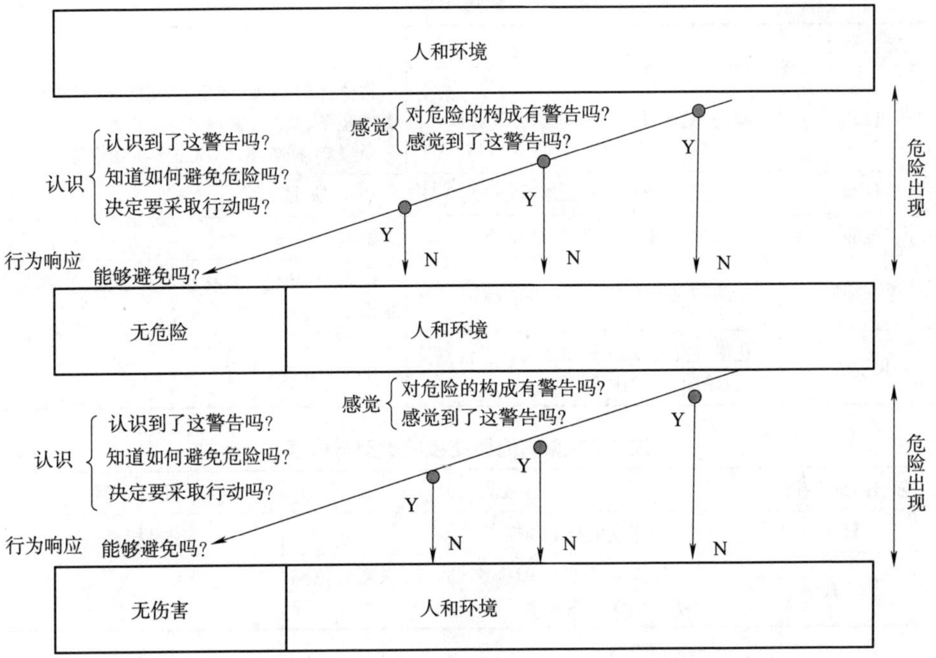

图 2-3 瑟利模型

题的解决:如人员的选拔和培训、作业环境的改善、监控报警装置的设置等。

2. 能量转移理论

在人类社会生产和生活活动中,往往需要涉及各种形式的能量,如机械能、热能、电能、电离辐射、化学能、生物能等。正常的生产过程中,必须对能量采取各种措施进行有效的控制,使其按照人们的意愿流动、转换和做功,以实现生产的目的。如果由于某种原因,能量由于失去控制而发生异常或意外的释放,就有可能导致事故。从能量的观点出发,美国安全专家哈登(Haddon)等人把事故的本质定义为:事故是能量的不正常转移。如果意外释放的能量作用于人体,并超过了人体的承受能力,则人体将受到伤害;如果意外释放的能量作用于设备或建筑物,并且超过了它们的抵抗能力,则将造成设备或建筑物的损坏。

由能量引起的人身伤害,大致分为两大类:一类为人体由于受到超过其承受能力的各种形式能量的作用而造成的伤害;另一类是由于人体与外界能量交换受到影响而造成的伤害,见表 2-1 和表 2-2。

表 2-1 能量类型与伤害

能量类型	造成的伤害	举　例
机械能	刺伤、割伤、撕裂、挤压皮肤和肌肉	物体打击、车辆伤害、机械伤害、起重伤害、高处坠落、坍塌、冒顶片帮、放炮、火药爆炸、瓦斯爆炸、锅炉爆炸、压力容器爆炸等
热能	皮肤发炎、烧伤、烧焦、焚化、伤及全身	灼伤、火灾
电能	干扰神经、肌肉功能损伤、电伤	触电
电离辐射	细胞和亚细胞成分与功能的破坏	辐射装置泄漏、核材料临界事故、放射性废物污染
化学能	化学性皮炎及灼伤、致癌、致遗传性突变、致畸胎、急性中毒、窒息	中毒和窒息、火灾

表 2-2 影响能量交换的类型与伤害

影响能量交换的类型	造成的伤害	举　例
氧的利用	局部或全身生理损害	中毒和窒息
其他	局部或全身生理损害（冻伤、冻死）、热痉挛、热衰竭、热昏迷	

与其他事故模式理论相比，能量转移理论的优点在于：一是把伤亡事故的直接原因归结于各种能量对人体的伤害，从而决定了将对能量源及能量传送装置的控制作为防止或减少伤害事故发生的最佳手段这一原则；二是依据该理论建立的伤亡事故统计分类方法，可以对伤亡事故的类型和性质等作出全面、系统地概括和阐述。

3. 事故原点理论

事故原点理论是事故调查工作的基础理论之一，这一理论自 20 世纪 80 年代以后得到了广泛的应用。

事故原点的概念及事故原点的确定方法如下。

(1)事故原点的概念

事故原点就是事故隐患转化为事故的具有初始性突变特征并与事故发展过程有直接因果联系的点。这个点是具有时空意义的广义点。

事故原点是构成事故的最初起点，如火灾事故的第一起火点，爆炸事故的第一起爆点等。事故具有时间和空间的双重概念，对某一单元事故，它表示某一时间或空间的某一点。事故原点具有如下特征：

①事故原点是从事故隐患转化为事故的具有突变特征的点，没有突变特征的点不是事故原点。

②事故原点是从事故隐患转化为事故的具有初始性的点，只有突变特征没有初始性的点也不是事故原点。

③事故原点是在事故发展过程中与事故后果有直接因果联系的点,只有突变特征和初始性而与事故后果无直接因果联系的点不是事故原点。

在任何单元事故中,事故原点只能有一个。事故原点不是事故原因,也不是事故的点,它们之间有严格的区别,这一点必须注意。

事故原点理论为调查事故提供了科学方法。在事故调查工作中,必须首先查清和验证事故原点的位置,然后才能对事故调查过程中的各个环节进行定性定量分析。在比较简单的单元事故中,如冲床伤手事故,发生事故的人机接触部位,即是事故的起点(事故原点),也是事故的终点。对比较复杂的大事故,应首先查到事故原点,调查工作才能按程序深入下去。如果在未确定事故原点之前,就对事故原因作了结论,则该结论必然是失误的,所取舍必然无针对性。因此,确定事故点在事故调查过程中是个关键问题。

(2)事故原点的确定方法

事故原点的确定方法有三种:定义法、逻辑推理法、技术鉴定法。

①定义法

定义法就是用事故原点的定义,查证落实事故的最初起点。此法适用于事故发生、发展过程比较明显,凭直观可基本确定事故原点和事故原因的事故,如机具伤害事故等。

②逻辑推理法

逻辑推理法是用发生事故的生产过程的工艺条件,结合事故的发生、发展过程的因果进行逻辑推理。因为事故的原因与结果在时间上是先后相继的,后一个结果的原因,就是前一个原因的结果,依次推导至络点,便找出事故的原点。这个方法适用于事故过程不明显而破坏性又比较复杂的事故,如大的爆炸事故。

③技术鉴定法

技术鉴定法是利用事故现场的大量物证进行综合分析,使事故的发生、发展过程逐步复原,进而将事故原点从中揭露出来。这个方法适用于极其复杂,而且造成重大损失的事故,如重大爆炸火灾事故。根据实际工作经验,技术鉴定要查被爆物承受面的痕迹、爆炸散落物的状态和层次、抛射物体方位和状态、人机损伤部位及现场造留物等五个方面。还要和爆炸物理学、化学工艺学、物质燃烧理论、结构力学等相结合。

事故原点确定过程举例(应用逻辑推理法),如图 2-4 所示。

4. 心理动力理论

心理动力理论是由弗洛伊德为解释精神病成因的个性动力理论引申而来。弗洛伊德认为,精神病不是生理疾病,而是因为一些动力因素,如情绪混乱,有意识与无意识的记忆及内驱力与欲望的冲突所致,而环境和家庭的压力是造成心理失调

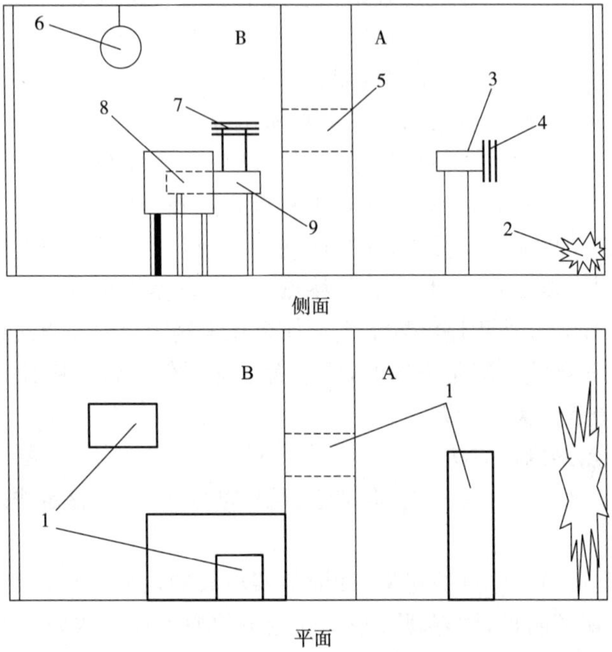

1. 爆炸点；2. 玻璃碎片；3. 装药机；4. 药盒；5. 传递窗；6. 防爆灯；7. 提盒；8. 储存器；9. 木桌

图 2-4　事故原点确定过程

乃至精神病的关键。加上缺乏父母呵护，过严的惩罚与虐待，兄弟姐妹间的竞争，过高的要求及工作学习上的一些挫折，都会影响和破坏身体和心理健康。心理动力理论引用了此观点解释事故的成因，该理论认为，事故是一种无意识的希望或愿望的结果，这种希望或愿望通过事故象征性地得到满足。也就是说，肇事者由于受到某种精神上的刺激或较大的心理压力才下意识地产生不安全行为而导致事故的。同时该理论还指出：通过更改人的愿望满足的方式或通过心理咨询分析完全消除那种破坏性的愿望，就可以避免事故的发生。

与海因里希模型等理论一样，心理动力理论也存在着只关注人的因素对事故的影响的片面性的问题，同时也无法提供手段去证实某个特定的动机与特定事故的必然联系，但该理论却对事故致因的研究和安全管理工作有着较大的贡献。因为其不仅明确指出无意识的动机是可以改变的，不是某个人本身固有的特性，而且指出了控制由人的心理因素而导致的事故的两类方法，即更改人的愿望满足的方式或进行心理分析。前者为当事人开辟了另一条安全地释放其心理压力的方式，避免了其在工作中的无意识释放而导致事故；后者则通过专业的心理咨询，找出心理刺激或压力的来源，使人消除心理所受刺激影响，以正常的心态从事学习和工作。

5. 扰动起源事故理论

1972年，本奈(Benner)提出了解释事故致因的综合概念和术语，同时把分支事件链和事故过程链结合起来，并用逻辑图加以显示。他指出，从调查事故起因的目的出发，把一个事件看成某种发生过的事物，是一次瞬时的重大情况变化，是导致下一事件发生的偶然事件，一个事件的发生势必由有关人或物所造成。将有关人或物统称之为“行为者”，其举止活动则称“行为”，这样，一个事件可用术语“行为者”和“行为”来描述。“行为者”可以是任何有生命的机体，如司机、车工、厂长；或者任何非生命的物质，如机械、洪水、车轮。“行为”可以是发生的任何事，如运动、故障、观察或决策。事件必须按单独的行为者和行为来描述，以便把事故过程分解为若干部分加以分析综合。

1974年，劳伦斯(Lawrence)利用上述理论提出了扰动起源论。该理论认为“事件”是构成事故的因素。任何事故当它处于萌芽状态时就有某种非正常的“扰动”，称之为起源事件。事故形成过程是一组自觉或不自觉的，指向某种预期的或不测结果的相继出现的事件链。这种事故进程包括了外界条件及其变化的影响。相继事件过程是在一种自动调节的动态平衡中进行的。如果行为者行为得当或受力适中，即可维持能量稳定而不偏离，从而达到安全生产；如果行为者的行为不当或发生故障，则对上述平衡产生扰动，就会破坏和结束自动动态平衡而开始事故的进程，一事件继发另一事件，最终导致“终了事件”——事故和伤害。这种事故和伤害或损坏又会依次引起能量释放或其他变化。于是，可以把事故看成从相继的事故事件过程中的扰动开始，最后以伤害或损坏而告终。这可称之为事故的“P理论”，如图2-5所示。

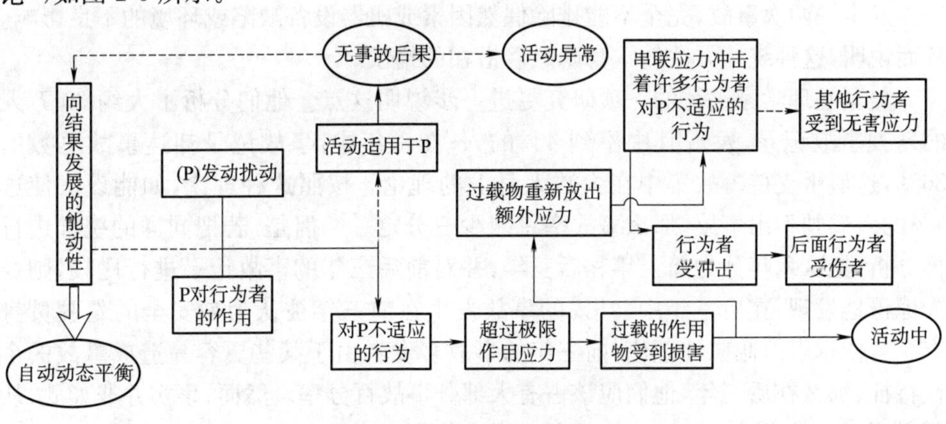

图2-5 P理论一般事故模型

6. 事故倾向性理论

事故倾向性理论也是历史最长和最广为人知的事故致因理论之一。一些科学家通过对大量事故案例研究,发现在现实生活中有少部分这样的人,在相同的客观条件下,出事故次数比其他人多得多。因此,有的心理学家提出一种称为事故倾向性(Accident Proneness)的理论。这种理论认为,事故与人的个性有关。某些人由于具有某些个性特征(Personality Trait),因而比其他人更易发生事故。换句话说,即这些人具有“事故倾向性”。

根据这种理论,有些学者曾尝试用心理测量的方法,去区分“易出事故者”和“不易出事故者”的个性差异,但还没有找到很好的办法。虽然通过研究认为易出事者具有下列特征,如反抗和攻击性、轻率、敌对、不守时间等,但却未能找到足以说明与易出事故有关的单一的个性维度。例如,蒂尔曼(W. A. Tillman)等通过调查得出易出事故者的精神面貌,指出易出事故者是有明显的攻击性,有厌恶社交的倾向,多是青年等,但未能找出“易出事故者”与其他人有什么明显差异的个性的特征。因此不能将事故倾向性作为重要的个体差异因素,因而得出暴露于危险环境中,事故必然增加的结论。

显然,把事故原因完全归咎于作业者,而忽视工作环境是不正确的。事故倾向性理论假设,在研究期间,在同一工作条件的工人中,每个人都有相同的事故概率。若有少数人比其他人有更多的事故次数,那么说明这少部分人有事故倾向性。如果假设一个有100名工人的工厂,一年共发生了50件事故,那么发生事故的工人肯定不会超过总人数的50%。若假设是50人发生事故,那么每人每年有一次事故,恐怕未必有事故倾向性。若发生在25名工人身上,那么每人每年二次事故。按照事故倾向性理论,发生事故的50人或25人,必然是有事故倾向性了。其实,一年发生一两次事故,完全不能排除偶然因素或机器设备缺陷或环境的不良影响。从而说明,这种统计方法的本身隐藏着潜在的错误。

美国心理学家进行的一项研究更进一步说明这点。他们分析了大约30万人的驾驶事故记录,发现其中不到4%的人,在六年中,事故记录却达事故总数的36%,这似乎支持事故集中在少数人身上的理论。按照这种理论,如能设法使这4%的人驾驶不出事故,那么事故率将减少三分之一。但是,若把同样的统计进行再分析,把这六年分为前三年和后三年,并对前后三年的事故记录进行比较,则令人惊讶地发现,在后三年中,95%的事故发生在前三年被认为是安全的驾驶员身上。若依据事故倾向性理论,前三年的事故多发者由于某些更容易造成事故的个性特征,那么在后三年,他们应该占有大部分事故百分率。然而,事实并非如此,从而说明过去的事故记录并不能推断一个人将来也容易发生事故。

还有研究表明,某些人在某些环境可能更容易发生事故,若换个环境则不一定容易出事故，在某一工种容易发生事故，在另一工种则不一定是这样，因此事故倾向性可能是指特定的环境而言，而非所有环境一般的倾向。

有些心理学家，如里森(J. T. Reason)认为，与其承认事故倾向性存在，不如归因于个性影响与环境因素的相互影响。年龄、经验、暴露的危险以及其他多元因素，对一个个体在某一段时间比其他人更容易发生事故的影响，可能更大于事故倾向性。里森认为，事故倾向性是比原先想象的复杂得多的表象，很大程度上取决于人所暴露的危险的类型。所以事故倾向性如果存在的话，可能不单单是人的失误，而主要是人-机-环系统的失误。

第 2 章　可靠性理论

可靠性是产品质量的重要组成部分，也是衡量产品质量的一项指标。对于公众而言，在购买相关产品时，不仅要查看其基本的技术性能，更看重其产品具有较高的可靠性。对载运工具而言，如果核心零部件不可靠，会直接导致事故的发生，从而造成经济损失，甚至危及人员的生命安全。本章主要阐述了可靠性基本理论，可靠性特征量、可靠性技术指标，以及串、并、混、表决系统的可靠性等。

2.1　可靠性理论基本概念

1. 可靠性

可靠性是指产品或系统（设备）在规定条件下和规定时间内完成规定功能的能力。可靠性包括下列五要素：

(1)产品：指作为单独研究和分别试验对象的任何元件、设备或系统，可以是零件、部件，也可以是由它们装配而成的机器，或由许多机器组成的机组和成套设备，甚至还把人的作用也包括在内。在具体使用“产品”这一词时，其确切含义应加以说明，如列车受电弓、列车制动装置、列车车厢等。

(2)规定条件：一般指的是使用条件、环境条件。包括应力温度、湿度、尘砂、腐蚀等，也包括操作技术、维修方法等条件。

(3)规定时间：是可靠性区别于产品其他质量属性的重要特征，一般也可认为可靠性是产品功能在时间上的稳定程度。因此以数学形式表示的可靠性各特征量都是时间的函数。这里的时间概念不限于一般的年、月、日、分、秒，也可以是与时间成比例的次数、距离，如应力循环次数、汽车行驶里程。

(4)规定功能：要明确具体产品的功能是什么，怎样才算是完成规定功能。产品丧失规定功能称为失效，对可修复产品通常也称为故障。

(5)能力：只作定性的理解是比较抽象的，为了衡量检验，后面将加以定量描述。产品的失效或故障均具有偶然性，一个产品在某段时间内的工作情况并不很好地反映该产品可靠性的高低，而应该观察大量该种产品的工作情况并进行合理的处理后才能正确地反映该产品的可靠性，因此对能力的定量需用概率和数理统计的方法。

2. 维修性

对于可修复的产品，一旦出现故障是可能修复的，修复的能力通常用维修性表示。维修性是指在规定条件下使用的产品在规定的时间内，按规定的程序和方法进行维修时，保持或恢复到能完成规定功能的能力。

3. 有效性

产品的狭义可靠性和维修性能反映产品的有效工作能力，这一能力称有效性，它是指可维修的产品在某时刻具有或维持规定功能的能力。

4. 可靠度

可靠度是衡量可靠性的尺度，它是指产品或系统（设备）在规定条件下和规定时间内完成规定功能的概率。

5. 维修度（对应可靠度）

维修度是表示维修难易的客观指标。其定义是在规定条件下和规定时间内，可修复产品或系统（设备）在发生故障后能够完成维修的概率。其中，“规定的条件”无疑与维修人员的技术水平、熟练程度、维修方法、备件以及补充部件的后勤体制等密切相关。

6. 有效度

有效度就是在某种使用条件下和规定的时间内，产品或系统（设备）保持正常使用状态的概率。

2.2　可靠性特征量

1. 可靠度

可靠度是产品在规定条件下和规定时间内，完成规定功能的概率，一般记为 R，它是时间的函数，记为 $R(t)$，称为可靠度函数。

如果用随机变量 T 表示产品从开始工作到发生失效或故障的时间，其概率密度为 $f(t)$，若用 t 表示某一指定时刻，则该产品在该时刻的可靠度为

$$R(t) = P(T > t) = \int_t^{\infty} f(t)\mathrm{d}t \tag{2-1}$$

对于不可修复的产品，可靠度的观测值是指直到规定的时间区间终了为止，能完成规定功能的产品数与在该区间开始时投入工作产品数之比，即

$$\hat{R}(t)=\frac{N_{\mathrm{s}}(t)}{N}=1-\frac{N_{\mathrm{F}}(t)}{N} \tag{2-2}$$

式中　N——开始投入工作产品数；

$N_{\mathrm{s}}(t)$——到 t 时刻完成规定功能产品数，即残存数；

$N_F(t)$——到 t 时刻未完成规定功能产品数，即失效数。

2. 可靠寿命

可靠寿命是给定的可靠度所对应的时间，一般记为 $t(R)$。

如图 2-6 所示，一般可靠度随着工作时间 t 的增大而下降，对给定的不同 R，则有不同的 $t(R)$，即

$$t(R)=R^{-1}(R) \tag{2-3}$$

式中 R^{-1}——R 的反函数，即由 $R(t)=R$ 反求 t。

可靠寿命的观测值是能完成规定功能的产品的比例恰好等于给定可靠度时所对应的时间。

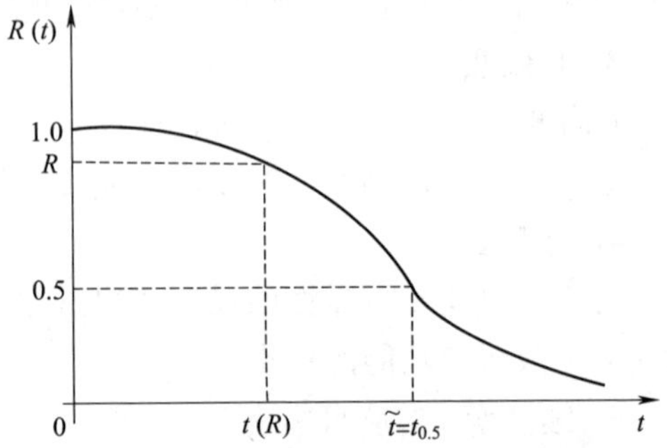

图 2-6 可靠寿命和中位寿命

3. 累积失效概率

累积失效概率是产品在规定条件下和规定时间内未完成规定功能（即发生失效）的概率，也称为不可靠度。一般记为 F 或 $F(t)$。

因为完成规定功能与未完成规定功能是对立事件，按概率互补定理可得

$$F(t)=1-R(t) \tag{2-4}$$

$$F(t)=P(T\leqslant t)=\int_{-\infty}^{t} f(t)\mathrm{d}t \tag{2-5}$$

对于不可修复产品和可修复产品累积失效概率的观测值都可按概率互补定理，取

$$\hat{F}(t)=1-\hat{R}(t) \tag{2-6}$$

4. 平均寿命

平均寿命是寿命的平均值，对不可修复产品常用失效前平均时间，一般记为 MTTP，对可修复产品则常用平均无故障工作时间，一般记为 MTBF。它们都表示无故障工作时间 T 的期望 $E(T)$ 或简记为 t。如已知 T 的概率密度函数 $f(t)$，则

$$t=E(T)=\int_{0}^{\infty} tf(t)\mathrm{d}t \tag{2-7}$$

经分部积分后也可求得

$$t=E(T)=\int_{0}^{\infty} R(t)\mathrm{d}t \tag{2-8}$$

5. 失效率和失效率曲线

失效率是工作到某时刻尚未失效的产品，在该时刻后单位时间内发生失效的概率。一般记为 λ，它也是时间 t 的函数，故也记为 $\lambda(t)$，称为失效率函数，有时也称为故障率函数或风险函数。

按上述定义,失效率是在时刻 t 尚未失效的产品在 $t+\Delta t$ 的单位时间内发生失效的条件概率,即

$$\lambda(t)=\lim_{t+\Delta t\to 0}\frac{1}{\Delta t}P(t<T\leqslant t+\Delta t \mid T>\mathrm{t}) \tag{2-9}$$

它反映 t 时刻失效的速率,也称为瞬时失效率。

失效率的观测值是在某时刻后单位时间内失效的产品数与工作到该时刻尚未失效的产品数之比,即

$$\hat{\lambda}(t)=\frac{\Delta N_{\mathrm{f}}(t)}{N_{\mathrm{s}}(t)\Delta t} \tag{2-10}$$

失效率曲线:典型的失效率(或故障率)曲线反映产品总体个寿命期失效率的情况。图示 2-7 为失效率曲线的典型情况,有时形象地称为浴盆曲线。失效率随时间变化可分为三段时期。

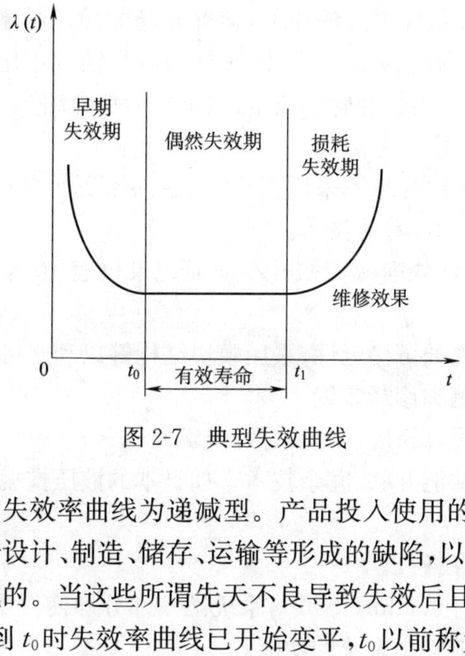

图 2-7 典型失效曲线

(1)早期失效期,失效率曲线为递减型。产品投入使用的早期,失效率较高而下降很快。主要由于设计、制造、储存、运输等形成的缺陷,以及调试、跑合、启动不当等人为因素所造成的。当这些所谓先天不良导致失效后且运转也逐渐正常,则失效率就趋于稳定,到 t_0 时失效率曲线已开始变平,t_0 以前称为早期失效期。针对早期失效期的失效原因,应该尽量设法避免,争取失效率低且 t_0 短。

(2)偶然失效期,失效率曲线为恒定型,即 t_0 到 t_1 间的失效率近似为常数。失效主要由非预期的过载、误操作、意外的天灾以及一些尚不清楚的偶然因素所造成。由于失效原因多属偶然,故称为偶然失效期。

(3)损耗失效期,失效曲线为递增型。在 t_1 以后失效率上升较快,这是由于产品已经老化、疲劳、磨损、蠕变、腐蚀等所谓有耗损的原因所引起的,故称为耗损失

效期。针对耗损失效的原因,应该注意检查、监控、预测耗损开始的时间,提前维修,使失效率仍不上升。

2.3 可靠性技术

可靠性的技术基础范围是相当广泛的,大致分为定性和定量的两大类方法。定量化的方法要从故障(失效)的概率分布讲起,如何能定量地设计、试验、控制和管理产品的可靠性。定性方法则是以经验为主,也就是要把过去积累处理失效的经验设计到产品中,使它具有免故障的能力。定性和定量方法是相辅相成的。可靠性设计和试验分析技术,其目的是在设计阶段预测和预防所有可能发生的故障和隐患,消除于未然,把可靠性设计到产品中去。事中分析指产品在运行中的故障诊断、检测和寿命预测技术,以保持运行的可靠性。事后分析指产品发生故障或失效后的分析,找出产品故障模式的原因,研究预防故障的技术。尤其是事前分析,这便是可靠性研究中重点,美国工业中90%的可靠性成本用于设计上,而且在提高可靠性方面已积累了不少经验和技术,以下作简单介绍。

1. 可靠性设计经验

(1)选择设计方案时尽量不采用还不成熟的新系统和零件,尽量采用已有经验并已标准化的零部件和成熟的技术。

(2)结构简化,零件数削减。如日本横河记录仪表10年中零件数削减30%,大大提高了可靠性。

(3)考虑功能零件的可接近性,采用模块结构等以利于可维修性。

(4)设置故障监测和诊断装置。

(5)保证零件部设计裕度(安全系数/降额)。

(6)必要时采用功能并联、冗余技术。如日本的液压挖掘机等,采用双泵、双发动机的冗余设计。

(7)考虑零件的互换性。

(8)失效安全设计(Failure Safe),系统某一部分即使发生故障,但使其限制在一定范围内,不致影响整个系统的功能。

(9)安全寿命设计(Safe Life),保证使用中不发生破坏而充分安全的设计。如对一些重要的安全性零件,如汽车刹车、转向机构等要保证在极限条件下不能发生变形、破坏。

(10)防误操作设计(Fool Proof)。

(11)加强连接部分的设计分析,如选定合理的连接、止推方式。考虑防振,防冲击,对连接条件的确认。

(12)可靠性确认试验,在没有现成数据和可用的经验时,这是唯一的手段。尤其机械零部件的可靠性预测精度还很低,主要通过试验确认。

2. 可靠性设计辅助措施

为了使设计时能充分地预测和预防故障,把更多的失效经验设计到产品中,必须帮助设计人员掌握充分的故障情报资料和设计依据。可采取以下措施:

(1)可靠性检查表。从可靠性观点出发,列出设计中应考虑的重点;设计时逐项检查;考虑预防的对策。

(2)推行 FMEA、FTA 方法。FMEA(失效模式影响分析)和 FTA(故障树分析)是可靠性分析中的重要手段。FMEA 是从零部故障模式入手分析,评定它对整机或系统发生故障的影响程度,以此确定关键的零件和故障模式。FTA 则是从整机或系统故障开始,逐步分析到基本零件的失效原因。这两种方法在国外被看作是设计图纸一样重要,作为设计的技术标准资料,它收集总结了该种产品所有可能预料到的故障模式和原因。设计者可以较直观地看到设计中存在的问题。

(3)故障事例集。把过去技术上的失败和改进的事例做成手册,供设计者随时参考。通常用简图表示,将故障和改进作对比。对故障的原因、情况附有简单说明。这手册是各公司积累的技术财富,视同设计规范同等重要。

(4)数据库。广泛有效地收集设计、制造中的失败和改进经验,试验和实际用的数据形成检索系统和数据库,使设计者能超越本单位充分利用别人实践过的经验。如电子产品已形成世界性可靠性信息交换网。

(5)设计、试验规范的不断充实、改善。从实际使用得来的故障教训要反馈到设计、试验方法的改进中,要将这些改进效果作为产品设计规范(包括材料选定、结构形式、许用应力、安全系数值)和试验标准的改进依据,使它们成为设计技术的一部分。随着可靠性工作开展,必须加强设计、试验规范的研究,如试验规范的制定要以实地使用条件分析为基础,要调查出场的回收品和试验室加速试验件作对比,计算强化系数。通过失效分析反推,验证试验条件是否合适,从而不断改进试验方法和标准。因而这些规范都是公司的财富,对外不轻易泄密。如日本小松 10 年中试验标准增加三倍,丰田的试验标准有 1 500 项之多。也可见各公司对试验的重视程度。

3. 加强失效物理技术研究

失效物理技术是研究故障的原因,如材料劣化的机制,缺陷的检测和消除,寿命预测和强化寿命机理,以及应力分析等技术。对于机械来说,主要研究它的常见失效模式,如蠕变、冲击振动、疲劳、断裂、磨损、润滑、腐蚀等。近年来,失效物理技术日渐受到各国重视。总之,为确保产品可靠,少出故障,必须加强故障的事前(设计),事中(运行的故障诊断)和事后(失效分析)的分析研究工作。

2.4 系统可靠性

1. 表决系统的可靠性

表决系统是组成系统的 n 个单元中，不失效的单元不少于 k（k 介于 1 和 n 之间），系统就不会失效的系统，又称为 k/n 系统。图 2-8 为表决系统的可靠性图。通常 n 个单元的可靠度相同，均为 R，则可靠性数学模型为

$$R_S = \sum_{i=k}^{n} \binom{n}{i} R^I (1-R)^{n-1} k \leqslant n$$

式中 $\binom{n}{i} = \dfrac{n!}{i!\ (n-i)!}$。

这是一个更一般的可靠性模型，如果 $k=1$，即为 n 个相同单元的并联系统，如果 $k=n$，即为 n 个相同单元的串联系统。

2. 串联系统的可靠性

串联系统是组成系统的所有单元中任一单元失效就会导致整个系统失效的系统，图 2-9 为串联系统的可靠性框图。假定各单元是统计独立的，则其可靠性数学模型为

$$R_a = \prod_{i=1}^{n} R_i (i = 1,2,\cdots,n)$$

式中 R_a——系统可靠度；

R_i——第 i 单元可靠度。

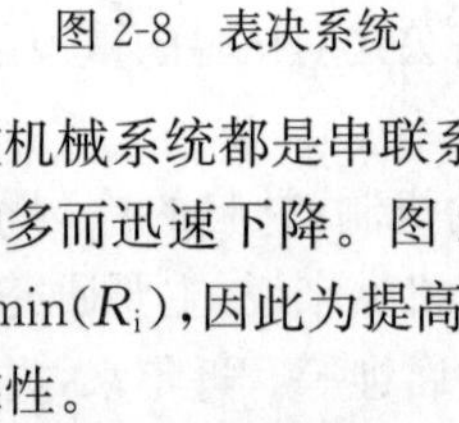

图 2-8 表决系统

图 2-9 串联系统可靠性框图

多数机械系统都是串联系统，串联系统的可靠度随着单元可靠度的减小及单元数的增多而迅速下降。图 2-10 表示各单元可靠度相同时 R_a 和 R_i 的关系。显然，$R_S \leqslant \min(R_i)$，因此为提高串联系统的可靠性，单元数宜少，重视改善最薄弱单元的可靠性。

3. 并联系统的可靠性

并联系统是组成系统的所有单元都失效时才失效的系统，图 2-11 为并联系统的可靠性框图。假定各单元是统计独立的，则其可靠性数学模型为

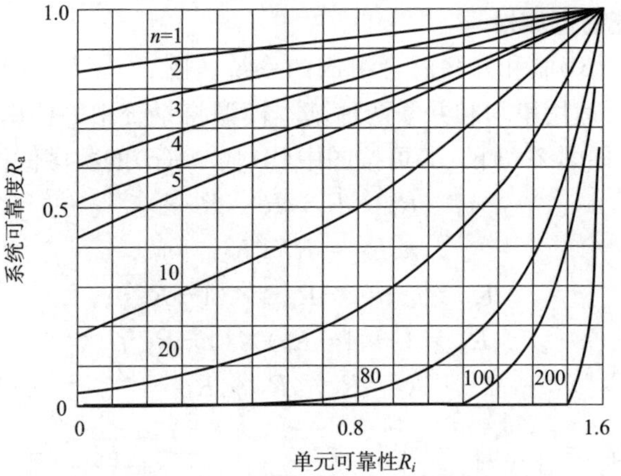

图 2-10　相同单元串联系统的可靠度

$$R_a = 1 - \prod_{i-1}^{n} F_i = 1 - \prod_{i-1}^{n} (1 - R_i)(i = 1, 2, \cdots, n)$$

式中　R_a——系统可靠度；

F_i——第 i 单元不可靠度；

R_i——第 i 单元可靠度。

并联系统对提高系统的可靠度有显著的效果，图 2-12 表示各单元可靠度相同时 R_i 和 n 与 R_S 的关系，机械系统采用并联时，尺寸、重量、价格都随并联数 n 成倍地增加，因此不如电子、电讯设备中用得广泛。采用时并联数也不多。例如，在动力装置、安全装置、制动装置采用并联时，常取 $n=2\sim3$。

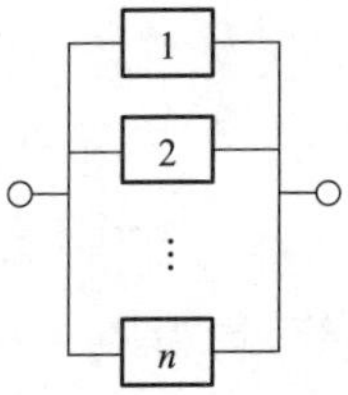

图 2-11　并联系统可靠性框图

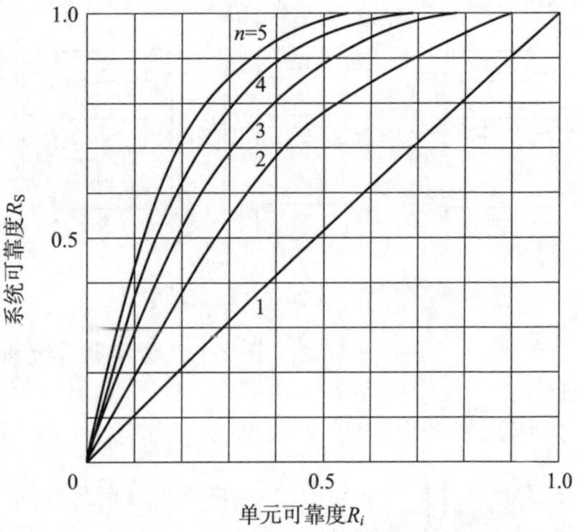

图 2-12　n 个相同单元并联系统的可靠度

4. 混联系统的可靠性

混联系统是由串联和并联混合组成的系统。图 2-13 为混联系统的可靠性框图,其数学模型可运用串联和并联两种基本模型将系统中一些串联及并联部分简化为等效单元。如图 2-13 的(a)可按图中(b)、(c)、(d)的次序依次简化,则

$$R_{S_1}=R_1\times R_2\times R_3$$
$$R_{S_2}=R_4\times R_5$$
$$R_{S_3}=1-(1-R_{S_1})\times(1-R_{S_2})$$
$$R_{S_4}=1-(1-R_6)\times(1-R_{S_7})$$
$$R_S=R_{S_3}\times R_{S_4}\times R_8$$

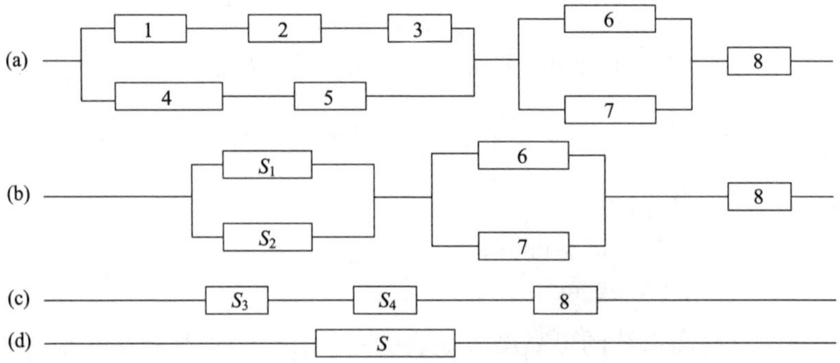

图 2-13 混联系统及其简化

混联系统的两个典型情况为并串联系统(图 2-14 中(a))和串并联系统(图 2-14 中(b))。

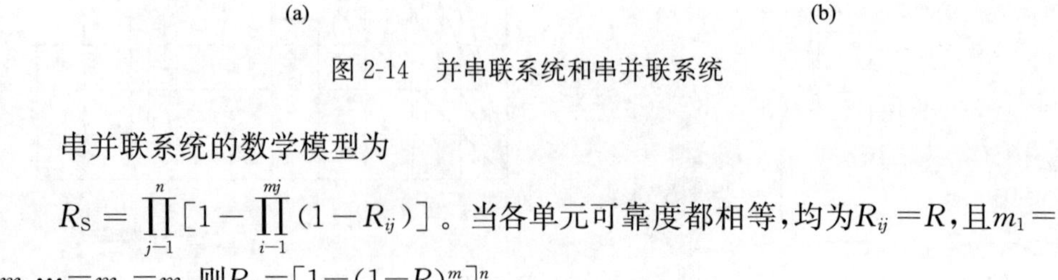

图 2-14 并串联系统和串并联系统

串并联系统的数学模型为

$R_S=\prod_{j-1}^{n}[1-\prod_{i-1}^{mj}(1-R_{ij})]$。当各单元可靠度都相等,均为$R_{ij}=R$,且$m_1=m_2\cdots=m_n=m$,则$R_S=[1-(1-R)^m]^n$。

并串联系统的数学模型为 $S = 1 - \prod_{i-1}^{m}(1 - \prod_{j-1}^{m} R_{ij})$ 。

当各单元可靠度都相等，均为 $R_{ij}=R$，且 $n_1=n_2=\cdots=n_m=n$，则

$$R_S=1-(1-R_n)m$$

一般串并联系统的可靠度，对单元相同的情况，高于并串联系统的可靠度。

第3章　危险源辨识理论

危险源辨识是识别危险源的存在并确定其特性的过程。危险源辨识可以理解为从企业的施工生产活动中识别出可能造成人员伤害、财产损失和环境破坏的因素，并判定其可能导致的事故类别和导致事故发生的直接原因的过程。

3.1　危险源的分类及识别方法

危险源是指危险的起源和发展，即导致危险程度超过人们能接受的临界量的状态。具体表现在储能物质、动能设施、用能人员三个方面。危险源的含义与隐患两者的区别在于，当不止一个危险源同时出现、交叉作用于一个系统时，就成为隐患。隐患是危险源向事故发展过程中的最后表现形式，是系统危险源状态与事故状态的中间过程。危险源与隐患是内涵相同而外延不同的两个概念。

1. 危险源的分类

20世纪90年代初陈宝智等把危险源分为两类。第一类指系统中存在的、可能发生意外释放的能量或危险物质，实际工作中往往把产生能量的能量源或拥有能量的能量载体作为第一类危险源来处理；第二类指导致约束、限制能量措施失效或破坏的各种不安全因素。通过大量事故统计不难发现，人的不安全行为是当前形势下导致各危险源具有潜在能量和物质释放危险的、可造成人员伤害、在一定的触发因素作用下可转化为事故的部位、区域、场所、空间、岗位、设备及其位置。它的实质是具有潜在危险的源点或部位，是爆发事故的源头，是能量、危险物质集中的核心，是能量从那里传出来或爆发的地方。危险源存在于确定的系统中，不同的系统范围，危险源的区域也不同。对其概念与识别方法的学习可以从源头将危险源进行控制，从而达到相对安全的状态。

在两类危险源理论的基础上于2001年有学者提出三类危险源，第一类为能量载体或能量源；第二类为(安全设施等)物的故障，物理性环境因素，个体人行为失误；第三类为不符合安全的组织因素，如组织程序、组织文化、规则、制度等组织人的不安全行为、失误等。由于第一类危险源是一种客观存在，因此将其称为固有型危险源。第二类危险源是触发第一类固有型危险源发展为事故的直接原因，因此将其称为触发型危险源。第三类危险源特指导致第二类危险源形成的组织管理缺陷，即组织人的行为失误。根据它们对事故的不同影响，将其划分为三类。

(1)第一类危险源

作用于人体过量的能量或干扰人体与外界能量交换的危险物质是造成人员伤害的直接原因。于是,把系统中存在的、可能发生意外释放的能量或危险物质称作第一类危险源,实际工作中往往把产生能量的能量源或拥有能量的能量载体看作第一类危险源来处理,如带电的导体、奔驰的车辆等。常见的第一类危险源包括:产生、供给能量的装置、设备,使人体或物体具有较高势能的装置、设备、场所;能量载体,一旦失控就能产生巨大能量的装置、设备、场所,如强烈放热反应的化工装置等;一旦失控可能发生能量蓄积或突然释放的装置、设备、场所,如各种压力容器等;危险物质,如各种有毒、有害、可燃烧爆炸的物质等;生产、加工、储存危险物质的装置、设备、场所,人体一旦与之接触将导致人体能量意外释放的物体。

第一类危险源具有的能量越多,一旦发生事故,其后果越严重。反之,系统比较安全。伤害事故类型与第一类危险源的关系见表 2-3。

表 2-3　伤害事故类型与第一类危险源的关系

事故类型	能量源	能量载体或危险物质
物体打击	产生物体落下、抛出、破裂、飞散的设备、场所、操作	落下、抛出、破裂、飞散的物体
车辆伤害	车辆,使车辆移动的牵引设备、坡道	运动的车辆
机械伤害	机械的驱动装置	机械的运动部分、人体
起重伤害	起重、提升机械	被吊起的罩物
触电	电源装置	带电体、高跨步电压区域
灼烫	热源设备、加热设备、炉、灶、发热体	高温物体、高温物质
火灾	可燃物	火焰、烟气
高处坠落	高差大的场所中人员借以升降的设备、装置	人体
坍塌	土石方工程的边坡、料堆、料仓、建筑物、构筑物	边坡土(岩)体、物料、建筑物、构筑物、载荷
冒顶片帮	矿山采掘空间的围岩体	顶板、两帮围岩
爆破、火药爆炸	炸药	
瓦斯爆炸	可燃性气体、可燃性粉尘	
锅炉爆炸	锅炉	蒸汽
压力容器操作	压力容器	内容物
淹溺	江、河、湖、海、池塘、洪水、储水容器	水

(2)第二类危险源

在生产、生活中,为了利用能量,让能量按照人们的意图在系统中流动、转换和做功,必须采取措施约束、限制能量,即必须控制危险源。约束、限制能量的屏蔽应该可靠地控制能量,防止能量意外释放。实际上,绝对可靠的控制措施不存在。在许多因素的复杂作用下约束、限制能量的控制措施可能失效,能量屏蔽可能被破坏而发生事故。导致约束、限制能量措施失效或破坏的各种不安全因素称作第二类危险源,包括人的失误、物的故障、环境因素三个方面的问题。

①人的失误。人因失误可能直接破坏对第一类危险源的控制,造成能量或危险物质的意外释放。例如,合错开关使检修中的线路带电,误开阀门使有害气体泄放等。人因失误也可能造成物的故障,物的故障进而导致事故。例如,超载起吊重物造成钢丝绳断裂,发生重物坠落事故。

②物的故障。物的故障可能直接使约束、限制能量或危险物质的措施失效而发生事故。例如,管路破裂使其中的有毒有害介质泄漏等。有时一种物的故障可能导致另一种物的故障,最终造成能量或危险物质的意外释放。例如,压力容器的泄压装置出现故障,使容器内部介质压力上升,导致容器破裂。物的故障有时会诱发人因失误,人因失误会造成物的故障,实际情况比较复杂。

③环境因素。环境因素主要指系统运行的环境,包括温度、湿度、照明、粉尘、通风换气、噪声和振动等物理环境,以及企业和社会的软环境。不良的物理环境会引起物的故障或人因失误。例如,潮湿的环境会加速金属腐蚀而降低结构或容器的强度;工作场所强烈的噪声影响人的情绪,分散人的注意力而发生人因失误;企业的管理制度、人际关系或社会环境影响人的心理,可能引起人因失误。

(3)第三类危险源

不符合安全的组织因素,如组织程序、组织文化、规则制度等,包含组织中人的不安全行为、失误等,都称为第三类危险源。如强调预防事故的“第三双手(安全文化)”和面向人及组织不安全行为控制的研究,都属于第三类危险源的控制。

值得强调的是,事故的发生往往不是一类危险源作用的结果,而是三类危险源共同作用,导致防御系统失效的结果。第一类危险源的存在是事故发生的物质性前提,它影响事故发生后果的严重程度,是事故发生的物质根源。没有第一类危险源就没有能量或危险物质意外释放,也就不存在事故。第二类危险源的出现是第一类危险源导致事故的必要条件,没有第二类危险源破坏对第一类危险源的控制,也不会发生能量或危险物质的意外释放。第三类危险源不同于个体的人,个体的人存在于第二类危险源里,第三类危险源是第一类危险源和第二类危险源之后的深层原因,是事故发生的一个组织性前提,是充分条件。以汽车为例,高速行驶的汽车本身就是危险源,它里面的汽油是第一类危险源;司机的违章、汽车的部件失灵、天气不好、能见度比较差等,属于第二类危险源;安全文化理念缺失,有关的交通规则或者安全培训缺失、交通安全管理松懈、司机的单位对汽车的维护管理或者司机的挑选、考核、配备等方面的问题，都属于第三类危险源。

2. 危险源辨识方法

对于危险源辨识的方法有直观经验分析方法和系统安全分析方法。

(1)直观经验分析方法

直观经验分析方法适用于有可供参考先例、有以往经验可以借鉴的系统，不能应用在没有可供参考先例的新开发系统。具体又可分为对照、经验法和类比法两类。

①对照、经验法。指对照有关标准、法规、检查表或依靠分析人员的观察分析能力，借助于经验和判断能力对评价对象进行直观分析的方法。以前，人们主要根据以往的事故经验进行危险源辨识，如海因里希建议通过与操作人员交谈或到现场安全检查、查阅以往的事故记录等方式发现危险源、日本中央劳动灾害防治协会推广危险预知活动进行危险源辨识。20 世纪 60 年代以后，国外开始根据法规、标准和安全检查表进行危险源辨识，例如，美国职业安全卫生局(OSHA)等安全机构制定、发行了各种安全检查表。安全检查表是集合以往的事故分析、找出的问题形成的，其优点是简单易行，缺点是重点不突出，又难免挂一漏万。

②类比法。利用相同或相似工程系统或作业条件的经验和劳动安全卫生的统计资料来类推、分析评价对象，辨识危险源。

(2)系统安全分析方法

系统安全分析就是运用相关性原理、类推和概率推断原理、惯性原理等系统安全理论，对工业生产系统(包括生产工艺过程、生产装置、工作环境以及工作人员等)的安全状况进行定性定量诊断分析，对系统存在的事故隐患进行辨识。

目前，系统安全分析的方法有许多种，可适用于不同的系统安全分析过程。其中应用较多的有：安全检查表法、危险性预先分析、故障类型及影响分析、危险与可操作性研究、事件树分析、事故树分析、原因-后果分析等。

①定性分析方法。定性分析方法主要是根据工作经验和判断能力对生产系统的工艺、设备、环境、管理、人员等方面的安全状况进行定性分析与评价。安全检查表法，预先危险性分析，故障危险分析，运行危险分析(OHA)，系统危险分析及子系统危险分析(SHA)，故障模式、影响及致命度分析(FMECA)，危险可操作性研究(OS)等方法均可归属于定性分析方法。这类方法的特点是理论简单、便于操作、评价过程及结果直观。该方法一般通过检查表形式来实施，在安全管理实践中得到了广泛应用。

②定量分析法。从概率危险评价技术角度来计算和评价系统元部件或子系统的事故发生概率，求解整个系统的事故发生概率的一套定量计算方法。这类分析评价技术方法常用事故树分析法、事件树分析法来具体实施，主要包括概率危险评

价法、危险指数评价方法、危险指数评价方法。应用概率危险评价技术，通过对系统可能发生的事故进行事故树分析或事件树分析，建立数学模型、选定目标函数，然后求解。该方法是一种定性与定量相结合的技术方法，通常要求基础数据准确、逻辑分析正确、判断和假设合理。

3.2 城市轨道交通运营系统主要危险因素

目前城市轨道交通是很多城市缓解交通问题的首选方案，但近年来全球地铁事故不断发生，我国的北京、上海、广州等城市地铁也先后发生事故。城市轨道交通的安全性受到了人们越来越多的关注。因此，分析城市轨道交通在施工、运营中存在的危险因素，对于防止轨道交通事故的发生，改善运营的安全状况，降低事故损失都具有十分重要的意义。

1. 火灾危险因素

(1)内部火灾危险因素

车站、隧道以及列车内存在大量的电气设备等发生火灾。

车站、列车内的建筑装饰材料、广告牌等为可燃材料，遇火可能会发生火灾。

车辆、供电设备、机电设备等发生故障，可能导致轨道交通系统火灾事故。

(2)外部火灾危险因素分析

乘客违章携带危险物品、吸烟和吸烟后烟蒂随处乱扔等不当处置引起火灾。

人为因素(如恐怖袭击、投毒、纵火等)、意外明火引起火灾危险。

地铁车站站厅乘客疏散区、站台和疏散通道内违规设置的商业网点存在发生火灾的危险，且可能会引起连锁火灾事故。

2. 列车脱轨危险因素

(1)线路设计或铺设不合格、道岔伤损、轨枕伤损、道床伤损、接触轨伤损、钢轨断裂等；

(2)列车超速、列车走行部件发生故障；

(3)城轨列车、线路设备等一旦发生故障，可能导致列车脱轨事故；

(4)轨道周边物体侵入运营线路。

3. 地铁拥挤踩踏危险因素

车站内人员负荷过大，车站疏散通道或疏散楼梯设置不合理，车站站台、集散厅及疏散通道内有妨碍疏散的设施或堆放物品，车站出入口存在缺陷或有突发事件发生时都可能造成人员拥挤踩踏。

其他原因，如地铁列车故障、火灾、电扶梯逆行或其他危险状况等。

紧急情况发生时也可能发生乘客挤伤、踩踏等危险。

4. 列车撞车危险因素

处于高速移动状态的列车，也伴随着高风险，一旦瞬间的设备异常或人员违章操作，可能造成撞车危险。

5. 恐怖袭击危险因素

城市轨道交通恐怖事件主要采用爆炸或纵火的方式，在客流集中的地方对乘客进行伤害性行为而制造恐慌恐怖行为的主要目的是引起社会恐慌。

在恐怖袭击事故情况下，可能产生大量烟气，存在中毒和窒息的危险。地铁发生火灾后会产生大量的烟雾，如果通风设施故障，可能造成中毒和窒息的危险。恐怖袭击可能使用的有害气体等也能造成中毒和窒息。火灾时发烟量主要与可燃物的物理、化学特性，燃烧状态和供气程度有关。城市轨道交通地下线路由于内部空间较小，基本处于密闭状态。火灾发生时，隧道中空气不足，多产生不完全燃烧，发烟量一般较大；而且产生的热烟难以扩散，导致火灾初期升温迅速，并产生较强的热冲击。城市轨道交通地下线路发生火灾后，烟雾大、能见度差、疏散距离相对比较远。

6. 其他危险因素

轨道交通系统内部的电动车辆、变电所、配电室、电缆、第三轨以及风机、水泵等设备由于设备缺陷、设计不周、防护不当等技术原因可能导致触电伤害危险。此外，由于人的违章作业、违章操作也可能造成触电伤害危险。

乘客使用扶梯时，可能造成碰撞、夹击、卷入等伤害。扶梯正常运行状态下的乘客违章乘梯，可能造成严重的乘客摔伤。

列车车厢内灯管爆裂、内侧玻璃意外脱落等均可能导致机械伤害。

列车在紧急起、制动时具有很大的惯性，可能导致乘客摔伤危险。

乘客手扶车门、上下车时机选择不当或地铁列车设备故障可能发生车门夹人等机械伤害。

3.3　城市轨道交通运营系统危险源的安全控制策略

随着城市化进程的逐步加速，城市轨道交通建设将迎来黄金发展期。为做好城市轨道交通运营服务工作，确保运营安全是城市轨道交通运营的职责，建立城市轨道交通运营危险源查找、识别、分析、评价、管控体系，消除影响地铁运营安全的各个危险源可能带来的不安全性，为城市轨道交通运营安全提供有力保障。

1. 火灾风险安全控制

若地铁发生火灾，因地铁建筑只有室内空间，而且其空间连续性强，防火困难，加之地铁工程的出入口少，一旦发生火灾，出入口必须具有排烟、散热、人员疏散和消防队员扑救的入口的功能;整个地铁都使用人工采光,系统用电量很大,因电气设备发生的火灾不容忽视;地铁空间湿度大,容易造成因电气设备受潮导致火灾;地铁的鼠害也不容忽视,它们咬破电缆等很容易造成电气线路短路起火。

总之,基于地铁火灾疏散困难、救护难度大、通信系统容易瘫痪等主要特点,进行城市轨道交通消防安全管理为必须提上日程的措施。

在政府的统一组织协调下,建立公安、消防与运营单位及供电、通信、供水和医疗等单位密切协作、运转高效、分工明确的报警接警、监控和抢险救援机制。

运营单位制定安全管理责任制度,落实消防安全责任制;制订单位及部门的灭火和应急疏散预案,定期组织演练,提高先期应急处置能力;建立科学的消防设施管理体制,配置消防设施、器材。接受并遵守消防的工作方针:预防为主、防消结合。

火灾自动报警系统(FAS)既能对火灾发生进行早期探测和自动报警,又能根据火情位置,及时输出联动灭火信号,启动相应的消防设施进行灭火,将火灾消灭在萌发状态,最大限度地减少火灾危害。FAS可设置于车辆基地、主变电站、控制中心、全封闭运行的城市轨道交通车站等建筑物;全封闭运行的城市轨道交通设置的火灾自动报警系统应按中央级和车站级两级监控、管理方式设置;中央级火灾自动报警系统应设置在控制中心;车站、车辆基地、主变电站、控制中心应设置火灾自动报警控制盘。重要设备及值班室应设置消防电话。FAS应设置维修工作站,并应预留与拟建其他线路换乘站FAS接口的条件。

2. 恐怖袭击风险安全控制

城市轨道交通若发生恐怖事件,会对乘客、设备及地铁结构均产生不同程度的影响,同时烟雾、有毒气体会蔓延到站厅层和地表,严重妨碍人员的逃生。

由于突发恐怖事件导致的地铁内空间发生火灾,其产生的大量烟雾不能够及时排放出去,因而会遮挡人员逃生的视线且烟雾中的有害气体使人产生窒息甚至死亡。火灾发生在区间隧道时,其造成的危害要比在车站更大。

爆炸事件的发生将导致人员由于冲击波的作用直接伤亡,进而引起火灾,造成次生灾害;对地铁结构也造成毁伤效应。

对于生化恐怖袭击,恐怖分子释放毒气的目的是造成人员伤亡,且可能利用军用毒气,由于毒气事件具复杂性、灾害范围扩大性、伤亡严重性等特性,其后果极为严重。对于可燃毒气若与空气混合达到爆炸浓度极限值,一旦遇火源就会发生爆炸或燃烧,使毒气事件转化成为火灾爆炸事件,其后果更为严重,大大增加处置难度。地铁风亭的设置,可以有效解决排烟、疏散等难题,使救援速度,效率大大提高。

针对恐怖袭击,一些代表性的地铁车站建立了相应的管理体制。上海地铁有两套自动防火设施：一是两级自动监控系统，一级设在车站，一级设在中央控制室；二是自动灭火喷淋系统，有水喷和气体两种，可以针对不同的火灾原因进行调控。地铁道里还设有专门的排烟装置，一旦发生火灾，隧道内的事故风机系统就会启动，在最短时间内排出有毒烟雾，以防止人员窒息；地铁部门和公安部门都针对地铁运营的特殊特点，制定出了各种特殊情况下的预案，建立了处置地铁爆炸、处置地铁火灾、处置地铁化学恐怖袭击等预案，并采取了相应的措施。北京地铁各分公司均有抢险救援机构和预案，每季度进行模拟演练，以提高应变能力；南京地铁车辆在防(反)恐上最大的优势是增设了逃生系统。广州地铁是国内首家在地铁同行业中进入防恐设计和建设疏散平台的地铁。

3. 人群聚集风险安全控制

交通枢纽通常聚集了乘坐公交、地铁、轻轨等不同交通工具的旅客。在平日的早晚高峰，瞬时大客流频繁汇聚，一旦叠加节假日等特殊时期，更有火车站和机场的双向大客流涌入，可造成更长时间的人群高度密集现象。此类场所的典型代表有北京西站、上海虹桥站等。人群的过度聚集本身就是一种潜在的风险，它可直接导致拥挤踩踏事件，或是使人群成为恐怖袭击的目标。无论是哪种情况，都可能带来群死群伤的严重后果。

人群聚集风险的安全控制要对人群聚集风险进行预警的首要问题在于确定如何度量这种风险。依据国际标准化组织(ISO)对于风险的定义，它应该是潜在损失与发生概率的组合，但在实际操作中，这一定义很难实现对人群聚集风险的快速度量。现阶段用于刻画人群聚集程度的主流技术手段是手机热力图和视频智能分析，前者基于手机定位信息，可以实现相对较准的计数和密度分布计算，但对于一人持有多部手机或禁用网络等特殊情况同样存在计数误差的问题，另外手机热力图目前最多只能提供实时静态数据。因此，虽然视频智能分析的总体准确率与手机热力图相比没有特别的优势，但依然是目前最适合用于测量人群聚集程度的技术手段。依靠视频智能分析，可以从目标图像中提取流量、密度、速度等人群运动参数，结合对场景的分析和算法设计，就可以将上述数据加工转化为人群规律。基于人群规律，就可以从侧面度量人群聚集风险，并对其进行预测和预警。

在正确预警之后，采取人为疏散或者增加运营车辆来对此情况来加以缓解，即可实现对人员聚集风险的安全控制。全面安全管理方案首先要求区域内可能导致人群拥堵的地点进行识别和统计，以此作为预警系统监测的重点。除了依靠预警系统实现自动监测外，还会设置人工检查机制——每天定时指派受过良好培训的专业人员现场检查点位人群态势，这种检查不是走过场，而是需要形成完整的记录文档。每周或每月，管理者还需要定期召开工作会议，对所有点位的数据及检查记录进行复盘与分析，识别各项潜在风险源，制定控制措施并跟踪具体负责人的执行情况。除此以外,还需要针对各监测点可能发生的各种突发事件情景,提前编制应急预案和处置方案,要求所有操作步骤切实执行,实现结构化、流程化和电子化,并嵌入至预警系统中。这样一旦发生紧急情况,管理者可以更从容地进行任务指派和决策指挥,大幅提升管理效能。

4. 线路风险安全控制

城市轨道运营过程中应设置调度中心集中监视、车站站内监视,适当连接各种报警传感器合理布置摄像地点的方式对车站、线路进行监视,如ATS面板等对运营状况进行全面的把握,形成闭路电视系统,使之成为城市轨道交通防灾报警的重要手段。

完善监控手段,提高应急处置能力,进一步加强运营时段现场管理,使之成为确保轨道交通运营始终处于可控状态的重要手段,深入运营一线,靠前指挥,抓小防大,安全观前移,提高现场处置能力。加强信息管理,提高突发信息传递速度,及时分析安全运营状况和形势,把握安全动态,制定有效应对措施。

同时引进先进的设备及其检测体系配备事故监控设备有利于防止事故的发生,或减少事故带来的影响。建立和完善设备状况计量检测体系,确保设备运作的安全度。对已出过的事故苗头、灾害险情要及时记录,用系统安全工程的方法进行评价,及时制定切实可行的整改措施,把工作落到实处,尽量把事故和灾害消灭在萌芽状态。

建立自动监视及自动报警系统,为了保证城市轨道交通的安全运行,每个城市轨道交通系统都应配备监测及FAS。FAS对于确保城市轨道交通的安全以及正常运营,具有极其重要的作用,成为城市轨道交通各系统中不可缺少的重要组成部分。受FAS保护的具体对象是全线车站、主变电所、车辆段及通信信号楼。城市轨道交通FAS必须是一个高度可靠的系统,接线简单,组网灵活,容易维修和扩展。控制中心(OCC)应有全线示意图,能监控全线的报警情况。

第 4 章　安全检查表分析法

安全检查表(Safety Check List,SCL)是安全检查的工具。利用安全检查表来检查安全是安全管理的一项基础性工作,是及时发现不安全状态和不安全行为的有效途径。为了系统地发现工厂、车间、工序或机器、设备、装置以及各种操作管理和组织措施中的不安全因素,事先把检查对象加以剖析,把大系统分割成小系统,找出不安全因素所在,然后确定检查项目,以提问的方式,将检查项目按系统或子系统顺序编制成表,以便进行检查和避免漏检,这种表就叫安全检查表。

4.1　安全检查表的编制

安全检查表内容应包括所有能导致伤亡事故的不安全状态和不安全行为。若用其他系统安全分析方法找出事故最危险点,用这些问题来编制安全检查表,那么这种安全检查表就能真正查出危险因素,以便制定防范措施。

安全检查表克服了传统安全检查的缺点,是发现隐患、防止事故发生的有效手段,使用它能够提高检查质量,避免检查时出现弊端。由于安全检查表是在集中了以往工作中的经验和教训的基础上,经过事先的周密研究和考虑,再经过编制人员的详细推敲,以系统的观点,按系统的顺序编制出的安全检查提纲,因而它的使用,对于安全检查工作不仅可起到指导和备忘录的作用,而且会使安全检查工作更为系统、全面和准确。

安全检查表的编制,可以根据生产系统、车间、工段编写,也可以按专题编写,如重要设备,就可以编写该设备的安全检查表。为了使编制的检查表切合实际,应采取安全管理人员、生产技术人员和工人三结合的方式编写,而且在实践检验下不断修改,使之日臻完善。经过一段时间之后,这类检查表便可以标准化。安全检查表也可以通过编制事故树查出基本原因事件,作为检查表的基本检查项目。

最简单的安全检查表只具备四个栏目,即序号、检查项目、"是""否"栏和备注栏(注明采取措施的要求或其他事项)。

为了使检查表进一步具体化,还可以增添项目,将各检查项目的标准或参考标准列出,使检查者和被检查者知道怎样做才是对的,这非常有利于提高检查的效果和检查表的质量。表中还可以列出改进措施。

1. 安全检查表编制步骤

(1)确定相关人员。要编制一个符合客观实际、能够全面识别系统危险性的安全检查表,首先需要建立一个小组,其成员应包括熟悉系统安全分析的行业专家或技术人员、管理人员以及有经验的生产一线工人等。

(2)熟悉系统。包括系统的结构、功能、工艺流程、操作条件、布置和已有的安全防护措施等。

(3)收集资料。收集有关安全法律、法规、规程、标准、制度以及本系统过去曾经发生的事故等资料,作为编制安全检查表的依据。

(4)判别危险源。按功能或结构将系统划分为若干个子系统或单元,对它们存在的危险因素进行逐一分析。

(5)列出安全检查表。针对系统危险因素有关的规章制度,以往的事故教训以及本单位的经验等,确定安全检查表的项目和内容,然后按照特定的格式列写成表。

2. 编制安全检查表需注意的问题

(1)编制安全检查表的过程,实质上是一个理论知识、实践经验系统化的过程。一个高质量的安全检查表需要专业技术的全面性、多学科的综合性和对实际经验的统一性。为此,应组织技术人员、管理人员、操作人员和安全技术人员深入现场,共同编制。

(2)为排查系统中存在的安全隐患,要求所列出的检查项目应当齐全、具体、明确,突出重点,抓住要害。为了避免重复,通常尽可能地将同类性质的问题列写在一起。此外,还应当规定具体的检查方法,并附有检查标准,防止编制的安全检查表过于笼统化。

(3)各类安全检查表都有其特定的适用对象。例如,专业检查表和日常性的检查表就应当加以区分,通常专业检查表应当编制得更加详细些,而日常性的检查表则侧重于简明扼要,突出重点。

(4)对系统的危险性部位应当进行详细检查,以确保一切隐患在可能发生事故之前就被发现。

(5)编制安全检查表应当同安全系统工程中的事故树分析、事件树分析、危险性预先分析、危险与可操作性研究等方法综合进行,把这些方法的分析结果列入检查项目之中。

(6)编制安全检查表时对于各个项目的轻重也可以列出标记,便于检查者特别重视有严重危险的项目。检查表一定要在表末注明检查者、检查日期,以备参考。

4.2 城市轨道交通运营安全检查表的内容要求

编制城市轨道交通运营的安全检查表时，应参考城市轨道交通运营安全管理的相关规定，如“征求意见稿”“作业指导书”等，以规范城市轨道交通运营管理，保障城市轨道交通运营安全，维护乘客和运营单位的合法权益，促进城市轨道交通行业健康发展。安全检查表需涉及城市轨道交通的运营及相关管理活动，以保证城市轨道交通运营管理遵循以人为本、安全可靠、便捷舒适、统筹协作的原则。

在确定相关人员、熟悉系统、收集资料、判别危险源、列出安全检查表的安全检查表制定过程中，可从运营安全前期防控、配套设施、设施设备选型、试运行要求、从业人员管理、企业日常管理、日常安全监管、应急处置方面等方面进行安全检查。见表2-4，对地铁消防安全进行六部分检查表规划。

表2-4 地铁消防安全检查表

被查单位(部位)			检查日期： 年 月 日	
序号	检查内容	检查的具体内容	检查结果	备 注
一	制度的建立与健全	1. 是否制定了符合本单位、本岗位实际的安全制度和操作规程以及执行落实情况	01是 02否	
		2. 是否制定了灭火、应急疏散预案并定期进行演练	01是 02否	
		3. 是否建立了每日防火检查、巡查制度	01是 02否	
		4. 岗位人员是否了解本岗位的火灾危险性及预防措施	01是 02否	
二	地铁运行单元	1. 是否制定了相关的运行管理规定并按照其运行	01是 02否	
		2. 是否制定了规范的运行安排并按照其执行	01是 02否	
		3. 是否在地铁运行时有明确的提示音	01是 02否	
		4. 在地铁的运行过程中是否会出现强烈的倾斜或者列车不稳	01是 02否	
		5. 在地铁即将运行时，如果车门关闭时有人强行进入，车门是否能够及时打开	01是 02否	
三	地铁站总体布局单元	1. 地铁站内是否有统一的指挥场所	01是 02否	
		2. 地铁站的布局是否简单直观，方便人们在遇到事故时逃生	01是 02否	
		3. 地铁内是否有完整的监控，来察看各个位置的情况	01是 02否	

续上表

序号	检查内容	检查的具体内容	检查结果	备注
四	地铁电气安全单元	1. 电力设施的运行是否良好	01是 02否	
		2. 是否有明显的标识标出具有危险的电力设施	01是 02否	
		3. 在突然断电的情况下，是否有应急电力系统，如照明灯等	01是 02否	
		4. 用电设备接地正确，接地电阻符合标准，测量有记录	01是 02否	
五	地铁疏散安全单元	1. 是否有畅通的明确的疏散通道和安全出口	01是 02否	
		2. 是否有专人来应对突发事件，在第一时间规范有效的疏散群众	01是 02否	
		3. 工作人员对灭火疏散预案的掌握及熟练操作的能力是否良好	01是 02否	
六	地铁消防安全单元	1. 消防安全责任是否明确，是否确定消防安全责任人和管理人	01是 02否	
		2. 是否落实消防安全责任制和岗位安全责任制，明确各岗位的消防安全职责	01是 02否	
		3. 消防水泵是否运转正常	01是 02否	
		4. 室内外消火栓是否完好，供水是否正常	01是 02否	
		5. 各种喷头是否完好	01是 02否	
		6. 消防设施、器材的维护、保养情况是否良好	01是 02否	
		7. 易燃、易爆危险物品的保管、储存及防火措施是否良好	01是 02否	
		8. 报警按钮是否正常	01是 02否	

第5章　事故树分析法

事故树分析法能对各种系统的危险性进行辨识和评价，不仅能分析出事故的直接原因，还能深入地揭示事故的潜在原因。用其描述事故的因果关系直观、明了，思路清晰，逻辑性强。既可用于定性分析，也可用于定量分析，是安全理论重要分析方法之一。

5.1　事故树分析的发展

事故树分析(Accident Tree Analysis，ATA)方法起源于故障树分析(FTA)，是安全系统工程的重要分析方法之一。现在许多计算工具软件都有事故树定量分析的模块，其功能非常强大，而且使用比较方便。事故树分析目前已经成为安全系统分析与评价中应用最为广泛的方法技术之一。

事故树分析法具有以下特点：

(1)逻辑性。事故树分析是通过图形的演绎方法来反映事故事件在一定条件下的逻辑推理。它可以围绕某个特定的事故进行层层深入分析，因而在清晰的事故树图形下，表达了系统内各事件间的联系，并指出单元故障之间的逻辑关系，便于找到系统的弱点。

(2)灵活性。事故树不仅可以分析某些单元故障对系统的影响，还可以对导致系统事故的特殊原因进行分析。

(3)定量性。利用事故树模型可以定量计算复杂系统发生事故的概率，为改善和评价系统安全性提供了依据。

(4)深入性。通过对事故树的层层深入研究，分析人员可以把握系统内各种要素的内在关系，弄清各种潜在因素对事故发生影响的程度和途径，有许多曾经没有想到的因素会在分析的过程被挖掘出来，保障了系统的安全性。

5.2　事故树的基本结构及符号

事故树分析借鉴了图论中“树”的概念。在图论中，通常把一个无圈(或无回路)的连通图称之为树。那么，如果把树中的节点看作是各类事件的代表，并用逻辑门来表示各节点之间的连接关系，假定各事件与逻辑门连接而成的树图能够正确地反映事故发生与发展的因果关系，则称这样的有向树为事故树(也称为事故树分析图)。利用事故树对事故进行分析、评价或预测的方法就称之为事故树分析。

事故树是由各种符号和其连接的逻辑门组成的(表2-5)。最简单、最基本的符号有:顶上事件或中间事件、基本事件、省略事件、正常事件、与门、或门、条件与门、条件或门、限制门、转入符号、转出符号。

表2-5 事故树的符号及意义

种类	符号	名称	意义
事件符号	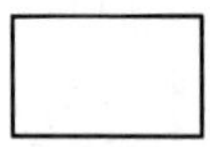	顶上事件或中间事件	表示由许多其他事件相互作用而引起的事件。这些事件都可进一步往下分析，处在事故树的顶端或中间
	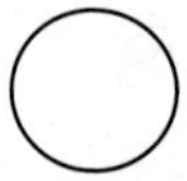	基本事件	事故树最基本的原因事件，不能继续往下分析，处在事故树的底端
	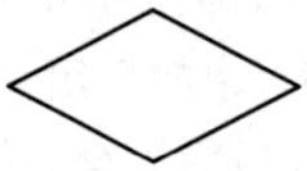	省略事件	由于缺乏资料不能进一步展开或不愿继续分析而有意忽略的事件，也处在事故树的底端
	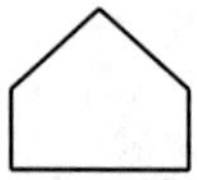	正常事件	正常情况下应该发生的事件，位于事故树的底部
逻辑门符号	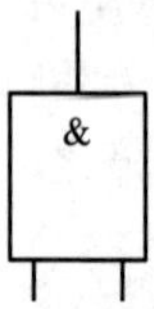	与门	表示下面的输入事件都发生，上面输出事件才能发生
	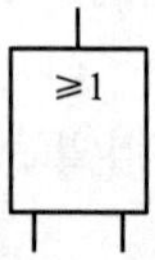	或门	表示下面输入事件只要有一个发生，就会引起上面输出事件发生
	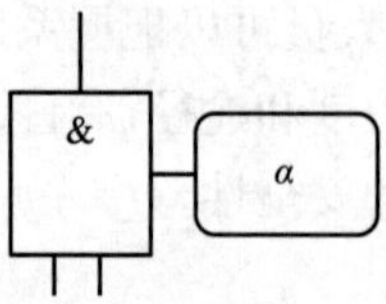	条件与门	输入事件发生同时满足条件 α 也发生，上面输出事件就会发生
	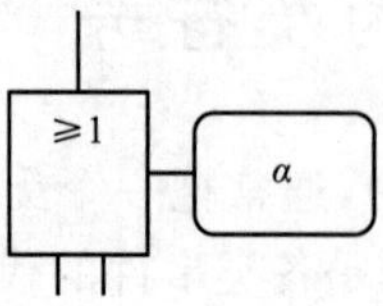	条件或门	任何一个输入事件发生同时满足条件 α 也发生，上面输出事件就会发生

续上表

种　类	符　号	名　称	意　义
逻辑门符号	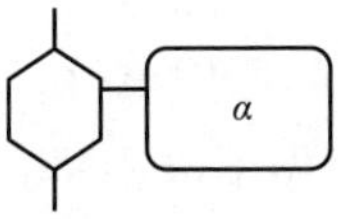	限制门	下面一个输入事件发生同时满足条件 α 也发生，输出事件就会发生
转移符号		转入符号	表示此处和有相同字母或字数的转入符号相连接
	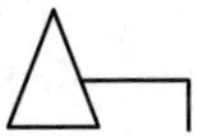	转出符号	表示此处和有相同字母或字数的转出符号相连接

5.3 事故树的分析程序

1. 熟悉分析系统

首先要详细了解所要分析的对象，包括工艺流程、设备构造、操作条件、环境状况及控制系统和安全装置等。同时还可广泛搜集同类系统发生过的事故。在调查事故时尽量做到全面，不仅要掌握本单位的事故情况，还要了解同行业类似系统或设备以及国外相关事故资料，以便确定所要分析的事故类型都含有哪些内容，供编事故树时进行危险因素分析。

2. 确定分析对象系统和要分析的对象事件（顶上事件）

通过试验分析、事故树分析、故障类型和影响分析确定顶上事件(何时、何地、何类)，明确对象系统的边界、分析深度、初始条件、前提条件和不考虑条件。熟悉系统并收集相关资料(工艺、设备、操作、环境、事故等方面的情况和资料)。

3. 确定分析的边界

在分析之前要明确分析的范围、边界及系统内包含的内容。特别是生产过程连续化、大型化，各工序、设备之间相互连接的行业，如不划定界限，得到的事故树会很庞大。

4. 确定系统事故发生概率、事故损失的安全目标值。

事故树是由若干中间事件和基本事件构成，基本事件的发生概率最终决定了事故的发生概率、事故损失等，所以在该步骤中需要通过计算、统计回归分析、查资料数据等手段，获取事故发生的概率。

5. 调查原因事件

顶上事件确定之后，就要分析与之有关的各种原因事件，也就是找出系统的所有潜在危险因素的薄弱环节，包括设备元件等硬件故障、软件故障、人为差错以及环境因素。凡与事故有关的原因都找出来，作为事件树的原因事件。原因事件定义也要确切，简单扼要说明故障类型及发生条件，不能含糊不清。

6. 确定不予考虑的事件

与事故有关的原因各种各样，但有些原因根本不可能发生或发生机会很少，如导线故障、雷电、飓风、龙卷风等，编事故树时一般不予考虑，但要事先说明。

7. 确定分析的深度

在分析原因事件时，要分析到哪一层为止，需事先确定。分析得太浅，可能发生遗漏；分析得太深，则事故树就会过于庞大繁琐。具体深度应视分析对象而定。

8. 编制事故树

从顶上事件起，一级一级往下找出所有原因事件直到最基本的事件为止，按其逻辑关系画出事故树。每个顶上事件对应一株事故树。

9. 定性分析

按事故树结构进行简化，求出最小割集和最小径集，确定各基本事件的结构重要度。

10. 定量分析

找出各基本事件的发生概率，计算出顶上事件的发生概率，求出概率重要度和临界重要度。

当事故发生概率超过预定目标值时，从最小割集着手研究降低事故发生概率的所有可能方案，利用最小径集找出消除事故的最佳方案；通过重要度（重要系数）分析确定采取对策措施的重点和先后顺序，从而得出分析、评价的结论。

5.4 事故树的数学表达

为了对事故树进行详细的分析，在编制出事故树模型后，还要利用数学方法列出其定量的数学表达方式。具体常见的由布尔代数法来完成事故树分析的数学结构部分。

布尔代数是集合论数学的组成部分，是一种逻辑运算方法，也称为逻辑代数。布尔代数特别适用于描述只能取两种对立状态的事物变化过程，这正适合于事故树分析的特点。

在布尔代数中，与集合的“并”(即为“∪")的运算相对应的是逻辑“加”的运算，通常，记为“+”，也称为逻辑“或”；同样，与集合“交”(记为“∩”)的运算对应的是逻辑“乘”的运算，通常，记为“·”，也称为逻辑“与”。

1. 布尔代数运算规律

(1)结合律：$(A+B)+C=A+(B+C)$；　$(A\cdot B)\cdot C=A\cdot(B\cdot C)$。

(2)交换律：$A+B=B+A$；　$A\cdot B=B\cdot A$。

(3)分配律：$A\cdot(B+C)=A\cdot B+A\cdot C$；　$A+(B\cdot C)=(A+B)\cdot(A+C)$。

(4)等幂律：$A+A=A$；　$A\cdot A=A$。

(5)吸收率：$A+A\cdot B=A$；　$A\cdot(A+B)=A$。

(6)互补律：$A+A'=\Omega$；　$A\cdot A'=\Phi$。

2. 事故树的布尔代数表达式

将事故树中连接各事件的逻辑门用相应的布尔代数运算表示，就得到了事故树的布尔代数表达式。对于给出的事故树可以写出相应的布尔代数表达式，相反，给出了布尔代数表达式就可以绘出相应的事故，如图 2-15 所示。

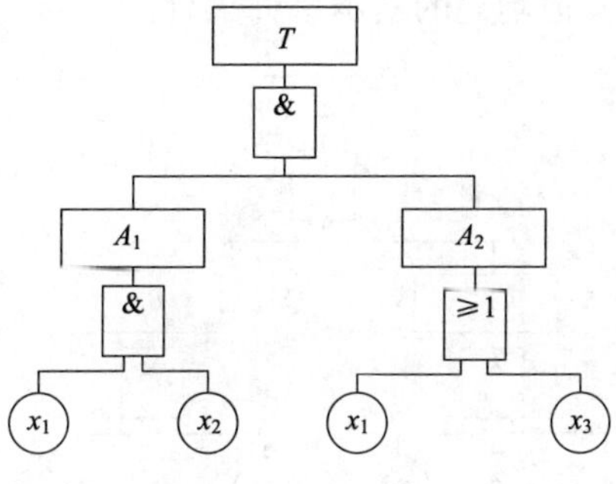

图 2-15　事故树

5.5　事故树的定性和定量分析

1. 事故树定性分析

(1)利用布尔代数简化事故树。

设顶上事件为 T，基本事件 x_1,x_2,x_3，若其发生概率分别为 $q_1=q_2=q_3=0.1$，试求顶上事件的发生概率。

$$
\begin{aligned}
T &= A_1\cdot A_2\\
&= x_1\cdot x_2\cdot(x_1+x_3)\\
&= x_1\cdot x_2\cdot x_1+x_1\cdot x_2\cdot x_3 \text{ (分配律)}
\end{aligned}
$$

$$=x_1\cdot x_1\cdot x_2+x_1\cdot x_2\cdot x_3 \quad \text{(交换律)}$$

$$=x_1\cdot x_2+x_1\cdot x_2\cdot x_3 \quad \text{(等幂律)}$$

$$=x_1\cdot x_2 \quad \text{(吸收律)}$$

$$q=q_1q_2=0.01$$

如果 x_1、x_2 发生，则无论 x_3 是否发生，顶上事件都必然发生，然而，当 x_3 发生时，要使顶上事件发生，必须要有 x_1、x_2 发生做条件，因此，x_3 是多余的。T 的发生仅依靠 x_1 和 x_2。

(2)分析事故树的割集与最小割集、径集与最小径集、最小割集和最小径集在事故树分析中的作用。

割集与最小割集：

在事故树(图 2-16)分析中，把引起顶事件发生的基本事件的集合称为割集，也称截集或截止集。一个事故树中的割集一般不止一个，在这些割集中，凡不包含其他割集的，叫作最小割集。如果割集中任意去掉一个基本事件后就不是割集，那么这样的割集就是最小割集。最小割集是引起顶事件发生的充分必要条件，是导致顶事件发生的不包含其他割集的基本事件集合。

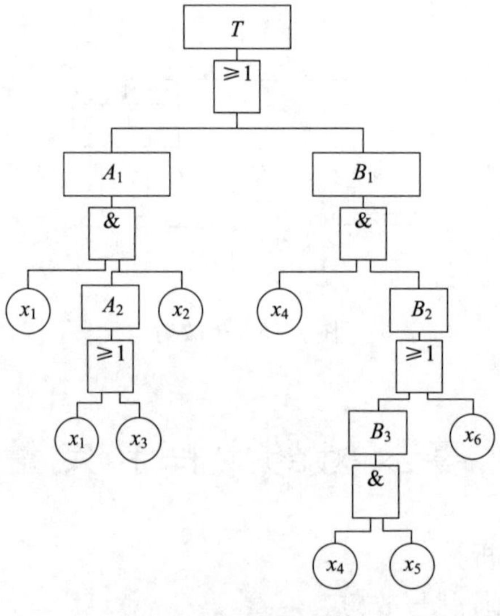

图 2-16 事故树

最小割集的求法—布尔代数法：

按事故树的结构，由顶上事件开始，由上至下逐次用下一层事件代替上一层事件，该事故树以基本事件表示的布尔代数公式(结构函数)为

$$T=A_1+B_1$$

$$=x_1A_1x_2+x_4(B_3+x_6)=x_1(x_1+x_3)x_2+x_4(x_4x_5+x_6)$$

运用布尔代数运算规则，对上式进行简化，求出最小割集 T：

$$T=x_1x_2+x_4x_5+x_4x_6$$

等效树如图 2-17 所示。

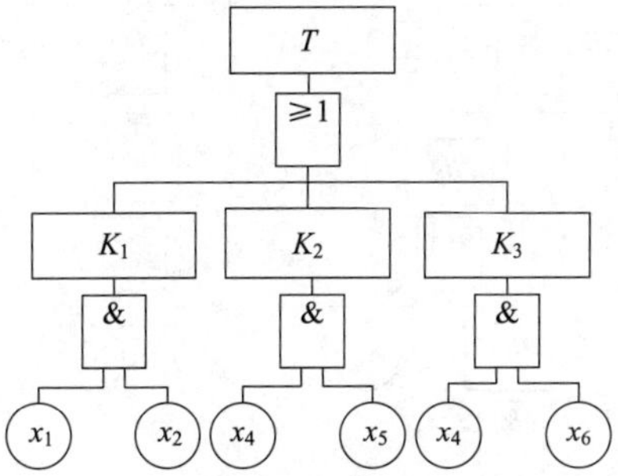

图 2-17　等效树

(3)径集与最小径集

在事故树中，使顶事件不发生的基本事件的集合称为径集，也称通集或路集。在同一事故树中，不包含其他径集的径集称为最小径集。如果径集中任意去掉一个基本事件后就不再是径集，那么该径集就是最小径集，所以，最小径集是保证顶事件不发生的充分必要条件。

根据对偶原理，事故树的对偶树是成功树，成功树是顶事件不发生的树。求事故树最小径集的方法是，首先将事故树变换成其对偶的成功树，然后求出成功树的最小割集，即是事故树的最小径集。

将事故树变为成功树的方法，就是将原来事故树中的逻辑与门改成逻辑或门，将逻辑或门改为逻辑与门，便可得到与原事故树对偶的成功树，如图 2-18 所示。

最小径集是指不引起顶端事件发生的最低限度的基本事件的集合。

最小径集的求法：将事故树中的与门改为或门，或门改为与门，求成功树的最小割集(图 2-19、图 2-20)。

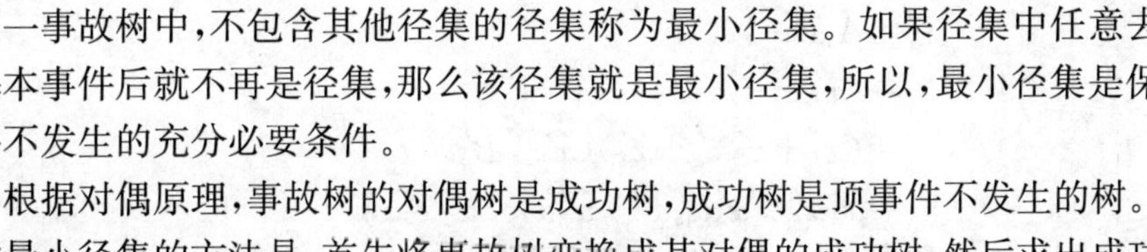

图 2-18　事故树与成功树的转换

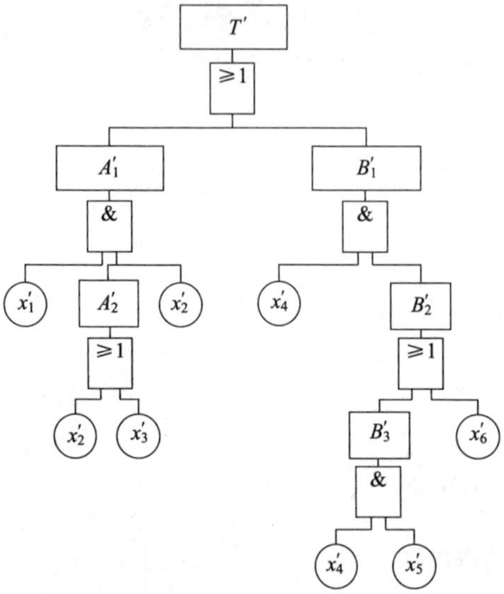

图 2-19 事故树

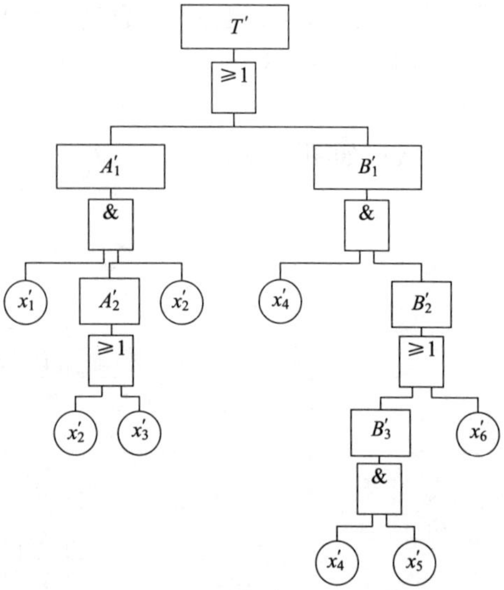

图 2-20 成功树

$$
\begin{aligned}
T' &= A_1'B_1' \\
&= (x_1' + A_2' + x_2')(x_4' + B_2') \\
&= (x_1' + x_2'x_3' + x_2')(x_4' + B_3'x_6') \\
&= x_1'x_4' + x_1'x_5'x_6' + x_2'x_4' + x_2'x_5'x_6'
\end{aligned}
$$

最小割集在事故树分析中的作用，归纳起来有 3 个方面：

①表示系统的危险性，最小割集越多，说明系统的危险性越大。

②表示顶事件发生的原因组合。

③为降低系统的危险性提出控制方向和预防措施，每个最小割集都代表了一种事故模式。由事故树的最小割集可以直观地判断哪种事故模式最危险，哪种次之，哪种可以忽略，以及如何采取措施使事故发生概率下降。

最小径集在事故树分析中的作用与最小割集同样重要，主要表现在以下三个方面：

①表示系统的安全性，最小径集表示了系统的安全性。

②选取确保系统安全的最佳方案。每一个最小径集都是防止顶上事件发生的一个方案，可以根据最小径集中所包含的基本事件个数的多少、技术上的难易程度、耗费的时间以及投入的资金数量，来选择最经济、最有效地控制事故的方案。

③利用最小径集同样可以判定事故树中基本事件的结构重要度和计算顶上事件发生的概率。

事故树中或门越多,得到的最小割集就越多,这个系统也就越不安全。对于这样的事故树最好从求最小径集着手,找出包含基本事件较多的最小径集,然后设法减少其基本事件数,或者增加最小径集数,以提高系统的安全程度。

事故树中与门越多,得到的最小割集的个数就较少,这个系统的安全性就越高。对于这样的事故树最好从求最小割集着手,找出少事件的最小割集,消除它或者设法增加它的基本事件数,以提高系统的安全性。

系统安全性改善途径:

①减少最小割集数,首先应消除那些含基本事件最少的割集;

②增加割集中的基本事件数,首先应给含基本事件少、又不能清除的割集增加基本事件;

③增加新的最小径集,也可以设法将原有含基本事件较多的径集分成两个或多个径集;

④减少径集中的基本事件数,首先应着眼于减少含基本事件多的径集。

2. 事故树定量分析

事故树中各基本事件的发生对顶上事件的发生有着程度不同的影响,这种影响主要取决于两个因素,即各基本事件发生概率的大小以及各基本事件在事故树模型结构中处于何种位置。为了明确最易导致顶上事件发生的事件,以便分出轻重缓急采取有效措施,控制事故的发生,必须对基本事件进行重要度分析。

(1)基本事件的结构重要度分析

在不考虑基本事件的发生概率(或假定各基本事件发生概率都相等)的情况下,分析各基本事件对顶端事件发生所产生的影响程度。

分析结果是将所有的基本事件按其所得到的重要度系数进行排序。结构重要度是一个相对值,它是用结构重要度系数的大小确定排序。确定方法有很多,如基本事件的结构重要度系数、基本事件的割集重要度系数、用最小割集或最小径集进行结构重要度分析等,后者最简单,常用定性判断基本事件的结构重要度准则:

①仅在同一最小割集中出现的所有基本事件结构重要度相等。

②单事件最小割集中的基本事件结构重要度最大。

③两个基本事件仅出现在基本事件个数相等的若干最小割(径)集中,这时在不同最小割(径)集中出现次数相等的基本事件其结构重要度相等;出现次数多的结构重要度大,出现次数少的结构重要度小。

④两个基本事件出现在基本事件个数不等的若干最小割(径)集中,基本事件结构重要度大小依下列不同条件而定:

a. 若它们在各最小割(径)集中出现的次数相等,则少事件最小割(径)集中出现的基本事件结构重要度大；

b. 在少事件最小割(径)集中出现次数少的，与多事件最小割(径)集中出现次数多的基本事件比较。

(2)基本事件的概率重要度

基本事件的结构重要度分析只是按事故树的结构分析各基本事件对顶事件的影响程度。没有考虑基本事件发生概率的变化对顶上事件发生概率的影响。

事故树的概率重要度分析是依靠各基本事件的概率重要度系数大小进行定量分析。基本事件的概率重要度系数，是指某基本事件发生概率的变化引起顶事件发生概率变化的程度。

顶事件发生概率函数是 n 个基本事件发生概率的多重线性函数，对自变量 q_i 求一次偏导，可得到该基本事件的概率重要度系数 $I_{Q_i}(i)$：

$$I_{Q_i}(i)=\frac{\partial Q}{\partial q_i}$$

式中 Q——顶事件发生概率；

q_i——第 i 个基本事件的发生概率 x_i。

例如，某事故树的最小割集为 $K_1=\{x_1,x_4\}$，$K_2=\{x_1,x_5\}$，$K_3=\{x_3,x_4\}$，$K_4=\{x_2,x_4,x_5\}$，各基本事件的发生概率分别为：$q_1=q_2=0.02$，$q_3=q_4=0.03$，$q_5=0.025$。则根据布尔代数简化法，可得顶上事件的发生概率为

$$Q=q_1q_3+q_lq_5+q_3q_4+q_2q_4q_5-q_1q_3q_5-q_1q_3q_4-q_2q_3q_4q_5-q_1q_2q_4q_5+q_1q_2q_3q_4q_5$$
$$=0.020$$

计算各基本事件的概率重要度系数如下：

$$I_Q(1)=\frac{\partial Q}{\partial q_1}=q_3+q_5-q_3q_4-q_3q_5-q_2q_4q_5+q_2q_3q_4q_5=0.053\ 3$$

$$I_Q(2)=\frac{\partial Q}{\partial q_2}=q_4q_5-q_1q_4q_5-q_3q_4q_5+q_1q_3q_4q_5=0.000\ 7$$

$$I_Q(3)=\frac{\partial Q}{\partial q_3}=q_1+q_4-q_1q_4-q_1q_5-q_2q_4q_5+q_1q_2q_4q_5=0.048\ 9$$

$$I_Q(4)=\frac{\partial Q}{\partial q_4}=q_3+q_2q_5-q_1q_3-q_1q_2q_5-q_2q_3q_5+q_1q_2q_3q_5=0.029\ 8$$

$$I_Q(5)=\frac{\partial Q}{\partial q_5}=q_1+q_2q_4-q_1q_3-q_1q_2q_4-q_2q_3q_4+q_1q_2q_3q_4=0.019\ 9$$

故，各基本事件概率重要度的排序结果为

$$I_Q(1)>I_Q(3)>I_Q(4)>I_Q(5)>I_Q(2)$$

根据上述计算过程可知，一个基本事件的概率重要度系数的大小并不取决于它本身概率值的大小，而是取决于它所在最小割集中其他基本事件概率值的大小。此外，概率重要度系数还有一个非常重要的性质：当所有的基本事件的发生概率都等于 1/2 时，概率重要度系数等于结构重要度系数。利用这一性质，就可以用概率重要度系数的计算公式求取各基本事件的结构重要度系数。

(3)基本事件的临界重要度

当各基本事件发生概率不等时，一般情况下，改变概率大的基本事件比改变概率小的基本事件容易，但基本事件的概率重要度系数并未反映这一事实，因而它不能从本质上反映各基本事件在事故树中的重要程度。

事故树的临界重要度分析是依靠各基本事件的临界重要度系数大小进行定量分析。临界重要度系数，是指某个基本事件发生概率的变化率引起顶上事件发生概率的变化率，它是从敏感度和概率双重角度衡量各基本事件的重要程度。

$$CI_Q(i)=\frac{q_i}{Q}I_Q(i)$$

式中　C——第 i 个基本事件的临界重要度系数；

$I_Q(i)$——第 i 个基本事件的概率重要度系数；

Q——顶事件发生概率；

q_i——第 i 个基本事件的发生概率。

三种重要度系数中：

结构重要度系数：从事故树结构上反映基本事件的重要程度，结构重要度系数反映了某一基本事件在事故树结构中所占的地位。

概率重要度系数：反映基本事件概率的增减对顶事件发生概率影响的敏感度；概率重要度系数则起着一种过渡作用，是计算两种重要度系数的基础。

临界重要度系数：从敏感度和自身发生概率大小双重角度反映基本事件的重要程度，临界重要度系数从结构及概率上反映了改善某一基本事件的难易程度。

一般可以按这三种重要度系数安排采取措施的先后顺序，也可按三种重要度顺序分别编制相应的安全检查表，以保证既有重点，又能全面检查的目的。在三种检查表中，临界重要度分析产生的检查表，更具有实际意义。

5.6　城市轨道交通运营安全事故树分析案例

以自动扶梯为主的电梯运载系统作为供乘客往返于地面层、站厅层和站台层列车间的运输工具，是仅次于轨道交通线内列车运载系统的重要客运媒介。在人员密集的城市轨道交通运营车站，其安全问题必须得到足够的重视。然而近年来，车站自动扶梯事故屡有发生，不仅对乘客的人身财产安全造成了极大的威胁，也影响了车站的客运服务质量和服务水平。

将事故树分析法应用于车站自动扶梯事故中，通过编制事故树，对系统安全性进行分析，对事故发生可能性进行预测，找出导致事故发生的主要因素，并结合自动扶梯安全使用规范提出适当的有针对性的防护和改进措施。

1. 事故树的编制

对历年主要发生的自动扶梯事故原因进行分析可以看出，除了乘客自身因素，城市轨道交通车站一般性的自动扶梯事故主要可以分为两类：一是自动扶梯在运行过程中发生逆转，二是自动扶梯运行时突然急停。以这两类事故为出发点开始编制事故树，具体过程如下：

(1)确立顶上事件。此处以城市轨道交通车站自动扶梯事故作为顶上事件建立事故树。

(2)调查与顶上事件有关的所有原因事件。从以往发生的同类事故中总结经验，首先从人、机、环境、管理因素入手分析事故原因。车站内的自动扶梯事故大体上分为逆转和突然停止，电气设备故障和机械设备故障是造成这两起事故的主要原因。电气设备故障可归因于安全电路故障、制动器控制回路故障、电机功率不够和电路短路。机械设备故障主要归因于零部件失效、设备本身质量问题、管理因素和客观因素，其中管理因素包括维保工作不到位和现场监控不到位，客观因素包括严重超载和环境因素。与自动扶梯突然停止相关的原因事件有断电、电路短路引起的电气设备故障和紧急按钮被按下，而断电和电气设备故障导致电梯突然停止的前提都必须是备用电源失效，其中断电又包括供电系统故障和泥沙等异物卡入两个基本事件，紧急按钮被按下包括乘客有意按下和大件行李无意按下。用逻辑门连接上下层事件，使各种独立的事件原因构成相互联系的链。

(3)对上面所述的众事件加以提炼，去除与事故不相干的事件，检查上述事故原因是否简明、准确、清晰而不含糊。检查完毕后，将事故的各种原因通过事件符号、逻辑门正确连接起来，从而得到完整的城市轨道交通车站自动扶梯事故树，如图2-22所示，事故树基本事件见表2-6。

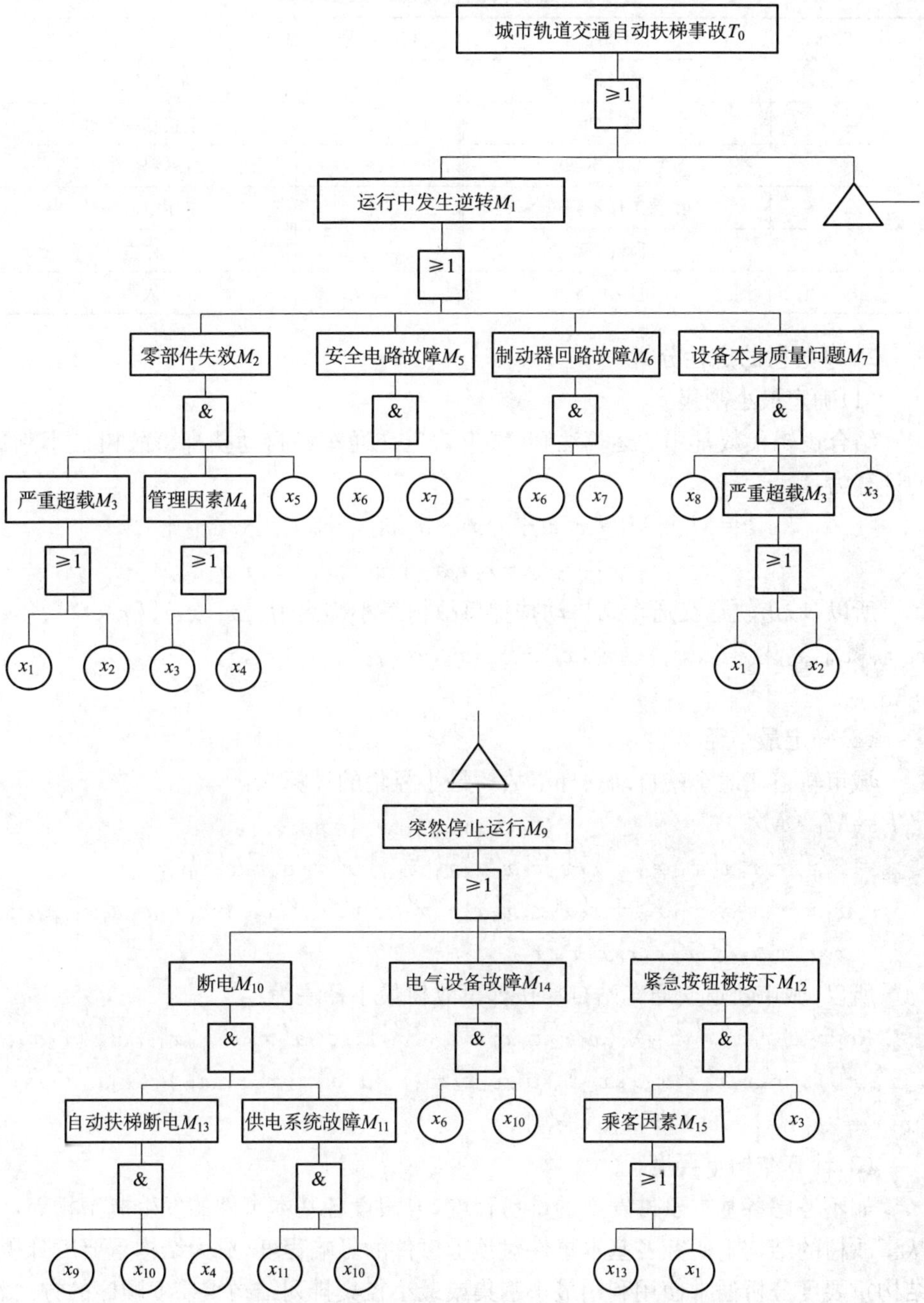

图 2-22　城市轨道交通车站自动扶梯事故树

表 2-6 车站自动扶梯事故基本事件

代号	基本事件	代号	基本事件
x_1	大件行李	x_7	零部件老化
x_2	大客流量	x_8	电机功率不够
x_3	现场监控不到位	x_9	泥沙等异物卡入
x_4	维保工作不到位	x_{10}	备用电源失效
x_5	环境因素	x_{11}	停电
x_6	电路短路	x_{12}	人为

2. 事故树的定性分析

(1)确定最小割集

结合逻辑代数常用的运算法则,城市轨道交通车站自动扶梯事故树最小割集的计算为:

$$T=M_1+M_9=x_1x_3+x_6x_7+x_6x_{10}+x_{10}x_{11}+x_3x_{12}+x_1x_4x_5+x_2x_3x_5+x_2x_4x_5+x_2x_3x_8+x_4x_9x_{10}$$

所以,城市轨道交通车站自动扶梯事故树最小割集为:$\{x_1,x_3\}$、$\{x_6,x_7\}$、$\{x_6,x_{10}\}$、$\{x_{10},x_{11}\}$、$\{x_3,x_{12}\}$、$\{x_1,x_4,x_5\}$、$\{x_2,x_3,x_5\}$、$\{x_2,x_4,x_5\}$、$\{x_2,x_3,x_8\}$、$\{x_4,x_9,x_{10}\}$。

(2)确定最小径集

城市轨道交通车站自动扶梯事故树最小径集的计算为:

$$\begin{aligned}T&=M'_1\cdot M'_9\\&=x'_1x'_2x'_4x'_6x'_7x'_{11}x'_{12}+x'_1x'_2x'_4x'_6x'_8x'_{11}x'_{12}+x'_1x'_2x'_3x'_4x'_6x'_{11}+\\&\quad x'_1x'_2x'_6x'_7x'_9x'_{11}x'_{12}+x'_1x'_2x'_3x'_6x'_7x'_9x'_{11}+x'_3x'_4x'_6x'_{10}+x'_1x'_2x'_4x'_6x'_{10}x'_{12}+\\&\quad x'_3x'_4x'_7x'_{10}+x'_1x'_2x'_6x'_7x'_{10}x'_{12}\end{aligned}$$

所以,城市轨道交通车站自动扶梯事故树最小径集为:

$\{x'_1x'_2x'_4x'_6x'_7x'_{11}x'_{12}\}$、$\{x'_1x'_2x'_4x'_6x'_8x'_{11}x'_{12}\}$、$\{x'_1x'_2x'_3x'_4x'_6x'_{11}\}$、$\{x'_1x'_2x'_6x'_7x'_9x'_{11}x'_{12}\}$、$\{x'_1x'_2x'_3x'_6x'_7x'_9x'_{11}\}$、$\{x'_3x'_4x'_6x'_{10}\}$、$\{x'_1x'_2x'_4x'_6x'_{10}x'_{12}\}$、$\{x'_3x'_4x'_7x'_{10}\}$、$\{x'_1x'_2x'_3x'_7x'_{10}\}$、$\{x'_1x'_2x'_6x'_7x'_{10}x'_{12}\}$。

(3)计算结构重要度

如不考虑各基本事件发生的难易程度,或假设各基本事件的发生概率相等,仅从事故树的结构上研究各基本事件对顶上事件的影响程度,成为结构重要度分析。结构重要度分析通常使用利用最小割集或最小径集排列结构重要度顺序的方法。

据此,得出结构重要度顺序:$I(3)>I(10)>I(2)=I(4)=I(5)=I(6)>I(1)>I(7)=I(11)=I(12)>I(8)=I(9)$。

事件名称是：现场监控不到位＞备用电源失效＞大客流量＝维保工作不到位＝环境因素＝电路短路＞大件行李＞零部件老化＝停电＝人为＞电机功率不够＝泥沙等异物卡入。

(4)结果分析

①事故树中最小割集反映了系统的危险性。最小割集数越多，说明顶上事件发生的可能性大，最小割集中基本事件数越多，事故就越难发生。从事故树分析计算可以看出，导致城市轨道交通车站自动扶梯事故共有 10 种途径，且最小割集中基本事件数目最多有 3 种，最少有 2 种，说明事故具有可控性。

②不同基本事件对事故树产生的影响各不相同。从事故树结构重要度来看，现场监控不到位、备用电源失效、维保工作不到位、大客流量、环境因素和电路短路这 7 个基本事件对事故树的影响最大，最为敏感，在整个事故树中是最危险的基本事件。它们大致可以归结为三类：设备因素、人的因素和管理因素。因此为减少和预防事故的发生，必须从这三方面入手进行整改。

第3篇　运营安全管理

运营企业的现场管理是城市轨道交通运营安全管理的重中之重。城市轨道交通系统子专业较多,其运行易受到内外部因素的综合影响。运营生产过程中的安全管理主要包括5个方面的工作:设施设备安全管理、运营安全管理、施工作业安全管理、业务外包安全管理和员工行为安全管理。当现场安全管理工作出现不当的时候,易发生运营安全事件,一类是列车中断运营或者延误事件(故);另一类是出现人身伤亡事故以及财产损失事件(故)。现场作业安全管理的目标是控制非正常事件或者事故的发生率,在事件(故)发生后尽量减少负面后果或者影响。

第1章　设施设备安全管理

设备安全管理工作是确保城市轨道交通系统运行顺畅的关键,排除运营设备存在的安全问题是确保乘客生命财产安全的前提,其重点在于防患于未然,及时预防、排除设备故障点。由于城市轨道交通运营设备分布点分散,大部分设备属于无人值守类设备,城市轨道交通运营部门必须建立严格的规章制度和强而有力的专业设备管理队伍来确保整个系统设备的运行安全。

导致事故发生的原因可以分为直接原因和间接原因,其中直接原因包括物的不安全状态和人的不安全行为,因此消除设备和环境的不安全状态是确保生产系统安全的物质基础。

设备所显现的不安全状态随设备性质、类型的不同而不同,有的以单一的物理、化学或行为特性形态显现,有的则以多种形态组合显现。设备在静止状态下所显现的危险性和有害性,以物理作用方式为主而引发事故,或是在运动过程中或在与其他物体相互作用的过程中所显现的危险和有害特性。实际生产中的设备都在不停地运转着,其不安全状态大多在运转过程中显现出来,因此,行为形态是机械、设备、仪器仪表、器具等类设备的一种很普遍的不安全形态。在引发事故时都是以一定的能量形式向客体对象(受损物体或受害人员)释放。

要预防事故的发生,就必须消除危险与有害因素,控制设备的不安全状态。本质安全的设备具有高度的可靠性和安全性,可以杜绝或减少伤亡事故,减少设备故障,从而提高设备利用率,实现安全生产。

设施设备的维护管理关系到城市轨道交通系统是否能够正常安全运营,因此,必须充分发挥外部资源优势，合理规划未来维修策略，形成优势互补、合作共赢，进一步提升自身技术管理水平和实力，实现企业的效益最大化和可持续化发展。

城市轨道交通系统涉及的专业繁多，在具体的工作过程中，不同专业和系统之间形成复杂的交叉关系。随着城市轨道交通行业的发展，新的设施设备管理理念越来越重要，设备维护工作也变得越来越复杂。

1.1 设备维护基本理论

1. 设备维护管理的概念

城市轨道交通运营设备是指为安全有效运送乘客而组织开展的一系列活动所使用的设备，包括车辆系统、轨道、供电系统、通信系统、信号系统、自动售检票系统、乘客信息系统、环境与设备监控系统、站台门、综合监控系统、电梯、通风空调系统、给排水系统、动力与照明系统、火灾自动报警及气体灭火系统等。维修即维护与修理，是为保持或恢复设备完成规定功能的能力而采取的技术活动。维修作为生产过程中的一项服务，包括所有技术和管理行为，以及监督行为的联合体，其目的是恢复部件到一种执行所需功能的状态，针对设备的内在损耗和随机故障过程，维修可以在很大程度上影响设备寿命周期。

设备维护管理工作就是保持和恢复设备良好的运行状态。设备维护的两项基本工作就是检修和维修。检修工作，就是为了使设备的运行保持长期、良好和稳定的工作状态，例如，日常对设备进行的巡视，对设备进行定期清洁，对设备关键部位进行润滑油的涂抹，检查校验各零部件精度等。为了恢复设备之前所能达到良好运行状态所做的工作就是维修，例如，在设备工作异常时，及时诊断设备故障原因，并排除故障，对达到维修标准的设施设备进行设备零部件的更换和升级，这些工作都属于设备维修的范围。

设备维修的最终目的是恢复设备正常运行，延长设备的运行寿命，提高设备的安全性能，但是仍然存在一些非正常因素，会使正常的维修活动受到制约，达不到预期的效果。例如，配件的可获得性、维修人员的技能、维修工期过长、维修质量差等，这些都会影响最终的设备维修效果。造成这些现象的根本原因，就是设备维修管理不到位，管理方法不正确。设备维修管理需要符合企业的生产经营目标，运用相关的技术、物资和人员合理配置，不应该仅仅局限于设备发生故障后进行维修这一单独的活动，而是应该对设备整个运转过程，设备的整个寿命周期，设备的所有物质变化的状态和价值变化的状态，都进行全面而系统的管理。用最低的设备维护成本去实现最佳的设备完好率和安全性。合理的设备维护管理，不仅可以降低设备的故障率，提升设备的使用效率，设备的使用年限也会得到延长，设备维护费用也会相应减少。

2. 设备管理体系的发展

设备维护管理的理论经过不断发展，从最初的被动维护逐渐成为系统化主动维护，同时结合了科学体系理论的发展，设备在使用后的全生命周期就应用结合的理论，主要包括：系统论、控制论、信息论等学说。

设备的规划需要对设备投资最优方案进行合理决策，还应研究经济学、市场学和营销学等学说，以解决设备投资的经济性分析，并以此作为设备选型与购买的决策依据。设备维护工作研究的主要内容是设备维护模式和形式，分析设备故障发生的规律、原理，还需要结合设备维修工艺学、诊断学、摩擦学、库存管理、网络技术等技术，综合起来解决设备维修的方式、时机、工艺、技术和组织管理等可能出现的问题。设备管理的发展经历了如下几个阶段。

20世纪50年代前主要采用故障后维修的被动维修（Breakdown Maintenance，BM）设备管理模式，称为“第一代维修模式”。该模式非计划停机次数多，维修不足，安全、环境、生产、维修成本影响较大，设备事故多、经济损失大，设备管理具有不可控性，多数企业不能接受，这种管理模式逐渐被淘汰。被动维修的管理模式被淘汰，但是无法避免设备的被动维修。

60年代至80年代开始采用基于时间的预防性维修（Preventive Maintenance，PM）管理模式，称为“第二代维修模式”，国内运用较多的以时间为基础的维修也属于计划维修的管理模式，它不考虑设备的健康状态，往往造成“维修过剩”。不必要的、过度的维修措施，不仅浪费维修资源，而且缩短了设备的运行周期。在以磨损、疲劳等为主要故障特征原因的汽车、航空、航海、军工等领域，计划维修对于降低设备的事故率、提高设备的运行安全方面起到了积极的作用，但是维修过度的计划维修管理模式带来的还有高昂的设备维修费用。

70年代中期出现了状态维修（Condition Based Mainte，CBM），预维修管理模式（Predictive Maintenance，PM），称为“第三代维修模式”。80年代随着计算机技术的发展，设备状态监测技术、故障诊断技术得到较快发展，故障预测和故障发展预测成为预知维修的关键技术。预知维修根据设备实际运行状态制定合理、必要的维修方案，既可避免“维修过剩”，又可避免“维修不足”。通过对设备的状态监测，得到关于设备或生产系统的温度、压力、流量、振动、噪声等各种参数，由专家系统对各种参数进行分析，进而实现对设备的预知维修，可预知设备健康状态和备件、工具需求，不仅能够提高设备可维修性，减少维修时间和生产中断时间，而且还可以避免故障后果扩大、提高设备运行的安全性和可靠性。预测维修的基础是振动监测，其他的预测维修技术还有油质和磨粒分析、红外热像分析、电机电流特性分析、超声分析等。

以可靠性为中心的维修(Reliability Centered Maintenanc,RCM)是第三代维修模式发展的新阶段,是目前国际上流行的、用以确定设备预防性维修工作需求、优化维修管理制度的一种系统工程方法,它广泛应用于航空、航天、军工、核电等领域并发挥了巨大的经济效益。其特点为:以最少的资源消耗保持设备固有可靠性和安全性,确定降低设备风险的检查、维护、操作策略并制定优化的维护任务工作包,用于指导日常的设备检查和维护。以可靠性为中心的维修是继被动维修、预防维修、预知维修之后,新发展起来的以主动维修(Proactive Maintenance,PM)为导向的维修体制,旨在通过系统地消灭故障根源,尽最大努力消减维修工作总量,最大限度地延长设备寿命,把主动维修、预防维修和预知维修结合起来,形成一个完整化的系统维修策略。预防性维修可减少非计划停机,却可能造成“维修过剩”,因此应加以适当控制;预知维修可预先采取维修措施,既减少停机,又可减少维修过剩,是值得提倡的方式,但这种维修方式却不可能从根本上消灭故障;主动维修则致力于从根本上消除故障隐患,减少故障频率,延长大修理周期,不断改善设备可靠性。

3. 运营设施设备维护保养工作

城市轨道交通运营设备的维护保养工作是运营企业运营管理的重要环节,直接关系到运行的安全可靠程度。结合同行业对设备维护的经验,进入线路运营期后,根据技术要求、维护频率等因素的不同,城市轨道交通设施设备维护保养工作可细分为日常维护(巡视检修)、集中维护(计划维修)和应急维修(突发故障维修)。三种维护方法维护周期不同,维护的具体项目不同,适用的设备运行情况也不同,可以说是三种独立的设备维护方式,但又相互补充,共同完成对设备的维护管理工作,以期达到设备维护最优的效果。

(1)日常维护(巡视检修)

日常维护(巡视检修)指对一些设备的例行常规性质检查维护。其技术要求低、频率高,是一种针对设备运行状态的检查,通过判断设备运行的状态来实现,也是城市轨道交通行业中最基本的一种维修方式,要求设备运行和维护人员每天都要做的基本工作。设备的运行状态是通过设备监视控制系统的运行数据,以及通过巡视人员的观察和经验共同实现的。及时准确掌握设备运行的状态,如果发现设备隐患,及时调整设备的维护工作,可以降低故障的发生率,避免因为设备突发故障给现场运营造成的影响。巡视检修使设备得到及时的维护,有针对性改善,减少维护的工作量,降低维护成本。

(2)集中维护(计划性维修)

集中维护(计划性维修)指对设备进行定期的维护保养,维持设备良好状态,使其正常的运行。其技术要求一般,维护频率根据系统特性有周(月、年)等。在设备维护管理中使用较多，往往适用于采用固定的维修周期，固定项目的进行维护保养。这样的模式适用于设备运行到成熟的阶段后，不能满足设备运行的全过程。计划维护的优点在于通过预设合理的维修周期，按照维护作业指导书进行操作，便于对设备维护工作的管理，维护流程成熟后，减少各部门产生错误的概率。计划维护的局限性在于如果周期制定的不合理，会造成维修周期尚未达到，而设备磨损已经增加或增大，不能正常工作，如果仍旧根据制定的固定周期维护，会造成设备的损伤。相反，如果该设备的状态仍然是正常，制定的周期过于密集，也会造成设备维护工作重复，以及造成一定的损失和浪费。

(3)应急维修(突发故障维修)

应急维修(突发故障维修)指在设备出现故障、无法运作时，迅速组织维修队伍，保证设备在规定时间内恢复正常运作。其技术要求高，机动性强。突发故障维修适用于设备出现故障后，或者设备的运行不能满足正常的要求，性能降低到可接受的水平以下，属于计划外维修。突发故障维修针对的不是整个设备检修，而是对于出现故障的备件或者模块的更换及调整，使设备恢复运行状态，防止设备因故障造成更大的影响。

从其特点看，日常维护和集中维护属于预防性的，应急维修则是非预防性的。设备的几种维护方法有各自的优缺点和适用性，盲目地生搬硬套某种维修方式都是不合理的。在实际维护中，要根据设备的不同特点、根据设备的不同运行时期和造成的影响程度等因素综合判断，合理选用最佳的维修方式。对于故障发生与工作时间、频次有密切关系且无法监控的设备采用集中维护方式；对于故障发生能以参数或者标准进行状态检查的设备，采用日常维护方式；对于故障发生不危及安全，且通过连续监控可以在故障发生后进行维修的设备，采用应急维修方式。

1.2 设备安全管理

1. 设备基础管理

设备管理的基本任务是通过对设备实行技术和经济的综合管理，达到设备寿命周期费用最低，设备的综合效能最高，企业经济效益最优的目的。根据设备综合管理理论，企业应实行设备全过程管理，即从设备设计直至报废的整个过程，分为前期管理和使用管理两个阶段。设备管理应当遵循技术进步、促进生产发展和预防为主，坚持设计、制造与使用结合，维护与计划检修相结合，修理、改造与更新相结合，技术管理与经济管理相结合的原则。对检修工艺发生明显变化或有特殊要求，以及在质量不稳定时应通过对设备的检修和改造或采取其他有效措施，保持对生产工艺的适用性。

现场设备维修管理的核心内容即为现场设备管理，是整个系统的基础。设备台账是管理设备的重要依据，其中包括设设备名称、设备位置、设备分类、设备型号、设备保修期、设备使用时限等项目。通过对设备进行快速分类管理，可将单元模块、各个部件等按照树形模式归类。将同类现场设备按性质集合成设备台账，制定出明细表，以便制作报表进行分析以及现场设备管理。

对所有的设备按照技术状况、维护状况和管理状况分为完好设备和非完好设备，并分别制定具体考核标准。设备事故管理应贯彻“预防为主”的方针，严格执行各项设备规程，定期组织设备安全大检查及时消除设备隐患，杜绝重大、特大设备事故，减少一般设备事故，降低事故故障停机率。加强设备管理和维修信息的积累和统计分析工作，健全设备台账和技术档案。

2. 设备前期管理

城市轨道交通设备前期管理的主要内容包含设备的设计、选型与购置、技术联络、设备出厂验收、设备安装与调试等。新线设备的接管，应从设备的选型开始，全面介入设备的技术联络、设备制造过程，对设备出厂验收进行质量控制，做好设备的前期质量控制。

(1)设计阶段

城市轨道交通是庞大而复杂的系统工程，专业多、接口复杂，在设计阶段会存在一些影响运营安全、成本控制、运营生产等方面的缺陷，相关运营人员合理、有效地介入用户需求，有利于后期运营设备使用安全。

①运营单位安排固定的专业人员参加设计审查、设计联络和方案讨论的会议。根据现场实际运营经验和线路运作的需要，用户需求书的设计需最大限度满足日后运营、维保的功能、技术上的需求；根据设计的系统设备设施，了解设计意图、系统功能和构成、系统间关系等要素，以确保能达到开通前验收、调试、演练基本内容、标准，确保开通后设备设施维修、抢修、备件供应的目标。

②对于运营人员提出的合理意见，应进行归纳、备案，形成“问题库”。运营单位从一开始介入工程建设起，就需要建立完整的“问题库”，便于接管时能逐条核对工程建设情况。“问题库”的建立包括问题的产生、问题的采纳、问题的解决途径以及问题的整改结果，需明确专人跟踪问题进度。在设计阶段，运营人员根据专业安排专人对所提意见进行汇总，并对所采纳的意见进行归档、备案，便于跟踪工程建设阶段能检验是否满足运营所提需求，同时也能为后期工程验收提供依据。

(2)设备招标和制造阶段

设备招标与制造阶段，建设单位会根据特定的流程制定严格的操作规定和要求，运营人员主要是学习设备特性、性能。设备招标是按照用户需求书和设计的要求进行供货商、制造商的选择；制造阶段是按照招标结果的技术规格书和设计联络时的需求开展设备的生产。运营单位从验收、维修、备品保障和满足运营需求的角度合理的介入招标澄清、合同谈判、工厂监造和出厂验收，根据相互之间的关系开展运营筹备工作。

①从维修、备品保障角度，运营单位根据线路的具体情况和实际运营经验，参与合同谈判，满足运营的维修、备品的需求，形成性价比较高的合同。跟踪设备设施制造过程，掌握设置的工艺、材质特性、检验与校正的方法和步骤、工器具与备品备件构成，编写监造日志，收集相应系统或设备相关的技术资料，根据设备的维修手册，编制初期设备维修规程、工艺、工器具配置。了解各个备品备件的采购渠道和成本，确保运营后期设备维护备品备件的供应，为运营维修模式的方式提供基础资料。

②从验收角度，运营单位需按照合同和相应的标准规范，参与制造阶段设备每一项检验、验收工作，对检验、验收中发现的问题做好记录；监造期间，跟踪每一项工艺制造，保证设备的工艺符合招标要求；对新设备、新工艺要明确验收、检查项目，从点-面监控设备的生产，最终确保产品出厂性能和质量满足目标。

(3)现场施工、调试及验收阶段

在现场施工、调试与验收阶段，运营单位从安装跟踪与监控角度、调试跟踪与参与角度、验收角度主动参与各种施工、安装、单体调试、系统内调试、系统间综合联调、验收。以技术规格书和合同为基础，结合实际运营经验开展运营筹备工作。

①跟踪和监控设备设施安装，掌握设备设施安装工艺、检验方法及工器具。收集安装相关的技术资料，跟踪现场安装，熟悉施工图纸和施工现场，掌握管线的走向和隐蔽工程。安装期间，及时提出所发现的问题，并协商解决所存在的问题，制定相关的汇报制度和“运营单位跟踪工程相关问题汇总表”，根据专业对相应的问题提报并达成统一的规范。运营单位跟踪安装期间，需不断完善相应的技术规程、工艺和工器具的配置，利于运营管理和维护。

②参与设备设施调试，掌握设备设施功能状况和调试方法。跟踪设备设施的单体调试、综合联体调试，从调试计划的编制到调试具体实施，再到调试报告的编制，跟踪调试中的问题以及解决方案。通过参与调试，运营单位相应专业须掌握设备设施单体功能、系统功能及其特性，把握调试工艺和方法，从而进一步完善相应调试规程、工艺和工器具，编制综合联调方案，为系统综合联调做好准备。

③核查、验证“问题库”中的问题是否已完全整改，准备工程验收。结合从设计之初到调试阶段中所存在的问题，对设备设施、系统进行单位工程、分部工程和分项工程进行预验收，确保所建设备设施和系统达到所设计的性能、功能和质量，基本满足运营需求，达到运营条件。若此阶段还有问题存在，建设和运营双方协调解决办法，确保设备设施能顺利地完成正式验收做好和设备设施移交。

④必须组织相关专业技术人员，根据设备标书、技术规格书等相关数据进行认

真验收,针对安装、调试和投入使用中发现问题应及时与供应商沟通处理,并及时提出索赔。设备的安装调试必须认真做好各种记录,并按规定做好归档工作。安装调试竣工后,应按有关技术质量标准进行全面验收。不符合要求必须及时整改后再予验收。特种类设备(压力容器类、计量类、起重类、场内机动车辆等)的管理必须符合国家相关规定。

(4)设备投用前准备

新设备在投产使用前,必须制定设备操作、维护的检修规程,规程不全,不得投入使用。根据设备特点及实际技术状况,编制设备的检修计划;重点设备每周至少一次强制巡检,日常巡检由专职维修人员完成。加强对动力、电气、起重、运输、仪器仪表、压力容器、工业建(构)筑物设备的维护、检查监测和预防性试验。

设备的使用只能由经考试合格后获得设备操作证的人员操作,使用人在使用设备时需要按照设备操作规程进行操作,对特种岗位上岗操作必须持有特种作业操作证;新员工初次操作设备必须由有操作资质人员带领操作直至考试合格方可独立操作;所有新设备的操作必须进行操作规范培训,并完成培训记录表格,操作人员应保持相对稳定。

3. 设备使用管理

城市轨道交通运营设备使用管理是指在设备运行期内,对系统设备进行的维护管理,是整个线路运营的核心业务之一,是保证安全运营的重中之重。对生产设备实行分级管理,在管理中突出重点设备,以主要维修力量来保证重点设备的完好,使其具有良好的技术状况和精度,提高它的可靠性和经济性。

重点设备主要指列车检修工序质量控制点的关键设备以及对安全生产起关键作用的设备,该类设备故障对于行车安全或对正线运行影响较大。

主要设备主要指列车检修工序质量控制点的主要设备以及对安全生产起支配作用的设备,该类设备的故障可能影响行车设备的正常检修周期。

一般设备主要指对列车检修工序质量控制点无紧密相关性,设备冗余度较高,设备故障不对生产、安全起支配作用的设备。

设备验收合格后,对设备进行统计管理,进行设备分级、统一编号,建立设备基本信息及设备档案。根据设备使用说明书对设备编制设备操作、维护规程。

4. 设备维保计划管理

城市轨道交通行业是资产密集型企业,在生产运营期间,需要提供不间断的安全服务,要在有限的成本下实现设备的高可靠性运行。为了保证设备的高可靠性运行,科学合理的现场设备维修计划直接关系到管理维修预算的合理性,影响到企业的运营成本,因此,如何制定合理的现场设备维修计划至关重要。坚持适度原则是制定现场设备维修计划的关键,即避免出现维修不足或维修过度的情况,维修不足会影响城市轨道交通系统的正常安全运行，维修过度则会造成资源浪费。现场设备维修计划一般分为以下两种：一种是预防性维修。预防性维修是指根据设备本身具有的检查设备发出是维修信号进行设备的检查维修。现代技术工业发展迅速，许多设备都带有自我检测系统，实时监控设备运行状态，记录故障原因、过程，为设备维修提供可靠信息。维修人员可根据设备检测系统发出的故障信号或维修信息及时检查设备，进行针对性维护，确保设备正常运行。预测性维修集设备状态监测、故障诊断、故障（状态）预测、维修决策支持和维修活动于一体，是一种新兴的维修方式。另一种是定时维修，是指在未发生任何故障之前的设备维修，即日常的设备定期检查工作。通过对设备维修规程的设定，按周期开展设备维护工作，从而保证运营的连续性。为确保地铁正常运营，应进行定期的设备检查与保养，及时发现零件磨损等问题，定期更换易磨损部件，排除可能的安全隐患；对发生故障后的设备进行全面的排查，确保设备的正常运行。预防性维护周期的设定往往是根据设备厂家提供的维护周期来设定，但伴随着设备使用年限的增加，使用频度、工况不同，对维护周期进行相应调整。

5. 设备检修制度

设备的检修必须明确责任部门，要做到保证检修质量，缩短检修时间，降低检修成本等目标和考核指标。采用故障诊断技术，应用特殊仪器和方法对设备进行劣化倾向性检查分析，为设备大、中修进行预测。根据设备的实际技术状况，结合生产安排，编制设备的检修计划，严格按计划组织实施。

设备检修应分为设备小修、点检、巡检、一级保养、二级保养、三级保养、设备大修等。设备小修（单项修理）指由设备维修工对设备进行单项或局部修理。点检由设备使用者日常完成，在设备日常检查中及时发现与解决设备存在的问题。巡检主要针对重点设备，由设备维修工负责每周巡回检查，解决巡检中发现的问题。一级保养对设备进行清洁、防锈、润滑及检查安全部件等相关维护工作。二级保养对设备局部部件进行检修，作业内容除一级作业内容外，以清洗、润滑、紧固或更换各类过滤器为主并检查有关安全部件等相关维护工作。三级保养对设备进行彻底的技术维护作业，作业内容除一、二级作业内容外，对设备进行精度测定和局部解体清洗、修理、调换零部件，使设备恢复精度的相关维护工作。设备大修以设备使用的经济寿命、技术寿命为依据，用修理或更换零部件、总成件的方法，恢复设备整体完好的技术状况，完全或接近完全恢复设备使用性能和寿命的恢复性修理。重点设备、主要设备的检修质量必须按设备维修（护）质量控制相关内容进行验收，做好各种检修的原始记录和技术鉴定。

在保证检修质量的前提下，积极采用新技术、新工艺、新材料，做好设备旧件的修复利用，节约检修费用。检修中的施工记录，竣工总结，修改的图纸等技术资料，应归入设备档案。

6. 设备故障管理

城市轨道交通作为城市居民出行的主要公共交通方式,逐渐成为人们出行的优先选择。由于城市轨道交通运营设备分布广泛,数量较多,并且各要素之间相互联系,如果其中一个环节出行问题,将会对其他环节造成不良影响,且容易遭受环境,使用不规范等外在因素的影响,难以完全避免故障的发生。运营设备一旦发生故障,会严重影响到人们出行以及运营服务质量,甚至危及运营安全。导致设备故障的原因很多,包括设计制造者的水平,以及设备运行后操作、日常管理,设施设备所处的自然环境,误操作、维护不当和失修等原因。

设备故障管理的指导思想要以"防"为主,改变以往以修为主的传统思想,以最大限度地减少事故和故障发生,可以采取对设备故障发生时间和次数进行记录和统计,分析设备故障发生的机理和周期,从而针对性的对设备各系统、部位、零件等的点检周期预测和实施修理,点检定修、预防维修。同时,以系统为单位的故障统计报表可作为对操作人员、检修作业人员的考核依据。设备运行中一切数据采集、整理、分析、传递、诊断、反馈要准确、可靠、及时,只有数据可靠分析才能到位,其结果才是正确的。

完善故障接报流程,按照影响正常行车组织的程度、对客运服务的影响、事件的预期后果等因素,将故障信息进行分级后,发送到不同级别的信息处理人员,并采取相应的应急程序。从设备维修调度到应急人员,要保证通信畅通。接到故障保修后,首先通知班组值班人员先行处置,在根据故障处置流程通知到专业中心,设备调度同时应用短信平台将故障信息发送到相关人员。现场处置人员要及时将故障的影响、可能原因及时通报调度,尽可能做到信息对称,便于决策和协调。

为更好地做好故障分析工作,对故障进行长效管理,故障处置人员应及时对信息进行收集,形成故障清单。故障清单的内容应包括:故障时间、地点、系统名称、设备名称、故障现象、影响范围、原因分析、故障类型、恢复时间等。

实行全员管理,要求参加生产过程的每一位员工都要关心和参与设备使用和维护工作,使设备使用人员与维修人员融为一体,成为设备管理的基础。可以说没有全体员工的真正参与,就没有设备缺陷管理的真正成功。设备使用者最了解设备,设备缺陷的第一发现人也应该是设备使用者,只有"操作零失误、材料备料零缺陷、使用零超标、安全零隐患、规章零违反,维修零不当"才能保证设备零故障。

建立完善设备管理的标准体系,并严格执行。强调关键设备、关键工序的点检标准,也就是将设备可能发生劣化和故障的部位设定若干点,通过这些点应该能反映整个设备运行状况和发展趋势,从而对这些点实行定点、定标、定期、定法、定人的点检标准。

建立与之相应的设备维修策略，就是要解决“何时修，如何修”的问题。设备为维修策略是以预防性维修为主，辅之以状态维修。每台设备由于本身以及使用条件的不同维修策略不尽相同。

强化设备的缺陷管理，设备存在缺陷并不可怕，关键是早期发现设备存在的缺陷，掌握其劣化趋势，在设备缺陷成为设备故障之前，通过适时适当的检修予以消除。

1.3 特种设备安全管理

2013年6月29日中华人民共和国第十二届全国人民代表大会常务委员会第三次会议审议通过了《中华人民共和国特种设备安全法》。《中华人民共和国特种设备安全法》是一部对特种设备安全工作具有划时代意义的法律，标志着我国特种设备安全工作向着科学化、法制化方向迈出了里程碑式的一大步，特种设备安全工作进入了一个重要的历史时期。特种设备是指涉及人身安全、危险性较大的锅炉、压力容器、压力管道、电梯、起重机械、场(厂)内专用机动车辆、大型游乐设施等，包括其附属的安全附件、安全保护装置和与安全保护装置相关的设施。在城市轨道交通行业中使用的主要特种设备有电梯、起重机械、场(厂)内专用机动车辆、压力容器等特种设备。《中华人民共和国特种设备安全法》中明确，国家对特种设备实行目录管理，特种设备的目录由国务院负责特种设备安全监督管理的部门制定，报国务院批准后执行。城市轨道交通运营企业作为特种设备的使用单位，应健全特种设备安全和节能责任制度，加强特种设备安全和节能管理，确保特种设备使用安全，符合节能要求，特种设备使用、检验、检测应当遵守有关特种设备安全技术规范及相关标准。

1. 运营企业常见特种设备

运营企业常见的特种设备为：电梯、起重机械、厂内专用车辆、压力容器等特种设备，它们的使用范围、类型，特点，容易发生的安全隐患，整个生命周期(如投运前的准备、使用过程中)，都是危险源。

2. 特种设备安全管理

城市轨道交通运营单位的特种设备安全管理主要是对特种设备使用部门、维护部门、安全管理部门、特种设备作业人员的管理。包括特种设备新购、安装、维修保养及改造、验收、接管、事故应急处理与救援演练、设备管理、履历管理等方面内容。

(1)特种设备使用部门的安全管理及职责：

①特种设备的设计文件、制造单位、产品质量合格证明、使用维护说明等文件

以及安装技术文件使用。

②特种设备的定期检验和定期自行检查的记录。

③特种设备的日常使用记录。

④特种设备及其安全附件、安全保护装置、测量调控装置及有关附属仪器仪表的日常维护保养记录。

⑤特种设备运行故障和事故记录。

特种设备使用部门是特种设备安全管理的责任主体，其主要负责人对特种设备安全使用全面负责。需进行特种设备租赁时，特种设备租赁者（设备的产权部门）在开展租赁活动时，应与承租方签订租赁合同，明确各自的安全责任。

特种设备使用部门对特种设备负保管及现场监督责任，未经特种设备管理部门批准，不得跨部门、外借使用；特种设备使用部门必须对特种设备实行专人管理，安全员和操作人员必须按规定进行专业培训和考核并取得相关的管理员证书和操作证书，并确保对设备进行操作及管理期间，证件有效；特种设备使用部门负责人对本部门特种设备的安全全面负责，使用部门应根据国家及行业规范起草特种设备的操作规程、事故应急措施和救援预案，经特种设备管理部门审定及公司批准后实施。

（2）《中华人民共和国特种设备安全法》第三十六条规定“电梯、客运索道、大型游乐设施等未公众提供服务的特种设备的运营使用单位，应当对特种设备的使用安全负责，设置特种设备安全管理机构或者配备专职的特种设备安全管理人员；其他特种设备使用单位，应当根据情况设置特种设备安全管理机构或者配备专职、兼职的特种设备安全管理人员。”此条规定强调了城市轨道交通运营单位等涉及公共安全的三种特种设备使用单位必须要有安全管理机构（可以兼）和配备专职的安全管理人员。城市轨道交通运营单位特种设备管理部门应建立特种设备、操作人员台账，并保持动态更新。特种设备台账发生变动时，应报备；特种设备操作人员在作业过程中必须严格遵守相关的操作规程和安全规章制度；特种设备管理部门应定期组织特种设备安全管理专项检查，并做好检查记录。

安全监察部门牵头负责特种设备质量、技术监督管理工作；指导各使用或管理部门对特种设备的验收、移交接工作，组织协调新购特种设备的验收、接管；监督使用或管理部门对特种设备的日常使用、维护保养、技术档案的管理落实；组织特种设备的事故调查和分析处理，牵头安全隐患的排查及消除等相关工作。

人力资源部负责特种设备作业人员的培训，办理特种设备作业人员证及复审，建立特种设备作业人员操作证及台账。

（3）特种设备维修部门负责特种设备定期检修与故障处理、定期保养及设备日常管理，制定特种设备的检修规程、安全操作规程等技术文件。制定部门特种设备管理人员、维修人员的岗位职责，定期检查设备安全装置并确保装置良好，检验有效。监督检查设备使用安全，接受特种设备管理部门进行的安全监察及安全检查。制定特种设备应急救援预案，并定期演练。负责到质量技术监督局办理特种设备启用、变更、注销等相关手续；掌握设备的数量、质量、动态，按时汇总上报有关各种报表，核查使用部门上报数据。

(4)特种作业人员管理：

特种作业人员是指直接从事容易发生人员伤亡事故、对操作者本人、他人及周围设施的安全可能造成重大危害的作业人员。城市轨道交通运营单位应建立、健全特种作业人员管理档案，内容一般包括个人资料、安全培训教育记录、证件资料、违章记录、事故记录和奖惩记录等内容。所有涉及特种作业(设备)操作岗位的人员，必须经专门的安全技术培训并考核合格，取得《中华人民共和国特种作业操作证》后，方可上岗作业。各类证件需按要求定期进行复审证，确保所持证件的有效性。

特种作业(设备)人员须严格执行特种设备操作规程和有关安全规章制度；发现事故隐患或者不安全因素应当立即向现场管理人员和单位有关负责人报告；脱离特种作业(设备)操作岗位 6 个月以上的人员，必须重新进行培训和技术考核，合格后方可从事原工作。

新增设备在投入使用前必须对操作者进行技术培训，考试合格后，设备方能投入使用。

3. 特种设备的履历管理

新增特种设备，特种设备管理部门应按照特种设备管理要求办理注册登记，核发安全合格证，方可投入使用。

停用 1 年以上的特种设备由管理部门按国家颁布的《特种设备使用管理规则》的要求到该设备注册登记机构备案，办理停止使用手续；经确认停用的特种设备，在其停止使用期间，可不对其进行定期检验。

特种设备如遇可能影响其安全技术性能的自然灾害或者发生设备事故后，以及停止使用一年以上时，再次投入使用前，特种设备使用部门应当对其进行全面检查，并由特种设备管理部门到质监局办理启用手续，重新领取《使用登记证》后，方可使用。

国家标准与技术规程有寿命期限要求的特种设备或者零部件，按照要求及时予以报废处理。特种设备进行报废时，向该特种设备的注册登记机构报告，办理注销手续。

4. 特种设备的使用及检验

(1)特种设备定期检验

特种设备要符合《特种设备安全监察条例》，定期向特种设备检测机构登记检验。在特种设备定期检验合格有效期满前一个月，向特种设备检验检测机构申请检验;检验不合格的特种设备,特种设备管理部门应立即封停。

(2)特种设备使用管理

特种设备使用部门严格按照《特种设备安全监察条例》的要求,建立和实行责任制,做好特种设备的规范操作。

特种设备使用部门按照设备维护规程开展维护保养和安全检查。经检查发现有异常情况时,必须及时处理,严禁带故障运行。检查要做详细记录,并存档备查。特种设备管理部门负责对特种设备的安全附件、安全保护装置、测量调控装置及有关附属仪器仪表进行定期校验、检修,并作出记录。

发现较大安全隐患时,必须停止使用特种设备并及时报告本部门有关负责人,不符合安全的设备,应停止运行或进行改造符合安全要求才能继续运行。

禁止配置、使用"三无"(无证制造、无证安装、无证使用)的特种设备。

特种设备作业人员应持有效《特种设备作业人员证》上岗操作设备,并认真执行特种设备操作规程及安全管理制度。

特种设备在选型、安装、调试、使用、保养、检修都必须保证安全,有可靠的安全装置和防护措施,符合特种设备有关安全规则规程。

特种设备在状态发生变更后3日内,特种设备使用部门向特种设备管理部门办理台账更新。

设备发生事故、故障后,设备使用者应立即停止使用,采取措施,防止扩大损失,及时上报处理;对事故(故障)应按照"四不放过"原则处理。

5. 特种设备的应急管理

特种设备管理部门应制定特种设备事故应急处理及救援预案,制定相应的监控措施,定期进行演练,并将演练情况报安全监察部备查。

当所辖区域内发生特种设备事故,特种设备使用、管理部门必须采取紧急救援措施,防止事故扩大。

特种设备管理部门应在特种设备现场的合适地点放置设备操作规程、事故应急处理预案等资料。

第2章　运营安全管理

2.1　行车组织安全管理

1. 行车安全基本概念

行车组织过程是指在城市轨道交通系统中，行车相关人员利用行车设备完成乘客的位移过程。

行车安全工作是指行车组织过程的安全管理工作，内容包括：行车调度安全、列车驾驶安全、车站作业安全、接发列车作业安全、调车作业安全。行车安全是城市轨道交通运营管理的核心，是城市轨道交通系统安全的重中之重，是安全生产的基本要求。行车安全的质量指标是衡量城市轨道交通管理水平的重要指标。

2. 行车调度安全

行车调度组织是指在运营时间内采用基本列车运行控制方式和基本行车闭塞法情况下的列车运行组织，包括运营前的准备工作、列车出入场作业、运营中的调度指挥、运营结束后的收尾和施工前的准备工作等环节。行车调度工作具有高度集中、统一指挥、多部门、单位紧密联系、协同动作的特点，是行车组织工作的中枢，保证列车安全、正点运行，直接影响行车安全和运输质量。行车调度工作各岗位的指挥执行层次如图3-1所示。

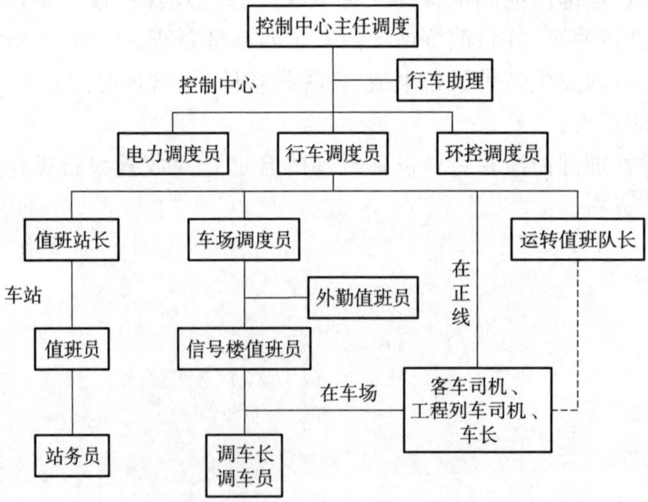

图3-1　行车指挥执行层次图

(1)行车调度工作安全基本要求

①严格执行单一指挥原则

调度命令由行车调度统一下达,涉及的运营组织部门须听从行车调度的集中指挥,严禁出现令出多口、多头指挥,维护调度命令的严肃性和权威性。

②从业人员具备相应素质

行车调度人员应具备较高的业务水平和紧急处理能力,能熟练掌握车辆、线路、设备知识、调度工作技术和作业程序,熟悉主要行车人员情况,熟知相关的工作管理制度,掌握处理意外情况和事故的方法,做好与其他调度的工作衔接,做到胸有成竹、沉着冷静。

③调度命令

调度命令应正确、完整、清晰,以免引起歧义。调度命令由行车调度员发布,在发布前,行车调度员应详细了解作业情况并听取相关意见,拟定调度命令后发布,不得边拟边发。调度命令的发布采用“一拟,二签,三发布,四复诵核对,五下达调度命令号码和时间”,发布调度命令时采用统一的规范格式和标准用语,口头命令指定一人复诵,其他人核对,书面命令填写记录,确保传达准确无误。

(2)行车关键环节安全管理

①运营前准备

a. 每日运营前,行车调度员要与车站值班员或运转值班员确认线路上或车场内所有施工检修作业已经完成并注销,线路空闲、无侵限,设备正常。

b. 根据运营计划,与运转值班员核对运行图,确认当日运用车数符合运营计划的要求,车辆状态良好。

c. 确认出场列车具备以下条件:无线电话和车厢广播设备使用功能良好,车载 ATC 设备日检正常、铅封良好,车辆设备良好。

d. 确认 ATS 具备以下条件:中央工作站表示正确且一致,所有集中站处于中控状态,方向开关、道岔位置及信号表示正确,确认各终端站折返的主用模式,确认系统的调整方式,消除告警窗内所有无效告警,建立并确认计划时刻表。

e. 确认接触轨(网)系统、消防环控系统、通信信号系统、电力系统等与运营相关系统设备状况良好;各集中站完成对全线信号设备(道岔、信号机、进路等)及屏蔽门测试工作;检查确认 OCC 中央监控设备、CCTV、广播、电话、无线对讲系统等调度设备正常。

f. 车站值班员、车场运转值班员等有关运营岗位须主动与行车调度员校对时间,以中央母钟时间为标准(ATS 钟点应与北京时间校对),列车司机须在出乘报到时向运转值班员校对钟表时间。

g. 各车站及信号楼按规定做好各项运营准备工作,所有运营岗位人员须到岗，对以上条件进行检查确认，并如实填记在台账检查表上，对不满足运营条件的事项，组织相关人员进行确认处理，确保运营条件。

②列车出入场(库)

a. 列车出场：出场列车为中心列车自动监控系统(CATS)所确认的计划列车，并确定列车的出场路径，以及进入运营系统的车站。列车经出场线(入场线)出场，驾驶员凭出场信号机显示的绿色灯光开出车场。列车在出入场无码区按慢速前行方式限速(20 km/h)运行，在进入有码区前一度停车，待设置好车次号及接收到速度码后，以ATO(或ATP)方式投入线路运营。遇特殊情况时，列车可以凭行车调度员下达命令投入运营。

b. 列车回库：入场列车为CATS系统所确认的计划回库列车，列车入场原则由入场线开往车场，图定或经由行调准许的入场列车，可由出场线运行至车场。入场列车在有码区按人工ATP方式运行，在一度停车标至车场的无码区按慢速行车方式限速(20 km/h)运行，司机凭入场信号机显示的黄色灯光进入车场内。

c. 车场接入站和车场信号楼的行车值班员做好交接并填报行车日志，其内容为车次、开车点、到达点、反向运行时需注明径路(出场线或入场线)及调度命令号等。在中央控制故障改为站控时，车场接入站和车场信号楼的行车值班员须向行车调度员报出入场列车的车次、到开点，车场信号楼的行车值班员应按运行图规定，组织好出、入车场列车的出入场工作。

③运营中的调度监督

列车进入正线运营后，行车调度员必须时刻关注列车运行动态，及时处理各类突发性事件，确保列车安全、正常运行。

a. 调度监督下的列车运行组织

调度监督是指行车调度员能监视现场设备和列车运行状态，但不能直接进行控制的远程监督。这种方式通常是新建线路或信号系统尚未安装的情况下使用的过渡期调度指挥方式，由车站行车值班员操控排列列车进路和开闭出站信号。为了实现调度监督，除控制中心的显示盘等设备外，车站还需安装行车控制台、道岔局部控制设备及出站信号机等信联闭设备，在实施调度监督时，双线自动闭塞为基本闭塞法。

b. 行车指挥自动化时的调度监督

行车指挥自动化是利用计算机控制调度集中设备，指挥列车运行的一种自动远程遥控设备时，此时自动闭塞为基本闭塞法。在行车指挥自动化情况下，由计算机通过调度集中设备实现当日使用列车运行图，列车进路自动排列和列车运行自动调整，指挥列车运行。

行车调度员通过显示盘与工作站显示器，准确掌握线路上列车运行和分布情况、区间和站线的占用情况，以及信号机的显示状态和道岔的开通位置等。行车调度员也可以应用人工控制功能，通过工作站终端键盘输入各种控制命令，控制管辖区域的信号机、道岔以及排列列车进路，进行列车运行组织。

c. 运营结束后的收尾及施工前的准备

运营结束后，行车调度员应按运行图要求保证各类列车运行终止或完成入库作业，正线空闲。日常的养护维修和施工作业原则上利用停运时段进行，施工单位须向线路运营管理部门提出施工计划和申请，运营管理部门以检修施工通告等形式下达给有关站、段、总调度所及施工单位。

施工前行车调度员须对当晚行车、电力、工务、环控等方面的施工进行核对，落实具体的施工计划和责任安全细则，根据施工计划及施工申请，对需要停电区段的接触网通知电力调度办理停电手续，并监控施工作业过程。

施工负责人应做好充分准备，按批准的施工计划，提前在车站进行检修施工登记，通过车站值班员向行车调度员申请作业，行车调度员应保证作业时间，并向有关车站、单位及作业负责人发出实际作业命令。施工负责人确认施工内容及起止时间后，在设好停车防护后方可开工，并保证在规定时间内完成。施工作业完成后，车站值班员报行车调度员申请开通作业区间，并下达注销作业命令号码进行施工销点。如未能在规定时间内完成施工作业，须在规定的施工截止时间前，报行车调度员批准后方可延长作业时间。

3. 列车驾驶安全

(1)列车驾驶危险因素控制

①影响列车驾驶安全的因素

主要包括人、设备、环境、管理四个方面。人的因素是指驾驶员自身因素，包括纪律松弛、制度执行不严、疲劳、带情绪(生理、心理)、业务素质不高、经验不足、安全意识不强等；设备因素是指行车技术存在缺陷、设备故障或缺陷等；环境因素是指出现恶劣气候及突发状况等；管理因素是指规章制度等运营管理方面存在缺陷等。

②不安全因素的控制

做好业务培训，包括安全行车知识、业务技术知识、突发处置技能培训等，以提高司机应对突发事件、突发环境变化的处置能力。强化和改善行车设备，包括行车设备技术改造、提高行车设备功能等，对违章行车的行为应采取教育、考核、惩戒等方法加强管理与控制。

(2)列车安全驾驶基本规定

列车驾驶员应熟练掌握列车构造、性能，熟悉线路和站场基本设施、驾驶区段站场线路；熟练掌握相关业务知识，具备故障处理能力和突发情况应变能力。上岗值乘须持有驾驶证，若脱岗6个月以上需再培训和考核通过后方可上岗。

驾驶列车须牢记“安全第一”的宗旨，严格遵守相关的规章制度，正确执行作业程序；严格按照运营时刻表及信号显示行车；严守岗位，不得擅自离岗；动车前须认真确认“行车三要素”（进路、信号、道岔）状态正常。

（3）列车驾驶作业安全准则

列车驾驶作业包括：调车作业、整备作业、正线作业、折返作业、站台作业。

①调车作业安全准则

铁鞋防溜时，不拿出铁鞋不动车；凭自身动力动车时，没有制动不动车；机车、车辆制动没有缓解不动车；调车作业目的不清不动车；调车作业没有联控不动车；没有信号或信号不清不动车；道岔开通不正确不动车；侵限、侵物不动车。

②整备作业安全准则

整备作业前必须了解列车停放位置及列车状态；检查列车走行部时，必须确认列车已降下受电弓；严禁跨越地沟，进行车底检查时戴好安全帽，应注意空间位置，避免碰伤；受电弓升起后，严禁触摸电气带电部分、进行地沟检查及攀登车顶；检查列车时必须佩戴检查灯、一字旋具，并严格按要求整备列车，列车没有经过整备严禁动车；车库内动车前，必须确认地沟无人和两侧无侵限物后方可动车。

③正线作业安全准则

司机必须取得驾驶证并经鉴定合格，方可独立驾驶；司机在运行时必须严格按运营时刻表动车，动车前必须确认行车凭证；列车退行或推进运行时，运行前端必须有人引导；当班前注意休息，当班时集中精力，保持不间断瞭望；严禁在列车运行中打盹、看书或干与工作无关的事；接受调度命令或行车指示时，司机必须认真逐句复诵并领会命令内容。

④折返作业安全准则

司机在折返作业时必须严格遵守交接班制度；关门前必须确认行车凭证、道岔、进路正确；动车前确认所有人员均在安全区域。

⑤站台作业安全准则

司机在开关屏蔽门、车门时，必须严格执行开关门作业程序；列车到站停稳后，应先确认列车停在规定的范围内；跨出站台开关屏蔽门、车门时，应注意列车与站台间的空隙，避免摔伤；关屏蔽门、车门前应先确认车载信号或进路防护信号开放或者具有行车凭证；动车前，司机应确认屏蔽门、车门关好，同时确认屏蔽门与车门间空隙无人无物，方可进驾驶室。

⑥人身安全准则

升受电弓前，必须确认所有人员均在安全区域；严禁擅自带无关人员进入驾驶室，因工作需要有人登乘驾驶室时必须确认其相关准乘证件；在正线或出入厂线，禁止未经行车调度同意擅自进入线路。

4. 接发列车作业安全

接发列车作业安全是行车工作中最重要的环节之一，直接关系行车安全，因此，参与人员须认真履行岗位职责，严格执行规章规范，保证接发列车作业安全。

(1)接发列车作业安全基本知识

①列车车次与行车安全

列车车次用于区别列车种类、作业性质和运行方向，误听、误传、误抄、误填列车车次是导致行车事故的直接原因。在传达列车车次时，要做到传准听清、复诵无误，认真核对行车簿册、命令及行车凭证，对车次不清楚时应立即询问，严禁臆测行车。

②列车运行方向与行车安全

正确的运行方向是保证接发列车及行车安全的重要条件，有两个及以上列车运行方向的车站在办理作业时，列车运行方向以邻站方向或线路名称来描述，防止列车开错方向。

③列车运行指挥与行车安全

列车运行指挥遵循集中领导、统一指挥、服从指挥、逐级负责原则，行车指挥工作者应保证指挥正确，不得盲目指挥列车运行，防止调度命令错发、漏发；车站值班员应认真遵守行车有关规章要求，严格执行接发列车作业规定，正确下达有关命令，防止错发、漏发命令、盲目指挥及错误操纵控制台，确保列车运行安全。

(2)接发列车作业安全要求

采用信号系统自动控制列车运行时，在信号正常的情况下，不需要进行接发列车作业，做好站台安全监控和乘客乘降服务即可。如遇信号系统故障或突发事件等特殊情况时，需组织接发列车作业。

①办理闭塞作业的安全要求

办理闭塞作业前，要认真确认区间处于空闲状态，核对闭塞设备、行车日志等；办理闭塞作业时，车次必须准确清晰，用语必须准确完整，执行标准用语。

②准备进路作业的安全要求

通过现场或控制台确认接车线路空闲，防止线路上仍有机车、车辆和障碍物；确认接发车进路正确无误，联锁设备正常时，通过信号设备显示确认接发车进路，联锁设备停用时，需进行严密细致的现场检查(逐个道岔确认位置正确及加锁后，进路准备妥当)；确认影响进路的其他作业已经停止。

③办理及交付行车凭证的安全要求

行车凭证是列车占用区间的依据，包括信号机显示、路票、调度命令。

a. 防止误操作信号设备：信号正常时，信号机上显示的信号均为行车凭证，车站值班员、信号员应全神贯注、精力集中、遵章守纪、严格执行“眼看、手指、口呼”一致的确认操纵制度，确保信号指示准确无误。

b. 准确填写行车凭证，使用书面行车凭证（路票、调度命令等）时，应特别注意使用日期、区间、车次、地点、电话记录号码或调度命令号码，逐字逐项复诵，确认无误后交付使用。

④接发列车作业程序及用语要求

接发列车作业应按规定程序办理，使用规范用语，不得随意简化、颠倒、遗漏。

⑤接送列车及指示发车作业的安全要求

确认列车整列到达并严密监视列车运行安全状态、乘客动态、维护站台秩序，监督司机按规范程序关门，发现异常立即通知相关人员处理，确认发车条件无误后，指示发车。

5. 调车作业安全

除正线列车在车站到、发、通过及在区间内运行，参与运营活动以外的所有为了编组、解体列车或摘挂、取送车辆、转线等车辆在线路上有目的的移动统称为调车。调车作业中易发生的事故分为撞、脱、挤、溜四种类型，即冲突、脱轨、挤岔、溜逸。

(1)事故常见原因

调车作业计划不清或传达不彻底；作业前检查不彻底，准备不充分，调车作业前须提前排风、摘解风管、核对计划、确认进路、检查线路、道岔和停留车辆、手闸制动（选闸、试闸）、铁鞋制动（准备足够、良好的铁鞋）；误排进路或未扳、错扳、临时扳动道岔或错误转动道岔；调车信号显示不标准，未按规定要求显示信号、错过显示信号时机、错误显示信号；前端无人引导推进运行或推进车辆不试拉；未按规定采取防溜措施等。

(2)调车作业安全的基本要求

①调车作业指挥及各岗位作业要求

调车作业主要集中在车辆基地内，涉及的工作岗位包括运转值班员、信号楼值班员、调车驾驶员和调车员。场内调车作业可以设调车组，调车组设调车长、司机、调车员（连结员）。调车作业指挥岗位系统如图 3-2 所示。

a. 车场调车作业：车场内的调车工作由运转值班员统一领导指挥，当班运转值班员、信号楼值班员在接班时应认真确认股道、线路存车辆数、停留车位置，根据运营计划、施工计划、车辆检修、整备计划、车辆调动需求制定调车计划并及时下达，通知调车作业人员做好出车准备。在办理接发列车、排列列车进路、调车作业进路时，调车作业人员应按相关标准和调车作业计划单执行。

b. 车场调度员：根据车辆、线路、设备检修计划和现场作业情况，编制调车作

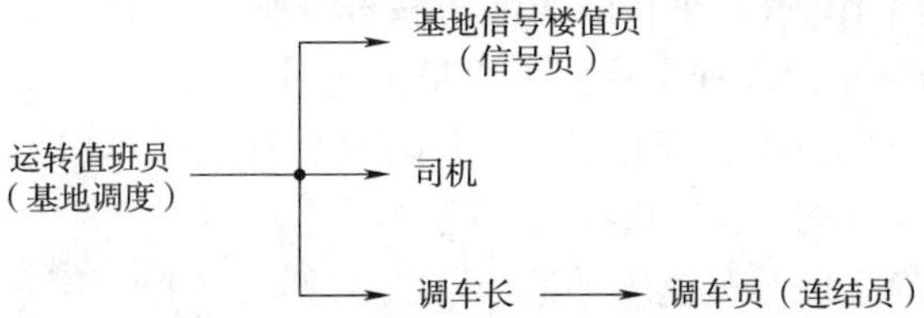

图 3-2　调车作业指挥岗位系统

业计划，组织调车人员完成调车任务。

c. 调车员：单一指挥，根据调车作业计划单，正确、及时显示信号，指挥调车司机。

d. 调车司机：根据信号准确、平稳地操纵机车，时刻注意确认信号，不间断进行瞭望，正确、及时地执行信号显示要求，负责调车作业安全。

e. 车场值班员：根据调车作业计划单和现场作业情况、机车车辆停放股道，正确、及时地排列调车进路，开放调车信号，监控机车车辆运行。

②编制和布置调车作业计划的基本要求

编制调车作业计划时，应确保安全并充分考虑作业效率等因素，做到有调车机车名称、编解或摘挂车次、作业起止时间、编制人员姓名、日期；布置调车作业计划时，指挥者应正确及时地将调车作业计划亲自传达给调车员，调车员亲自传达给调车作业司机，调车员必须确认相关人员均已了解调车作业计划后方可开始作业；变更调车作业计划时，指挥者必须停止调车作业，将变更内容重新传达给每一名作业人员，确认无误后方可作业。

③调车作业前准备工作的基本要求

认真检查线路、道岔、停留车情况，包括检查调车作业线路上有无障碍物、检查停留车位置、检查防溜措施、检查确认道岔开通位置，检查"道沿"距离，检查确认无误后方可作业。

④调车作业显示信号的基本要求

调车作业信号分为无线调车电台和手信号。调车作业人员应熟悉信号显示内容并熟练掌握显示方法，做到"位置适当，正确及时，横平竖直，灯正圈圆，角度准确，段落清晰"；显示信号的位置应易于瞭望，便于确认前方进路，使司机看见信号；连挂作业中，没有显示连挂信号和距离信号时不准挂车，调车员显示连挂信号后，没有听到司机鸣示回示信号时要立即显示停车手信号，机车、车组接近被连挂车辆不少于 1 m 时停车，确认车钩位置正确后再连挂，连挂后推动前指挥司机试拉。

⑤调车运行安全的基本要求

a. 调车作业"四禁止"：设备或障碍物侵入线路设备限界时，禁止调车作业；禁止提活钩，溜放调车作业；客车转向架液压减振器被拆除但空气弹簧无气时，禁止调车作业；禁止两组车组或列车在同一股道上相对移动。

b. 车场值班员要正确、及时地排列调车进路，开放调车信号，随时监控机车车辆运行，并与司机保持联系，严格执行呼唤制度。

c. 司机要准确掌握调车速度并适当降低速度。

d. 尽头线上调车时距线路终端应有 10 m 安全距离，遇特殊情况需小于 10 m 时，应联系司机严格控制速度，采取防溜措施；

e. 在机车、车辆移动中，禁止作业人员在平板车的侧板或端板、支架上坐立；站在车梯上探身过远；在装载易于窜动货物的车辆间和货物间隙间站立或坐卧；骑坐车帮，跨越车辆；进入线路内摘挡或调整钩位；在机车前后端坐立。

⑥车辆停留、防溜及止轮器存放规定

a. 车辆停留：连接线、牵出线、洗车线、走行线（接发列车时除外）、试车线、咽喉道岔区禁止停放机车车辆；在其他线路存放车辆时，应经车场调度员同意后方可占用；机车车辆应停在线路两端信号机内一侧；工程机车、轨道车停放在带电区时，应在上车顶扶梯处悬挂“高压电、禁止爬上”标志牌。

b. 防溜：摘车时先做好防溜后再摘车，挂车前首先检查防溜措施，确认无误后挂车，挂妥后再撤出防溜。

c. 止轮器放置于一侧的车轮下，撤出防溜后，止轮器及时归位。

2.2 客运组织安全管理

1. 客运安全基本概念

城市轨道交通客运组织是指通过合理布置客运服务设备、设施，对客流采取有效的分流或引导措施来组织客流运输的过程，重点在于站内的客流组织、客运服务及票务组织。车站是轨道交通系统客流集散地重要节点，是乘客接受轨道交通服务的起终点，它除了承担运营的大量列车的到发、通过和折返等行车技术作业外，还承担乘客的售检票、乘降、换乘等客运作业。因此客运组织不仅直接影响到乘客的安全、出行效率、方便和舒适程度，同时还影响着轨道交通系统运营管理效率。概括来讲，城市轨道交通客运组织的原则是：安全、准点、快捷、舒适、方便和优质服务。城市轨道交通主要是通过客运组织来完成大容量的客运任务，只有客运组织合理且有效，才能确保乘客拥有安全、准点、便捷、舒适的乘坐体验。

城市轨道交通与长途汽车、铁路、航空等客运组织有较大的不同，是因为服务场所的大小、服务对象特点及服务目的不同，主要有以下特点：

(1)客运组织的服务对象是市内出行乘客，不办理行李托运业务，不保证提供全程卧铺或座席。

(2)乘客在站停留时间短,无须提供大量的乘客候车区域及候车设施。

(3)全日客流有明显的高峰和低谷之分,绝大多数车站有明显的早晚高峰客流。

(4)全年客流根据月度、季度、周末、工作日、节假日的不同,有明显的起伏。

(5)大多数站点在地下,客流容纳能力有限,大客流情况下必须进行有限的客流组织。

2. 客运组织风险因素分析

客运安全风险是指干部违章指挥、职工违章作业,设施设备发生技术状态变化未及时发现以及设施设备故障未及时修复可能给客运安全带来的危害事件。形成客运安全风险的因素主要包括人员因素、设备设施状态、环境因素、管理因素。

(1)人员因素

①乘客的不文明乘车、候车行为。乘客在乘车、候车过程中的不文明行为主要有抢上抢下、在站内吸烟、踩踏黄色安全线、未按规定乘坐自动扶梯或无障碍电梯等。此类事件容易造成客运组织过程中的客伤、踩踏事件/事故的发生。

②乘客的矛盾、纠纷。乘客在购票、乘车、候车过程中,由于插队、碰撞等原因引起乘客之间的矛盾、纠纷造成打架或其他群体事件/事故发生。

③职工违章指挥、违章作业。轨道交通企业职工在作业过程中未严格执行作业标准,违章指挥、违章作业也会引起安全事件/事故的发生。

(2)设备设施状态

①设备设施技术状态变化。设备设施在运行过程中,由于某方面原因造成技术状态变化,如自动扶梯速度突然变快或反向运行等。

②设备设施故障未做好防护措施。设备设施故障后,未及时进行修复,也未对故障设备设施做好防护或安全提醒。

(3)环境因素

①地面湿滑、凹凸不平。由于阴雨天或地面未保洁造成轨道交通车站地面湿滑或由于施工等原因造成地面凹凸不平。

②由于设计或施工缺陷造成。由于轨道交通运营企业对设计、施工期间的介入较晚或验收卡控不足,造成有些轨道交通站点存在设计或施工缺陷。

(4)管理因素

①客流组织方案不合理,客流冲突、交叉严重。客流组织是车站客运组织工作中最重要的一个环节,客流组织不当,容易引起车站客流混乱、各流向之间交叉严重,极易发生拥挤、踩踏事件。

②客流预想和把控不足,关键环节失控。由于车站客流存在变化性,管理人员对车站的客流预判和把控不足,极易引起大客流情况下的客运组织失控。

3. 客运组织安全管理重点

(1)合理有效开展客运组织工作

概括来说,客运组织包含日常客运组织和特殊条件下的客运组织,大客流期间的客运组织对乘客出行的影响尤其突出,运营单位应不断摸索合理的客流控制具体措施。如站内用于客流控制的栏杆如何摆放、摆放的时机如何把握;如何实现站厅、站台和列车内乘客拥挤度的均衡;如何保证某一条线路或全线网整体客流的均衡,而不至于某个车站因过于拥挤而瘫痪等。

(2)让乘客接受并配合客运组织

车站在进行客流控制时,势必会影响到乘客的正常出行。如乘客在搭乘地铁时遇到了客流控制而未能顺畅入站乘车,尤其是早高峰时段,乘客可能因为遇到了客流控制而耽误行程,引起对地铁客流控制组织的不满,不服从车站员工的指引、对员工表示愤怒或者通过媒体投诉等。这样既不利于现场客运工作的开展,也会给车站客运安全管理存在一定的风险。

(3)对客运组织的实时调控

车站客流情况相对稳定,但同时也会受到一定因素的影响而产生改变,如某车站一出口外新建一大型购物商场,导致客流增加;或者受新开通线路的影响,换乘客流增大;也可能随着时间推移,原本的客流量持续增长,超过了现有布局的容纳量等。车站要随时根据客流的变化情况,适时地调整车站的客流组织方案,以实现现场客运组织和实际增长的客流量相匹配。

4. 客运组织安全管理措施

(1)制定保障客运组织安全的机制

①建立大客流情况下的客运组织安全机制

大客流包括节假日大客流、早晚高峰大客流和突发性大客流。根据不同的情况,制定相应的大客流组织预案。如五一、国庆等大型节假日,制定节假日大客流应急预案;常规早晚高峰期大客流,制定日常大客流预案;防止由于突发性大客流(如地铁站外举办演唱会)出现导致现场混乱无序,甚至影响到乘客的人身安全。

②建立应急情况下的客运组织安全机制

制定应急情况下的客运组织安全机制,细化到具体设备的操作、乘客疏散路径、信息传递汇报等关键步骤,有效避免因突发应急而产生的员工恐慌。在建立应急情况下的客运组织安全机制后,还需根据实际情况不断完善;并组织员工定期开展应急组织演练,确保员工对机制的熟悉和掌握。

③制定车站的客运组织关键点和风险点

轨道交通车站的内部构造均有不同之处，根据站内设施，制定有针对性的客运组织关键点和风险点，并制定相应的应对举措，可有效应对客运组织安全风险。如车站有长大扶梯，则须制定专项应急预案；如车站客流有交叉，则须考虑客流交叉点的乘客疏导工作等。

(2)优化客运组织方式

①掌握线网客流变动情况

坚持观察客流量的变化。通过汇总和分析车站客流量的数据，得出客流变动特点，如哪个时间段进站数量较大、乘客出闸选择的变动趋势等。定期了解车站周边信息，车站周边新开楼盘或商场，出口附近公交站点的变动也对客流有一定影响。

②根据客运组织需求，调整客运组织方式

为确保客运组织的安全，有必要适时调整客运组织方式，使其与需求相匹配。如新开通线路产生的新的换乘站，站内结构随之有变化，客流量也会有大幅提升。为适应新的客流趋势，要考虑多重因素的协同作用，进而综合调整客运组织方式。

③适当调整车站内部布局

根据客流组织的实际情况，适当调整个别车站的站内布局，调整站内的客流流向，避免由于设计考虑不足或客流变化过大，造成客流组织能力的不足。另外，很多车站内还设有辅助性设施引导客流走向，这类设施具有灵活多变、可操作性强等特点，能够根据不同的客运压力调整设置布局，对车站的客运组织能起到很大帮助。

④广泛宣传

通过平面媒体、自媒体、流媒体、电视、广播等途径持续向乘客宣传客运组织安全的相关知识，如为何要进行客流控制、客流控制时的注意事项、客运组织的安全提醒、文明乘车的注意事项等。通过向乘客灌输客运安全的信息，使乘客对客运安全形成初步认知。同时，充分尊重乘客的知情权，让乘客提前了解客运组织的动态，如哪些车站会进行客流控制，方便乘客可以根据自身情况适时调整出行计划。

⑤运营提前介入

“建设3至5年，运营100年”是轨道交通行业经常说的一句话，一旦设计、建设完成，要对轨道交通车站进行调整就很困难，因此，为了避免因为设计、施工缺陷造成客运组织安全风险，轨道交通运营企业应提前介入项目设计及施工阶段，降低设计、施工缺陷对客运组织安全的影响，做到问题的早介入、早发现、早解决。

2.3 客伤管理

车站内的客伤管理与防范一直是轨道交通运营生产安全中的重要指标,这个指标的变化直接反映了地铁车站建设规划、设备设施管理、安全宣传、人为管控等诸多方面的水平,对于做好地铁客运组织安全管理工作意义重大。同时,有效避免客伤的发生,也是地铁车站保障乘客生命财产安全的工作重点。

1. 客伤的界定

客伤是指在列车运输过程中或在站厅、站台、运营企业拥有产权的通道、出入口等范围内出现的乘客(包括非在岗作业的地铁员工)伤亡事件,简称“客伤”。乘客是指以乘车为目的进入上述范围内的相关人员。

按照客伤发生的位置不同,客伤可分为以下 5 类:电扶梯客伤、屏蔽门客伤、列车与站台缝隙客伤、公共区客伤和第三方伤害。

(1)电扶梯客伤

电扶梯客伤是指在轨道交通运营场所内由于设备、人为原因等,在自动扶梯或垂直电梯上发生的乘客伤亡事件。根据大多数轨道交通企业的现状,电扶梯客伤占地铁所有客伤的比例最高,约达到 60%,主要是由于电扶梯故障、乘客未站稳/拉好扶手、第三方伤害等原因造成。

(2)屏蔽门客伤

屏蔽门客伤是指在上下车过程中,由于抢上抢下或乘客拥挤,被屏蔽门夹伤或撞伤的事件,主要发生在乘客上下车时。

(3)列车与站台缝隙客伤

由于线路限界、车辆限界和设备限界之间存在一定的距离,因此列车到达站台后,列车车厢与站台之间也存在一定的间隙。在上下车过程中,易发生踩空造成滑伤事件,在车门关闭后,也会发生被夹到缝隙中间,列车起动引起伤亡。

(4)公共区客伤

在车站管辖范围内主要由于地面湿滑、坑洼或由于乘客个人身体状况不佳等原因造成。

(5)第三方伤害

第三方伤害是指由于其他乘客的原因引起的伤亡事件,主要由于第三方没站稳摔倒、乘客矛盾/纠纷、打架或其他原因造成。

2. 客伤的防范措施

(1)电扶梯客伤

为减少电扶梯客伤事件的发生,可采取以下措施:合理降低电扶梯运行速度;

注重电扶梯乘坐安全宣传，增加告示指引；加强电扶梯的运营前检查与运营中的巡视，提高定期维护保养次数；加强车站工作人员电扶梯基础知识和应急处置技能培训，提升车站电扶梯应急处置能力；加强观察车站电扶梯区域监控录像及盲区的监控，保证电扶梯的卫生整洁；做好乘客安抚及施救工作，及时解决乘客提出的各种质疑。

(2)屏蔽门客伤

车站工作人员应加强引导，保证候车次序，出现乘客抢上抢下现象时应及时制止，积极宣传和提高乘客文明乘车意识，提醒乘客安全门使用注意事项。

(3)列车与站台缝隙客伤

车站工作人员应加强站台巡视，列车进出站时提醒乘车注意脚下安全；加强乘车引导，保证候车次序，出现乘客抢上抢下现象时应及时制止；积极宣传和提高乘客文明乘车意识。

(4)公共区客伤

车站工作人员应加强公共区设施设备巡视和管理，对地面污渍及时安排清洁；加强乘车人流的引导和地铁设备使用的安全宣传；增加安全告示指引，加强安全告示管理。

(5)第三方伤害

第三方伤害因发生地点不确定，事发原因难以控制，在事发时须与驻站安保人员取得联系，协同处理。车站工作人员应保证服务质量，遇到该类事件及时劝阻，同时注意保护自身安全。

3. 客伤处理原则

(1)及时抢救伤者

发生客伤事件/事故后，应第一时间救治伤者，避免引起二次伤害或由于耽误时间等造成影响扩大化。

(2)尽快恢复运营

在地铁车站/线路发生客伤事件后，应及时进行现场的处理，尽快出清现场，确保列车的正常通行，尽可能地减少对运营的影响。然后在进行设备的修复。

(3)坚持就近处理

发生客伤事件后，应采取就近处理的原则，由车站值班站长、电客列车司机或行车调度指定现场指挥负责人，就近进行指挥处理。

(4)尽量减少损失

在处理客伤事件时，应及时采取有效措施，避免一些次生灾害事件的发生或产生更严重的影响，尽量减少损失。

(5)尽力收集证据及挽留证人

客伤事件在善后处理过程中,会出现很多对现场说法不一或对处理意见不认可等情况的发生。因此在处理客伤事件时,应及时做好现场证据的收集和目击证人的挽留,必要时可以对耽搁目击证人的时间给予适当补偿。

4. 客伤处理流程

(1)现场紧急救治

"紧急救治"基本上在现场视情况操作。首先要安抚乘客情绪并观察伤情,对于能清晰表达的伤者询问受伤部位和是否需要帮助、联系家人或者救护车,伤患部位较轻或是有轻微流血的进行简单消毒包扎(询问后再操作)。昏迷或者无法清晰表达的伤者帮助其联系救护车,在专业救护人员未到场且非必要情况下尽量不要挪动伤者。

(2)证据材料收集

"材料收集"指的是证据的收集,分为人证和物证。收集人证是收集目击证人的询问录音和陈述书并签字(章)和手印,收集物证是现场对伤者的询问录音录像、监控影像,伤者口述的陈述书并签字(章)和手印。对于涉及理赔的对象要收集伤者的事故处理协议书、身份证复印件、病历本(诊断证明书)、发票原件。

(3)原因调查分析

"调查分析"是对事件原因进行全面的分析。客伤事件在发生并现场处理一段时间后应进行整体信息的汇总分析,就能明晰事件发生原因和伤者诉求。这里要注意信息采集要素:伤者姓名、年龄、联系方式,事件发生时间、地点、起因、经过,伤者诉求或处理结果、我方设备运行情况和张贴的警示标志情况,工作人员服务及应急处理过程。

(4)详细汇报情况

"汇报情况"要详细、准确、及时、有序。客伤在发生过程中车站工作人员在现场紧急救治和基本材料收集后要及时将"十要素"上报单位各级负责人和保险公司接案人员,不能因个人主观认为事件不严重造成漏报、晚报。客伤的发生无论具有多大严重性,先期的信息流通是后期应对处理的主动权之一。

(5)判断善后处理

"善后处理"要能根据实际情况判断选择一个最优的解决方案。客伤的善后处理没有标准的答案,要遵循"我方的责任不要逃避,先救治伤者后视事件的责任给予补偿。我方无责任的不要恐惧,出于人道主义的给予帮助"的原则。处理过程中会遇到一些坚持"只要在运营企业管理范围内受伤,就应该负责"等错误观念的伤者,无法进行调解时,可将事件移交轨道公安机关进行调解。

第3章 施工作业安全管理

城市轨道交通施工作业分为建设期和运营期两个阶段。建设期的施工作业安全管理由项目建设管理单位负责,运营期的施工作业安全管理由运营部门负责,本章主要介绍运营期施工作业安全管理。在运营期,为保证轨道交通日常运营生产工作能安全而有序地进行,必须对各种运营设备进行维护保养、检修、改造施工。城市轨道交通运营相关设备的养护维修是确保安全、正常行车的基本前提。这些施工作业中,占用线路进行施工作业主要集中在运营结束后,具有时间紧凑、区域集中、作业量大、条件复杂、专业交叉等问题。经常会与列车运营交错和重叠,会影响正常的运营工作,针对不同施工作业的特殊性,做好运营线路施工作业安全管理对设备及行车安全尤为重要。

运营线路施工作业是指为确保轨道交通运营生产工作的正常进行,改善或提高运营设施设备持续稳定工作状态的需要,运营企业各生产部门或外部施工单位人员进入运营线路相关的区域进行的维护保养、检修、改造施工等作业活动。

3.1 施工作业的分类

依据施工作业的作业性质、责任主体、计划性质和作业地点,施工作业有不同的分类方式。

1. 按施工作业性质分类

(1)维护保养施工:对运营设施设备进行养护性质的施工作业。通常情况下涉及对设备的清洁、润滑,端子的紧固,磨耗配件的计划性更换等作业。

(2)检修施工:对运营设施设备进行故障、缺陷修复性质的施工作业。通常情况下涉及对设备的故障排查、在用配件的拆装修理、设备修复后的功能试验和检测等作业。

(3)改造施工:对运营设施设备进行系统的局部、部分或整体的更新(升级)施工作业。通常情况下涉及对系统设备的部分或整体换装、调试、功能试验和检测等作业。

(4)保护区内施工:在城市轨道交通安全保护区内进行新建、改建、扩建工程的勘察设计和施工作业。城市轨道交通安全保护区包括已经建成运营和建设中的城市轨道交通。

其中,第3类施工通常由外部施工单位完成,运营企业主要进行施工配合、运营设备安全监控、验收接管和组织投用工作。对于第4类施工的安全管理,根据城市轨道交通是否投入运营进行划分,通常建设管理部门负责配合实施在建设中的城市轨道交通线路城市轨道交通安全保护区内的施工作业,运营管理部门负责配合实施在已建成运营城市轨道交通线路城市轨道交通安全保护区内的施工作业。

2. 按施工作业责任主体分类

根据施工作业是否由运营企业自行组织可分为:

(1)内部施工作业:运营企业内相关生产部门组织实施的施工作业。

(2)外部施工作业:运营企业外的其他单位承担施工作业主体责任的施工作业,运营企业应做好必要的监护工作。

3. 按施工作业计划性质分类

为了保证施工作业乃至整个城轨系统的安全,施工作业必须按照计划实施,根据施工作业是否提前申报列入计划内,施工计划可分为:

(1)计划内施工作业:运营企业内相关生产部门按年度、季度、月度等阶段性的生产计划组织实施的施工作业。

(2)计划外施工作业:运营企业内相关生产部门因设施设备异常情况临时需要的故障排查、检修作业或突发情况需要开展的抢修施工作业,以及外单位临时申请的施工作业。

4. 按施工作业地点分类

根据对正线施工作业的影响,施工作业需根据地点的差异进行分类。

(1)正线轨行区施工作业:运营企业内相关生产部门以及运营企业外的其他单位在正线轨行区组织实施的施工作业。

(2)车站范围作业:运营企业内相关生产部门以及运营企业外的其他单位在车站范围内组织实施的施工作业。

(3)车场内作业:运营企业内相关生产部门以及运营企业外的其他单位在车场内组织实施的施工作业。

(4)保护区范围内施工作业:在划定的城市轨道交通保护区范围内进行的所有施工作业。通常按施工作业是否为城市轨道交通设施进行分类分级管理,城市轨道交通设施主要包括城市轨道交通工程、辅助工程、与城市轨道交通相连的地面和地上轨道工程以及沿线的综合开发。

上述4类施工作业,施工作业安全管理主体通常以城市固定交通三权移交时间为界,对于完成三权移交的线路由运营管理部门负责施工作业安全管理。对于未进行三权移交的线路,由建设管理部门负责施工作业管理。一般情况下,在线路送电并完成热滑后,运营管理部门正式接管线路前,为确保正线车辆调试、设备及人员安全，针对轨行区、站台设备房、站厅关键设备房（通信、信号、供电等）的施工作业管理，由建设管理部门向运营管理部门借用人员，对在建线路进行监管。此阶段的施工作业管理，通常由建设管理部门参照运营管理部门的规章制度，自行编制《轨行区管理办法》《监管期间行车组织规则》《正线（车场）临时运转管理办法》等规定进行施工作业约束。

3.2　施工作业的基本要求

因城市轨道交通运营行业的特殊性，施工作业是城市轨道交通系统生产活动的重要组成部分，既要按照批准的施工计划，保证设备维修更换、线路扩建工程等夜间施工任务的顺利完成，又要保证次日运输生产能正常运行。同时，由于地铁运营区域内设备设施繁多、环境复杂多变，具有许多不确定因素，因而运营区域内开展施工作业存在较多风险，诸如触电风险、列车冲撞风险、火灾风险、影响行车安全风险，以及其他可能造成人身伤害的风险。因此，在运营线路的施工作业中，施工作业管理的要点是解决施工作业中时间与空间、车与车、车与人、安全防护方面等方面的矛盾。进入运营线路所属区域进行施工作业的相关单位和生产组织人员必须严格遵守运营企业安全质量管理规定，确保城市轨道交通日常运营工作安全有序开展，不得因施工作业而降低运营服务质量。同时需遵守执行下列各项要求。

先审批、后施工。任何性质、等级的施工作业都必须事先提报施工作业计划，经运营生产调度组织部门批准后，方可按计划组织实施。因应急、突发情况需要，必须立即组织实施的施工作业，由实施部门负责人请示运营企业主管领导同意后报运营调度负责人审批组织实施，并在后续时段内尽快补齐书面施工作业申请手续。

安全第一，预防为主。任何性质、等级的施工作业都必须把确保轨道交通运营安全工作放在首位。在确保列车运行安全、设施设备运行安全的同时，要确保乘客和所有作业人员的人身安全不受伤害；在申报施工计划的同时，要做好施工安全组织方案，并提前预想预控，对实施过程可能发生的安全隐患制定完善的卡控措施，必要时可编制安全隐患卡控专项方案，并进行预先演练或桌面推演。

施工过程安全卡控责任明确。运营企业和施工作业组织实施部门必须对使工作过程安全实行双层监督、卡控。施工申请计划和施工组织方案必须明确作业过程的安全监督、卡控责任人，并保证相关责任人在施工作业过程中到场全程监控，重点部位作业过程，要求相关领导现场监控把关。

1. 对施工作业人员的要求

施工作业人员既可以是运营企业内部人员，也可以是企业外部的人员。施工作业人员在施工过程中是关键关节，施工作业人员可能存在的不安全因素包括：施工作业人员未经安全教育或不具备相关操作资质；施工作业人员未申报施工计划、未经批准，擅自进行施工作业；施工作业人员未提前说明原因，擅自取消施工作业；施工作业人员未按规定进行施工交底、登记、注销；施工作业人员擅自越出批准的施工区域、延长施工时间；施工作业人员未办理动火许可证就进行动火作业；施工作业人员擅自变更施工负责人；施工作业人员未按要求穿戴必要的防护用品，设置相应安全防护措施；施工作业人员动用与本施工无关的设施设备或造成设施设备损坏；施工作业人员施工清除不彻底、设备恢复不到位；施工作业人员施工造成设施设备侵限或影响到运营组织；施工作业人员不服从现场人员管理。

施工作业人员是保证施工作业安全的核心，同时也是施工作业安全管理的重中之重。无论是否为企业内部人员，施工作业人员都必须遵从以下进场行为安全管理要求：

(1)进入施工区域的施工作业人员，必须严格执行登销记管理制度，车站值班员、运转值班员必须做好进入施工区域的人员的动态监控，并及时传达行车及其他相关的施工作业信息，确保进入施工区域的人员按审批计划时间进出相应区域，存在安全隐患时应及时通知相关人员全部撤出。

(2)进入施工区域的人员，必须遵从带队人员的指挥，正确佩戴劳保用品及安全防护用具，不得脱离队伍或中途离开作业区域。

(3)严禁穿拖鞋、高跟鞋、凉鞋等进入施工现场，施工作业人员必须穿工作服。

(4)进入施工作业现场后严禁丢弃垃圾、追逐打闹、大声喧哗、擅自行动，不得随意跨越铁路，不得在钢轨、道心、道岔和岔尖上行走，严禁超范围作业。

(5)施工作业进场人员上下班或作业时，途径施工区域，应注意按指定线路行走，以防被高空坠物或施工机具砸伤，严禁进入其他施工防护区域。

(6)因工作需要必须进入轨行区的施工作业，应按接触轨区域安全管理规定的相关要求办理手续。所有接触轨设备，自第一次受电后即认定为带电设备。所有进入接触轨设备区作业的人员，必须事先经过接触轨区域作业安全管理培训，并考试合格后方可上岗。

(7)各单位(部门)在动用明火作业前应当按动用明火等级规定办理审批手续，经批准并办理相关登记手续后方可进行动用明火作业；超过审批的规定有效期时，必须重新办理申请。

(8)运营企业各生产部门对动用明火作业要严格审核把关，特别对外来施工作业人员的用火行为应认真履行监督、检查、管控的职责。动火作业后要做到工完场清，确认安全后方可离场。

(9)工作期间如需使用易燃易爆危险物品，必须在申请作业计划时提出并登记,内容应包括具体种类及数量,进场时按核准的种类及数量携带进场。作业完毕后必须将未使用完的物品带离施工区域。作业未能在当天结束的,必须将物品带离段场、站线或区间线路,不得在施工现场临时存放。

(10)高空作业人员身体条件必须符合高空作业要求,作业时必须按规定系安全带,穿防滑鞋。严禁在高空作业过程中随意走动,严禁抛掷传递工具、物品。

2. 外部施工单位安全管理要求

在实际运营生产过程中,很多的施工作业都由外部施工单位完成,虽然在这类施工作业中,外部施工单位是现场安全管理工作的主体,但是对于安全责任却无法同时“委外”,运营企业仍需要进行必要的安全监督管理。

(1)外部施工单位安全管理标准不得低于国家、行业规范及运营企业内部管理要求。

(2)外部施工单位作业人员上岗作业前的安全培训参照运营企业《出入作业现场安全管理规定》执行。

(3)外部施工单位特种作业人员安全要求按照运营企业《特种设备及特种作业人员管理办法》和《员工培训管理办法》执行。

(4)现场作业时,外部施工单位应安排施工负责人进行现场监管,当在非轨行区作业时,应有运营企业管理人员监管;涉及轨行区作业时,必须有运营企业管理人员现场监管,确保施工作业过程安全监控到位。

3. 施工现场环境管理安全要求

城市轨道交通系统是公认的环保绿色的出行方式。实施施工作业的现场环境管理不仅有助于降低施工作业对环境的影响,不对乘客、工作人员的身体健康造成影响,同时还是现场运营安全的重要保障措施。

(1)施工作业必须遵守运营企业环境管理的相关规定。

(2)施工作业所使用的产品及产品的原辅材料、生产过程、服务应满足国家、地方、行业的有关环境保护的法律、法规要求;产品中含有的铅、汞、镉、镍等有害物质不得超过法律法规及其他要求的规定。

(3)施工作业应优先考虑采用无污染的生产工艺及设备、施工设施、施工方法等,不得采用国家或地方已禁止使用的工艺及设备、施工设施、施工方法。在施工过程中,对施工现场的废弃物做好妥善处置。

(4)施工作业应妥善保管易燃、易爆或有毒有害危险物品,应采取防范措施,防止在储运过程中发生火灾、爆炸或泄漏等事故,造成环境污染。

(5)外部施工配合、监管部门应对不符合环境要求的外部施工单位提出整改意见,对整改不符或拒绝整改、造成严重污染,或造成重大环境污染,外部施工单位应对造成的损失进行赔偿并承担相应的责任。

3.3 车场施工作业安全管理

车场施工作业是指在车场区域内进行的各类不影响正线行车及列车出入车场的施工作业，在车场生活区域内的施工由区域管理单位负责。

1. 车场施工作业安全管理基本要求

(1)所有车场生产区内的施工，均应在车场运转值班室按实施流程的要求，通过填写《车场检修施工(故障设备)登记簿》的方式办理登记/注销，在系统恢复后应进行补操作。

(2)施工负责人应提前抵达车场运转值班室，向运转值班员申请办理施工登记手续，如涉及其他单位配合的，施工负责人应确认配合人员到位后，方可申请办理施工登记手续。

(3)车场运转值班室需核对施工负责人所提供的有效证件(工作证/身份证)及检修施工申请单，如需动火则另需核对动火凭证。核对完毕后，通过施工管理系统进行施工登记，完成施工登记，并确认具备施工条件后，允许其开始施工。

(4)如施工负责人无法提供有效证件(工作证/身份证)及检修施工申请单，则车场运转值班室应取消该项施工。

(5)施工过程中，施工负责人全面负责施工现场的施工进程、施工安全和人员安全，并确保该项施工顺利完成；在条件允许的情况下，车场运转值班室应做好施工作业现场的监督管理，如发现施工作业存在超时、超限或安全隐患时，应停止该项施工。

(6)施工过程中，如需延长施工时间，施工负责人需提前向车场运转值班室申请；经车场值班员(设备)与施工审批单位确认同意后方可延长。

(7)施工结束后，由施工负责人负责作业现场工完场清，确认具备正常行车条件后，至车场运转值班室办理注销手续。经车场运转值班室同意后，施工负责人方可离开。涉及行车设备的，必须通知使用单位确认设备正常。

(8)不涉及/不影响正线(含不影响列车出入车场)、车场内行车，运营公司管辖线路区域的检修施工作业，车场运转值班室可直接办理登记、注销。

(9)涉及或影响正线(含影响列车出入车场)的检修施工作业，由车场运转值班室联系OCC运营调度，得到OCC运营调度下发的施工令号后，方可办理登记、注销。同时，对于车场运转值班室与信号楼分设的车场，运转值班员与信号楼值班员间应做好互控。

(10)所有施工人员必须接受车场运转值班室工作人员的监督管理，车场运转值班室工作人员有权取消或停止任何违章或不符合条件的施工。

(11)车场内重大施工及动车施工,在实施前,施工负责人应做好施工准备及作业交底工作;信号新系统(软件)倒接投用前,施工单位必须组织交底及培训,倒接后安排保驾。

(12)严禁侵限、超时、超范围施工,严格执行各项安全作业制度及安全操作规程。

(13)计划申报单位必须加强施工安全和工程质量的监督检查,发现安全隐患要责令立即纠正。

(14)施工的安全防护用品必须配备到位,特种作业人员必须做到持有效证件上岗,需要定期检测的作业工具和器材必须在检测合格有效期内。

2. 车场施工作业组织

(1)车场施工的分类

根据施工影响和申报流程的不同,车场施工可分为抢修(临时)施工、重大施工和日常计划检修施工三类。

①抢修(临时)施工

危及车场内行车安全或大幅降低行车效率的设施设备故障检修及突发事件处置。

②重大施工

造成车场范围内的关键运营设施停用、降级使用、功能变化或缺失、运营计划大幅调整、运能降低、运营模式发生重大变化的施工。行车设备(线路)部分停用或新增;信号、供电、轨道等运营设备(系统)大中修项目、软件升级。

③日计划检修施工

除抢修施工、重大施工外,其余施工均归为日常计划检修施工。

(2)车场施工管理职责

运营管理职能部门负责制定施工管理相关办法、制度,并指定检修施工计划管理部门审批和管理所辖区域的车场施工。安全管理职能部门负责按规定审批、办理相关动火手续(含电焊、电切割)。车辆基地内施工管理由运转值班室统筹管理,主要职责如下:

①负责全面制订和审批车场施工计划,并对需进行计划申报的车场施工,做好向区域管理单位的申报工作。

②负责组织车场施工,落实施工作业现场的安全管理,检查施工作业实施前的准备工作、整合施工作业资源、协调施工作业现场的作业秩序、落实施工作业安全防护措施、掌握施工作业进度、解决施工作业实施过程中发生的问题。

③各车场运转值班室负责做好车场施工的登记、注销工作。

④各车场信号楼值班室负责与运转做好库外线路区域施工、库内封锁线路施

工的联控作业，解决实施过程中发生的问题。

(3)车场施工计划管理

所有车场施工均须实施计划管理，由各专业部门负责施工组织方案的内部审核，并根据所制定的计划实施。

车场施工计划申报时必须注明施工内容、施工时间、施工地点、施工影响等，影响范围、申报流程是审批单位批复施工计划的依据。

日常计划检修施工直接由施工部门向审批单位申报，重大施工须经运营、设施设备管理和安全管理职能部门评估、认定、审核并报单位分管领导报批后方可报审批单位审批。

抢修施工可直接由应急指挥负责人申报，具体流程如下：

①运转值班室将现场情况汇报行车调度。

②行车调度发布抢修令。

②抢修负责人到达现场确认后向车场运转值班员申请。

③车场运转值班员同意施工后，通知施工负责人登记抢修。

审批优先级依次为抢修施工、重大施工、日常计划检修施工。

除抢修施工外，施工计划均应进行申报、流转、审批，并采用纸质方式进行存档。

车场施工的时间控制：

在轨行区内及影响轨行区行车的施工，只允许在天窗内进行。

①夜间天窗：图定最后一班列车入场后 30 min 至运营前检查前 30 min。

②日间天窗：运营时车，图定列车进出场时点间大于 1 h 的间隙。

③天窗内施工安排应尽量采用平行作业的方式，综合利用，提高天窗的利用率。

④在停车库、检修库(线)、调机库内等进行的列车/工程车检修等施工，无时间限定要求。

⑤除上述外，其他施工均无时间限定要求，视施工影响安排。

(4)车场施工计划的申报、审批要求

按作业性质和影响程度分为常规施工、专项施工和抢修施工。

①常规施工：指设施设备维修规程内的日常维护、检修、调试、非影响行车类的故障处理等，施工结束后设备设施状态及功能不发生改变的作业，另外包括在运营线路内进行的司机培训、应急演练、列车转线/转场、装饰装修、广告更换、物业管理等作业。

②专项施工：指可能造成关键运营设施设备功能变化或缺失、行车安全受到影响、运行效率降低、运营模式发生重大变化、造成重大运营服务影响的施工。

③抢修施工:设施设备发生故障危及行车安全、降低行车效率或对运营服务产生重大影响,须立即组织处理或运营结束后安排处理的施工作业。

(5)车场施工计划的变更或取消

车场施工计划如需变更或取消,必须由申请部门于施工前通知审批部门,涉及重大施工的,计划申报部门须提前向审批部门申请。

如申请计划变更,只允许变更施工负责人、施工时间,其余不得变更。

施工中如涉及动火(含电焊、电切割),计划申报部门应在施工申请单中明确,并根据相关动火管理规定,办妥动火许可证明,落实动火作业管理。

施工中如需用电、用水,计划申报部门应在申请单中明确。

车场施工如需多专业(部门)配合,则计划申报部门应先将施工计划报相关配合部门确认,相关配合部门同意配合后再报审批部门审批。

3.4　车站施工作业安全管理

城市轨道交通行车设备由轨道、供电、机电、信号、通信等多个专业组成,这些设备几乎全部涵盖在车站中。各专业设备都要按照检修周期与工作内容对相关设备进行检修,遇突发设备故障时也需对相关设备进行施工。在车站及正线进行的施工作业点多、线长、面广,各线各站均有施工作业。施工作业均由车站做好监督、掌控,因此,做好车站施工作业安全管理对设备及行车安全尤为重要。

1. 车站施工作业安全管理基本要求

(1)经审核后的"一周施工计划通告"发至车站,车站值班员接班后,认真查看当天施工计划,提前做好施工预想,确保施工安全。

(2)每项施工必须配备施工负责人,施工负责人必须全程在施工现场进行管理,主辅站施工作业,施工单位必须指定辅站作业点负责人并由施工负责人统一管理。

(3)所有施工负责人及作业点负责人必须经过安全监察部组织的施工培训并考试合格,取得"施工负责人证"后方可上岗。

(4)施工负责人培训不定期开展,公司各部门和各施工单位需将培训需求及时报安全监察部,由安全监察部视情况组织培训。

(5)各项施工登销记必须遵循"谁请谁销"的原则,禁止他人代替销点。

(6)施工人员必须严格遵守国家、行业、省、市的相关法律法规,认真执行规章制度,严格遵守劳动纪律。

2. 车站施工作业组织

车站施工作业组织关键在于施工请销点和施工安全防护,施工请销点作业要

求如下:

(1)施工核对及施工负责人身份确认

①施工相关事项核对

施工负责人必须在施工开始前 15 min 到车控室与车站值班员联系。车站值班员将总调所下发的“一周施工计划通告”(表 3-1)与施工负责人的《施工检修计划申请单》核对。

表 3-1 一周施工计划通告

发布部门: 发布人: 发布日期:

序号	日期	计划编号	施工负责人及联系电话	登记站	注销站	施工区段	施工内容	施工起止时间	接触轨停电区域	牵引动力	是否挂地线	备注

核对内容包括日期、施工负责人、施工单位、起止时间、起止范围、作业内容、进场人数、是否停电、是否有配合人员等。

车站值班员还需问清施工登记车站、施工注销车站、施工负责人联系电话等其他相关事项。

②施工负责人身份及资格核实

车站人员须对施工负责人的有效证件进行核实,以确认身份。有效证件包括工作证、身份证、施工安全证,出示三者之一即可。

(2)影响行车的施工

①本站请点本站销点流程

a. 施工要点

(a)要点登记

施工内容及施工负责人身份均核对无误，确认行车调度已发布停电命令；确认图定列车开行完毕；确认“一周施工计划通告”中无跟踪动车；确认行车调度未下达临时增开列车的运行命令(如施工需人员配合，配合人员到场后)，方可由施工负责人在“车站施工登记簿”上办理登记。样表见表3-2。

表3-2 车站施工登记表

施工登记												施工注销					
日期	作业编号	施工单位	进场人数	施工内容	施工区域	施工时间		施工负责人及联系电话	登记号	批准时间	车站值班员确认	施工注销人	施工结果	注销号	批准时间	车站值班员确认	备注
						起	止										
特殊情况说明：																	

(b)特殊情况说明

登记完成后，车站值班员再次将登记内容与“一周施工计划通告”核对无误后，根据施工负责人填写的登记内容向行车调度申请要点。

待行车调度下发登记号后，车站值班员将登记号、登记时间填写在“车站施工登记簿”上，并签字确认。施工人员做好防护后，施工方可开始，车站通知相关车站做好监护，施工开始。施工过程中车站值班员做好监护工作确保安全(如发现违规施工令其停止施工并报行车调度)。

b. 施工注销

(a)注销登记

施工结束后，施工负责人确认现场“人员工具清、设备正常”方可在“车站施工登记簿”上办理注销登记(多方配合的施工作业，由主体部门负责人统一注销，配合部门负责人分别签字确认)。

(b)车站值班员向行车调度申请注销号

车站值班员确认注销内容填写正确后，施工负责人在《车站施工登记簿》内的施工结果栏内注明“人员工具清，设备正常”并签字确认后，方可向行车调度申请注销号。

车站值班员得到注销号后，在“车站施工登记簿”上做好登记(注销时间、注销号)并签字确认。此时，施工结束，施工人员方可离开(需保驾的施工除外)，车站值班员通知相关车站做好监护，施工结束。

②异地请销点流程

异地请销点包括本站请点异地销点、异地请点本站销点两类。异地请销点施工请点流程和销点流程与本站请点本站销点流程大体一致。

异地请销点时，登记站及注销站需及时将施工信息通知对方并好记录(注销站必须是为实际施工区段内的车站)主要有以下几点：

a. 行车调度下发登记号后，登记站车站值班员需及时将施工内容及登记号通知注销站，注销站车站值班员对此施工再次进行登记；

b. 行车调度下发注销号后，注销站及时通知登记站车站值班员。登记站车站值班员在接注销站车站值班员电话后，在“车站施工登记簿”上将“施工注销人”及“施工结果”两栏合并填写“接××站车站值班员××电话注销，人员工具清，设备正常”，填写完后签名确认。

③多站请点多站销点(分主辅站)

同一施工多站下人作业，施工单位需指定主站负责人，辅站责任人，均须持《施工检修申请单》到车站登记。请点时，主站向行车调度请点，得到批准后辅站方可向主站请点，所有辅站请点完毕，做好施工安全防护后，施工方可开始；销点时，辅站向主站销点，主站确认所有辅站均销点完毕，方可向行车调度销点，获得行车调度施工注销号，车站值班员登记并签字确认，此时施工结束。

3. 不影响行车的施工

不影响行车的施工，车站值班员或值班站长需做好施工核对，施工负责人身份及资质确认。

请点时，确认施工满足请点条件，施工人员做好安全防护后，由车站值班员或值班站长直接批准施工开始，无须给出施工登记号。

销点时，施工负责人确认“人员工具清、设备正常”并签字确认，车站值班员或值班站长需到施工现场确认“人员工具清、设备正常”情况，确认无误，在《车站施工登记簿》对应栏签名确认，此时施工结束。

3.5 正线轨行区施工作业安全管理

城市轨道交通正线轨行区包括正线上下行（地面段线路两侧至隔离护栏）、折返线、存车线、渡线、入场信号机往正线方向的出入段线、站台端门/屏蔽门/安全门以外（未安装屏蔽门的以站台安全线为界）及其站台端门外延伸通道等。在上述规定区域内的施工作业均为正线轨行区施工作业。通常情况下，对于新开通的城市轨道交通线路，由于在建设期间各专业施工均面临时间紧、任务重、专业交叉作业多、调试工作量大、整改销缺时间短等问题，导致试运行期间，各专业在正线轨行区不同程度尚剩余部分工作量（含整改销缺）未完工。同时，试运行期间的正线轨行区作业，存在施工专业多、施工作业面广、施工人员多而杂、天窗时间少、施工安全风险源多、管理难度大、施工人员均为外部人员，特别是部分土建施工单位人员对轨行区施工作业安全管理意识不强等特点，对于运营管理部门而言，此阶段的正线轨行区施工作业安全管理尤为重要。此处重点介绍试运行期间的正线轨行区施工作业安全管理。

1. 通用安全规定

(1)未向行调请点并办理书面许可手续，禁止任何人进入正线轨行区。

(2)进入正线轨行区的所有人员应取得安全培训合格证。

(3)所有进入正线轨行区的人员必须穿绝缘鞋。

(4)如需对接触网（接触轨）进行维护施工，应按照相关规定进行验电。

(5)任何人员及所持物件（经检测合格的绝缘工具除外）与带电接触网（轨）的距离应满足空气绝缘安全距离。

2. 进入正线轨行区作业安全管理规定

(1)严格遵守“请点-验电-挂接地线-作业-清理现场-销点”的作业。

(2)所有进入正线轨行区的作业人员，必须加穿安全荧光防护背心、戴安全帽。

(3)执行验电、挂拆接地线及不能停电的作业时，必须加戴高压绝缘手套。

(4)申请的停电范围必须要覆盖作业范围。

(5)当需要更改作业区域时，除按规定要求作业单位重新办理登记请点外，调度应向电调确认接触网(轨)的供电状况,确认停电后方可下达准许作业的调度命令。

(6)接触网(轨)挂接地线时,接触网(轨)停电挂地线区域不得小于作业区域,作业人员不得超出作业区作业。

(7)试运行期间,正线轨行区施工作业应有运营管理部门相应维修人员进行施工配合。

(8)作业完毕后,施工负责人、运营管理部门的施工配合人员要认真检查,清理现场。

由于城市轨道交通线路供电制式有接触网系统和接触轨系统两种,不同制式的线路正线轨行区作业安全管理略有不同。对于采用接触轨制式的,城市轨道交通运营管理部门通常会制定《接触轨线路轨行区作业安全管理规定》进行要求。

3.6 保护区内施工作业安全管理

为了保护城市轨道交通设施与运营安全,目前国内国外已开通轨道交通的城市均通过立法制订了专门的城市轨道交通管理办法,对城市轨道交通周边,特别是保护区和安全保护区内的活动进行了规定。总体是城市轨道交通建设运营优先、“地面服从地下”的原则,城市轨道交通规划控制区和保护区内的各项建设活动,应当服从和配合城市轨道交通建设和运营。对于在安全保护区内进行的施工作业,通常要求施工方案应预先通过城市轨道交通公司的技术审查并征得其同意,再按有关基建报建批准程序报市规划、国土和住建部门审核批准,并服从城市轨道交通公司的监督与管理,以及委托第三方监测单位承担受影响区域城市轨道交通的设施安全与运营安全保护监测。

1. 易引发安全事故的原因

由于城市轨道交通点多、线长、面广,特别是其沿线跨越多个管辖区域,对于保护区内的施工作业存在一定的安全管理难度,在保护区内施工过程中发生的安全事故是由多方面因素引起的,主要归纳为以下几点:

(1)工程项目没有按规定报批,擅自施工造成事故发生;

(2)无须政府审批的工程,在施工过程中缺乏对地铁安全的认识而发生意外;

(3)部分施工单位对地铁控制保护区不了解,对施工产生的后果认识不足,盲目施工而造成隐患;

(4)地铁保护监督管理不到位,没有明确的职能部门对地铁控制保护区内的安全进行长期的巡查监控,使得一些施工单位在地铁控制保护区内任意施工,从而产生事故隐患。

2. 保护区内施工安全管理保障措施

(1)完善的法律法规体系是城市轨道交通设施安全的根本保障。地方政府应根据实际情况制定专门的城市轨道交通保护法律法规，明确政府主管部门、城市轨道交通建设经营单位、保护区内施工单位的职责，建立统一协调的管理机制。

(2)确定保护区范围及保护层级，明确各有关主管部门的分工，职责界定清晰，市建设行政主管部门及相关部门应加强对施工项目的现场安全监管，并建立接报制度，及时处理城市轨道交通建设经营单位等报告的违章施工情况，依法实施处罚。

(3)统筹规划是城市轨道交通保护的基础。城市建设规划主管部门要在工程报批过程中统筹规划、科学发展，在充分考虑地铁运营安全的情况下批复工程建设并实施过程监控。

(4)城市轨道交通建设运营单位应对保护区内的施工全面控制，对施工方案、安全措施严格把关，杜绝盲目施工的现象。

(5)为维护城市轨道交通设施设备的安全和保证线路的正常运营，必须严格执法。强化对施工单位的监管和处罚，对造成严重后果的要以事故案例进行通报，并发放给沿线各施工单位，起到一定的警示作用。

3.7 特殊施工作业

1. 抢修施工

运营期间发生故障需下线路紧急抢修时，故障设备部门的施工负责人凭总调度所发布的抢修令，可直接到相应车站办理登记要点手续，抢修部门应说明下线路的人数、联系方式、拟采取措施、对运营可能造成的影响、需提供的配合等，经总调所当班调度长同意后方可下线路施工。

运营期间发生故障，但可维持至运营结束，运营结束后抢修时，抢修部门填写“抢修施工申请单”，经申报部门负责人审定后签发，向总调度所相关线路控制中心的当班调度长申请，经当班调度长审批同意，由行车调度发布抢修令后方可执行。

运营结束后由于施工或其他原因导致需抢修时，按运营期间需紧急抢修相关程序办理。

2. 延长施工

因特殊情况不能按时完成施工作业时，施工负责人应在原定的施工截止时间前 20 min 到车控室找车站值班员，车站值班员与总调度所联系，得到批准后方可延长作业时间。

施工负责人在不注销原施工的情况下对延时施工进行重新登记，施工登记号不变。延时施工登记的开始时间就是施工负责人对延时施工的申请时间。施工作业注销前必须做到施工现场设备正常，人员工具清，并由施工负责人在“车站施工登记簿”内的施工结果栏内注明“人员工具清，设备正常”。车站值班员确认注销内容填写正确后向行车调度汇报，经行车调度认可并下达注销号后，车站值班员及时做好注销登记。

3. 违章施工处理

车站发现违反施工内容和安全规定的施工一律立即禁止，告知车控室值班员。值班员接到通知后，将违章的施工单位、施工负责人、施工内容、施工违章的具体情况告知行车调度，由行车调度确认施工是否可以继续，车站人员在此过程中监督好现场施工人员。

第4章　业务外包安全管理

业务外包是指企业根据自身发展的需求，将业务承包给外部专门机构（或称为承包方）完成，以确保运营企业更加专注的发展核心业务，同时提高企业的运营效率并降低运营的成本。外部专门机构承包业务须具备相应的人员素质、生产能力、技术装备、资金保障以及对应的承包资质。根据业务外包的需求不同，业务外包可以划分为不同的模式，如整体外包和部分外包、生产外包、销售外包、研发外包、人力资源外包，以及无中介的外包和通过中介服务的外包等。

城市轨道交通运营企业一般委托专业机构或公司完成日常性、周期性、人力资源密集型的生产任务。城市轨道交通运营阶段，安全运营和人力资源的成本是企业优先考虑的两个方面。因此，城市轨道交通运营企业业务外包的一般是在劳动密集的业务板块，通过降低人力资源成本提高运营企业的效率，运营企业多将其称为委外单位。

4.1　业务外包的模式

城市轨道交通运营企业一般根据维护系统、修程修制要求、维护物资来源等方面划定业务外包的模式。企业在选择业务外包的时候，可根据成本需求、核心技术的掌握、人力资源的状况，采用不同的委外维护模式。

按照维护系统的不同可以分为完全委外、部分委外。完全委外管理指根据企业的实际情况委托设备专业维护单位、专业设备制造单位等对所属的业务板块进行维护。部分委外管理指专业维护单位、专业设备制造单位按运营企业的要求，负责执行部分业务委外工作、应急抢修等工作。完全委外较为常见的为电扶梯的维护。

按照委外维护单位参与设施设备维护修程的不同可以分为全修程委外、部分修程委外。全修程委外指将设施设备所有维护修程，按照既定的修程修制要求交由委外维护单位执行。部分修程委外指将设施设备部分维修修程，按照既定的修程修制要求交由委外维护单位执行。

按照维护材料购买方的不同可以分为全包、清包和半包。全包是指耗材和备件的采购、设备的维护都由委外维护单位负责。清包是指运营企业提供耗材和备件，承包方只负责维护。半包是介于清包和半包之间的一种方式，备件由各单位提供,耗材由委外维护单位采购并维护。

按照业务性质的不同可以分为设备委外管理和服务委外管理。设备委外管理是指在一般情况下,由于本企业生产力不足,或技术、装备无法达到生产要求,或生产成本高于委托外部单位所支付成本等原因,对设施设备维护等工作进行委外。服务委外包含简单业务委外和专项业务委外。简单业务委外指将后勤服务等简单岗位上的相关业务职能外包,如车站保洁、餐饮等。专项业务委外指将专业性较强的非核心岗位上的相关业务职能外包,如安检等。部分运营企业还将站台服务工作委外进行管理。

4.2 业务外包的安全管理

1. 资质要求

业务外包的承包方应具有合法的企业资格,同时具备承接项目对应的资质要求。运营企业应对承包商的资质证书、安全管理机构、业绩表现、安全管理人员持证情况、特种作业人员持证情况、作业人员技能和资质进行核查。由于城市轨道交通安全运营的要求,须在业务外包项目招标的同时,将相关安全要求一并纳入招标通知书内。

招标通知书内须明确运营企业和承包方须承担的维护责任和权利、维护各方的业务分工、维护业务的接口管理、维护自愿的共享于维护责任、维护不可预见风险的分担、维护故障类型的划分与责任认定等内容。明确在发生重大故障、地震、火灾、洪水、暴恐事件等特殊状态情况下,维护注意必须承担的快速反应和救援责任。部分维护模式条件下应该明确各方在特殊状态下的分工协作和责任义务等,完全委外维护应明确界定在发生特殊状态情况下的反应、速度和救援能力。所有委外单位必须接受运营企业统一调配,在重大任务或特殊情况下,如灾害、地震等不可抗力的发生以及重大活动的举行等情况下,实施设施设备保驾、抢修、抢险等工作。对部分委外维护模式,维护合同需要对不同维护主体之间进行明确的工作节点的划分、维保责权的界定,进行维保节点划分过程中,尽量优化联合维护的管理机制,简化维护业务的接口衔接程序,细化接口的责权关系,加强不同维护主体之间的信息沟通。

运营企业根据既有合同履行情况以及行业内情况,在企业内部按照法定流程和公司规定可建立合格承包商名录和档案。合格承包商确定前除了审核必要的资质和业绩外,还须对其安全管理能力开展评价。安全评价的范围至少需要包含以下几个方面:既往的安全表现;遵守法律法规与其他要求的能力;满足企业的安全生产要求的能力。

2. 安全质量要求

运营企业的业务外包项目不得因业务外包降低安全、质量和技术等级要求。业务外包的承包方须按照运营企业的工作安排，服从统一管理。承包方的任何作业行为须按照运营企业的作业纪律、劳动纪律和标准化作业进行管理；遇突发事件时，承包方须服从运营企业总体安排，在统一指挥下参与处置突发事件。

业务外包承包方的安全管理标准不得低于国家、行业规范及运营企业的要求；特种作业人员要求按照国家、地方的特种设备及特种作业人员相应的法律、法规执行；承包方须安排专职的安全管理人员对所辖业务的全过程实施安全管理工作，同时运营企业也需要安排专人跟进承包方的业务实施过程，做好预防和纠正措施。

3. 环境要求

业务外包的承包方所提供的产品及产品的原辅材料、生产过程、服务应满足国家、地方、行业有关环境保护的法律、法规要求；作业过程中使用的物料中含有的有害物质不得超过法律、法规及其他要求的规定。承包方在生产或服务过程中，应优先考虑采用无污染的生产工艺及设备、施工设施、施工方法等，不得采用国家或地方已禁止使用的工艺及设备、施工设施、施工方法。在作业过程中，对现场产生的废弃物须妥善处置。承包方须妥善保管易燃、易爆或有毒有害危险物品，并取防范措施，同时防止在储运过程中发生火灾、爆炸或泄漏等事故，造成对环境的污染。

4. 现场作业要求

为确保业务外包项目的安全，满足安全和质量的要求，承包方应听从运营企业的统一指挥和管理，接受运营企业的检查和监督。运营企业和承包方均需要加强派驻人员的管理，教育和监督维护人员遵章守纪，严格遵守运营企业现行的各项规章制度，在工作范围内应严格服从运营企业的工作安排。

承包方配备的各类人员的数量、技术等级和业务水平须符合合同约定，同时应将进驻人员及基本情况登记表报送运营企业审核备案。承包方的主要技术和管理人员变动，应事先征得运营企业的同意后备案。业务外包项目执行前运营企业应对承包方负责人、工程技术人员、作业人员进行全面的安全、技术培训，并应有完整的记录。运营企业加强委外项目维护规章和年度生产计划的管理，认真核查并指导承包方做好委外项目的维护和问题处理，并正确填写相应记录，确保委外项目处于良好运行状态，满足运营的安全管理需要，日常生产、检修作业按照有关规定执行。承包方必须按照合同文件内约定的工作内容、工作范围进行相关作业；不得出现不检、漏检现象，不得出现超周期检修的现象。

承包方在接报突发事件信息后，应在合同约定的响应时限内积极组织抢修、故障接报，抢修按照有关规定执行。处置过程中，承包方须无条件的服从运营企业的决定，在指定时间到达故障现场。按照运营企业规定的时间保质、保量地完成故障处理，确保不影响运营服务的正常进行。在紧急情况下因承包方未及时响应，运营企业可直接委托第三方处理，因此造成的全部费用由委外单位承担。危险性的区域内作业，有可能发生火灾、爆炸、触电、中毒、窒息、机械伤害、烫伤、坠落、溺水等造成人身伤害、设备损坏、环境污染等事故的，运营企业应要求承包方做好安全风险辨识和分析，并制定安全措施，运营企业监督承包方实施。承包方应按有关行业安全管理法规、条例、规程的要求，在工作现场设置安全监护人员。运营企业协助、监督承包方办理业务外包执行过程中的工作，承包方取得经批准后，在核定的作业范围内开展业务外包工作。承包方严重违章作业，导致设备故障等严重影响运营安全生产的后果，运营企业须立即要求承包商进行停工整顿，并根据事件造成的后果向承包方追责，同时有权决定终止合同的执行。

4.3 运营企业的安全主体责任

根据《中华人民共和国安全生产法》的规定，运营企业的安全责任不会因为业务委外而弱化或消失。运营企业生产经营项目、场所发包或者出租给其他单位的，生产经营单位应当与承包方签订安全生产管理协议，或者在承包合同、租赁合同中约定各自的安全生产管理职责；运营企业对承包方的安全生产工作统一协调、管理，定期进行安全检查，发现安全问题的，应当及时督促整改。

承包方进入运营企业前须签订安全生产管理协议，明确各自的安全生产管理职责和应当采取的安全措施，并指定专职安全生产管理人员进行安全检查与协调，明确双方各自应承担的责任。

1. 入场前准备工作

在承包方进入作业现场前，运营企业要对其进行维护技能、专业知识培训，还应包括安全生产、消防、规章及运营服务等内容，培训和考核工作由运营企业授权所属部门具体实施，并做好培训记录。所有教育培训和考试完成后，办理准入手续。

2. 过程管理

运营企业应授权所属专业部门或职能部门定期对委外项目执行情况进行评估。主要对委外项目的科学性，项目管理实施的有效性，项目效能目标的达标性进行评估。分析通过委外是否能提高设备系统效能、控制全寿命周期成本、改善乘车环境、提升运营服务水平、节能降噪、提高社会效益，以及项目进度安排的有序性、项目人员配置的合理性和安全、质量控制的有效性等。运营企业通过抽查、复验、跟踪等质量控制手段，确保委外项目的安全和质量。承包方每月需要将月度执行情况汇总表报运营企业，如未能按照计划完成相关维护任务，应说明原因并采取有效补救措施。运营企业对承包方上报的月报、生产性报表应核查真实性和准确性；安排对应的专业人员跟进承包方的安全和质量完成情况，为承包方提供技术和管理意见，并为下一步支付合同款提供基础依据。

3. 监管管理

运营企业定期和不定期的安排专业人员到委外项目现场督察项目的执行情况。通过对现场维护跟踪、设备巡查、维护质量抽查、故障抢修监督等手段，随时掌握设备运行情况，控制维护质量。要对委外单位的日常作业进行指导，协助进行培训，以不断提高设备运行质量和维护服务水平。

第5章　员工行为安全管理

5.1　行为安全管理概述

1. 行为安全管理的内涵

员工是生产力中最活跃的因素之一，员工不仅具有自由意志和活跃性，且易受生产环境的干扰和影响，生理、心理状态不稳定，其安全可靠性比较差，往往会由于偶然因素而产生事先难以预料和管控的错误行为。通过对各类企业生产事故的规律性研究，人们已经认识到：生产事故发生的重要原因之一是人的不安全行为。因此，研究人的行为规律、管理行为安全、激励安全行为，以消除和控制作业过程中员工的不安全行为，对于预防事故有重要作用和积极的意义。

由于人的行为千差万别，影响行为安全的因素也多种多样：同一个人在不同的条件下有不同的不安全行为表现，不同的人在同一条件下也会有各种不同的不安全行为表现。因此，美国杜邦公司、英国BP等世界知名公司在管理方法的研究基础上，提出BBS(Behavior-Based Safety)行为管理方法，基于行为安全管理方法，是心理学与行为学为理论基础，主要采用ABC(行为前因—行为—行为后果)的行为模型，通过改变人的行为而达到安全的目标，进而实现企业事故预防。BBS是提高员工安全意识与安全技能的一套完整的激励方法。企业在进行员工行为安全管理中，主要针对不安全行为进行现场观察、分析，通过观察、表扬、讨论、沟通、启发、感谢等激励方法，与员工平等的交流讨论安全和不安全行为，促使员工认识不安全行为的危害，自愿接受安全的做法，引导和启发思考更多的安全问题，提高员工的安全意识和技能，阻止不安全行为的发生；促使作业人员能按照安全规程和规定进行作业和操作活动、行事，以符合企业安全生产的需要，更好地预防各类事故，保护员工自身的安全与健康，促进和保障安全生产的发展和顺利进行，维护经济生产及社会生活的正常秩序和安全发展。

广义的行为安全管理包括行为安全管理体系、行为安全观察和安全意识教育，狭义的行为安全一般指行为观察计划。

2. 员工行为安全管理的意义

开展员工行为安全管理可以使安全工作细化到每一个工作行为，并了解每项工作程序是否真的被安全地执行。通过有效地实施行为安全管理，可以使作业现场不规范的作业行为的数量大大地下降，并因此使发生事故的机会随之降低。此外员工通过参与行为安全管理，可以提高自己的安全观察能力，更好地理解什么是需要坚持的安全的行为，什么行为是不规范的，使员工的安全意识得到持续提升。同时可以通过对观察结果的统计分析，比较准确地掌握公司目前的安全生产状况，了解哪些方面存在欠缺，为持续改进提供依据。

3. 传统安全管理与行为安全管理的区别

传统安全管理与行为安全管理在诸多方面有一定的区别，具体区别见表3-3。

表3-3　行为安全管理与传统安全管理比较表

要　素	传统安全管理	行为安全管理
侧重点	侧重识别不安全的条件	侧重于识别冒险行为
管理方式	被动管理	积极管理
参与方式	管理指令性多，强制性安全规定	全员主动参与
绩效测量	通过事故数量来测量绩效	通过安全行为来测量绩效
原因分析	事故根本原因分析	冒险行为原因分析
推动人员	由安全管理人员推动	由观察员(员工)推动
安全表现	侧重于良好的安全表现	侧重于卓越的安全表现

5.2　员工安全素质分析

1. 员工安全素质

(1)员工安全素质的内涵

员工安全素质分为两个层次：一是员工基本安全素质，包括员工所具备的安全知识、安全技能、安全意识；二是员工深层安全素质，包括员工自身情感、认知、伦理、良心、意志、安全观念、安全态度等。

员工安全知识和安全技能通过日常的企业安全教育手段可以得以保证和提高，在社会和企业的日常安全活动中(宣传、教育、管理等)，能够得到较好的解决和保证。而员工的安全意识、安全观念、安全态度，以及情感、认知、意志等，则属于心理学研究范畴。

安全意识是员工安全文化素质的基础，安全知识、安全技能是员工安全文化素质的重要条件，安全态度、安全道德是员工安全文化素质的核心内容。安全意识、安全知识与安全技能三个方面相互依赖，相互制约，缺一不可，构成员工安全素质。实践证明，只有具备正确的安全态度和较高的安全道德的人，才能在生产过程中正确发挥其安全知识和安全技能，成为安全高效的生产者。

在企业生产中，每个员工的安全素质都是有区别的，一名员工的安全文化素质的高低，决定了其在实际生产过程中的具体行为，不同的安全素质产生的效果是不同的。

(2)提高员工安全素质的手段

提高员工安全素质主要有以下几种手段，这在城市轨道交通企业中同样适用。

①监督管理：建立企业安全生产责任制，进行必要的安全生产检查，激励员工安全行为，对违规人员进行适当处罚等。

②教育培训：采取课堂听课、视频教学等方法进行安全教育，通过训练、参观、实习等手段进行员工安全生产培训。

③科学普及：通过科学报告、现场示范等方式进行安全生产的科学普及。

④宣传手段：通过一些文学艺术、寓教于乐等活动进行安全宣传。

只有不断提高员工的安全素质，使员工的自我保护意识提升，才能使绝大部分员工由被动的"要我安全"变成主动的"我要安全"，行动上做到"我管安全""我会安全"，从而在效果上达到"我保安全"的目的。

2. 员工安全意识

员工安全意识是对人所处时空安全感的定位和认知，人的安全意识受人的心理活动支配，而人的心理有认识、情感和意志三个方面的心理活动过程。在这三种心理活动过程中，最基本的是认识过程，包括感觉和知觉、记忆和思维。人在认识客观事物时，总要表现出一定的态度或体验，这就是情感。情感是心理活动的另一个方面。人在与周围环境相互作用时，不仅会认识事物、产生情感，还要采取行动，人们这种有意识地反作用于现实的活动称为意志行动。情感、意志随认识而产生，又影响人的认识活动。同时，也必然影响人们在劳动过程中安全意识。因此，进行科学的安全管理，以提高员工安全意识为目的，需要研究劳动过程中的感觉、知觉、记忆、思维、情感、情绪、意志。

(1)感觉、知觉与行为安全

员工从事的劳动过程就是员工对客观事物的认识过程，其认识的对象是十分广泛的，不仅包括劳动对象、劳动工具与设备、劳动环境等方面，还包括生产过程的各种人和事，实际上是对整个客观世界的认识，其中当然也包含着对安全生产的认识。人类劳动的认识过程就是从感觉和知觉这种简单的初级认识开始的。

员工在劳动过程中认识感觉、知觉是非常重要的。研究生产过程中员工的安全和健康等方面的感觉、知觉，是搞好安全生产和开展安全生产工作的重要方面。员工的感觉、知觉灵敏度的提高，受到各种因素的影响，其一要提高企业员工的科学知识水平和劳动技能；其二要提高员工的观察能力，做到有目的、有计划比较持久的知觉；其三要不断提高员工在劳动过程中的安全科学技术水平，创造适应其生理和心理机能的外界环境。

(2)记忆、思维与行为安全

人对劳动过程的认识,如果一直停留在感觉、知觉阶段,是不能正确地、完整地认识客观事物的。可以说,员工在生产劳动中感知过的事物,如果没有记忆,等于一无所获,不能形成概念或经验。员工的认识过程只有在感觉和知觉的基础上,有记忆参与,并在记忆的基础上进行复杂的思维活动,才能完整完成。

①劳动过程的记忆和思维与安全

记忆是一种比较复杂的认识过程,思维属于认识的高级阶段。一个工人在劳动过程中如果不能正常地记忆和思维,不仅不能搞好生产工作,而且不能保障生产安全。不难想象,一个工人如不能完整地记住机器的操作规程和操作方法,遇到事故征兆,不能做必要的分析、综合、比较,并且不去考虑问题的解决,难免会发生事故。因此,员工在劳动过程的启发思维是与安全有着密切关系的。

②思维过程与安全管理的关系

思维过程主要表现为分析、综合、比较、抽象、概括和具体化等。其中分析和综合是两种最基本的思维过程,其实思维过程都是通过分析和综合来实现的。在安全管理方面,分析和综合同样是必不可少的基本思维。

(3)情感、情绪与行为安全

劳动的情绪和情感过程,是与认识过程有着密切的联系的。认识过程是产生情绪和情感的来源和基础,情绪和情感总是伴随着人的一定认识过程而产生,并且随着认识的变化而变化的。员工在劳动过程中,由于对劳动活动和安全生产的认识,产生情绪和情感。员工所引起的情绪和情感,对他们的身心健康和安全生产有着较大的影响。

员工在劳动过程中的情绪和情感,不仅直接影响工作效率,而且会影响员工的生理变化,与安全生产有着密切的关系。

从情绪的形式和状态来看,情绪具有明显的两极性,即积极的情绪和消极的情绪。积极的情绪又称为增力的情绪,可以提高员工的活动能力,保持和提高工作的效率;而消极的情绪则为减力情绪,它能降低员工的活动能力,分散员工的工作注意力,降低工作效率。例如,在愉快的情绪驱使下,员工能夜以继日地工作而且不出现疲劳的现象,但在悲伤情绪的驱使下,员工便会很快出现疲劳现象,并且很容易发生工伤事故。又如,良好的心境,可以使人振奋,集中注意,能够提高工作的效率、劳动的效果;不良的心境则使人对一切事物厌烦、消极情绪,并且注意力不易集中,除了影响人的身心健康外,既降低了生产和工作的能力,又容易发生事故。

为了使人们在生产劳动过程中,提高工作效率,保障安全生产,经常产生积极情绪,不断克服消极情绪是重要的。为此,企业应该注意以下几方面:

①改善员工的工作环境。良好的工作环境可以引起员工积极的工作情绪。所

谓工作环境，主要包括照明、温度、声音等自然条件和人际关系、心理气氛等社会环境。工作环境的好坏与员工产生何种情绪的关系极大。由于轨道交通行业的一线员工往往在光线阴暗、温度过高、噪声很大的地下工作场所工作，这种环境很容易对驾驶员、车站值班员、施工作业人员等产生消极的情绪。

②关心员工的身体健康。健康对员工的情绪有一定的影响。一般来说，如果其他条件相似，一个身体健康的人往往比较容易产生积极的情绪，一个体弱多病的人往往比较容易产生消极情绪。由于轨道交通行业生产作业特点，生产作业人员大都执行轮班制度，日夜颠倒的作息往往对员工健康造成一定的不良影响，因此，关心轨道交通企业员工身体健康尤为重要。

③注意每个员工的特点。由于每个员工的个性不同，经济收入、家庭条件、文化修养、道德水平等各方面都不一样，也就造成了人的情绪差异。人的喜、怒、哀、乐、恐惧等情绪都会引起一系列的生理变化，也会对生产行为产生影响。

只有每一个人在自己的生产和生活中自觉行动起来，学习必需而有效的安全知识和技能，掌握基本的安全科学技术知识和方法，安全意识得以增强、安全素质得到提高、安全行为得到改善，现代社会的安全与减灾措施才能落到实处，使事故风险降低到最小限度，使社会稳定、文化发展、经济繁荣。

(4)意志与安全行为

意志是自觉地确定目的、支配和调节行动、克服困难、实现目标的心理过程，它是意识能动性的集中表现。人的意志是与克服困难相联系的，并在有目的的行动中表现出来。行动的意识性愈清楚，目的性愈明确，在行动过程中克服的困难愈多、愈大，则愈能表现出坚强的意志。

3. 员工安全态度

态度是人对待客观事物(人或物)稳定的心理与行为倾向。人在社会生产中，无论是处理人与人的关系，还是认识和改造客观事物，都会有各种各样的态度。有的人热爱本职工作，积极肯干；有的人则认为干本职工作没有出息，工作时无精打采，敷衍塞责。这些都是不同的态度的具体表现，态度与员工的安全行为密切相关，对员工的安全行为起调节作用。员工的态度在很大程度上取决于员工对外界影响的选择和员工的安全行为方向。如果一个员工生产中的态度正确，行为的安全意识水平就高，失误动作就会少。不同的员工之所以会有不同的安全行为，重要原因之一就是由于具有各种各样的态度。

态度对人的安全行为有以下几个方面的影响：

(1)态度通过影响人的知觉(性)的选择性和判断性，从而影响员工的安全行为。造成不安全的因素很多，员工的不安全行为是重要因素之一。虽然人的安全行为是由一定的外部或内部刺激引起的，但是人并不是消极地接受外部刺激，而要经过心理活动加以筛选，消除有害的刺激，接受有益的刺激。因此，人的态度就是在人的心理活动中起着加工的作用。一旦人的态度形成，就会对特有的事物持有一套特定的看法，这种“特定”的看法往往会影响一个人对事物的感知与判断，它不但可以影响一个人接受或不接受刺激，而且还决定某一种刺激的性质判断。

(2)态度预示着员工的安全行为。态度本身包含着情感成分和行为意向成分，所以已形成的态度就潜在决定了人会按某一方式来行动。如果一个员工对生产安全有正确的态度，就会时时注意行为安全。否则对安全问题满不在乎，就会忽视行为安全。一个热爱他所从事的工作的人，就有热情的工作态度，行为的安全程度就高；反之，工作失误就多，不安全行为就增多。

(3)态度的差异性决定安全行为的差异。人的态度是复杂的，每个人所表现出的态度不尽相同，即使同一个人不同时期所表现的态度也会不一样。人存在态度的差异，态度又影响人的安全行为，因而，每个员工的安全行为强度也不一样。因此，通过各种宣传教育的形式，促使员工改变对安全工作的不良认识和态度，能增强职工的行为安全效果。

4. 安全观念和安全责任分析

(1)员工的安全观念评析

①安全第一的哲学观

安全与生产存在于一个矛盾的统一体中，安全伴随生产而产生和存在，没有生产就没有安全问题，但是没有安全的保证，生产就难以顺利进行。安全与生产的关系是相互促进、相互制约、相辅相成的关系，即生产是企业的目标，安全是生产的前提，生产必须安全。“安全第一”体现了人们对安全生产的一种理性认识，这种理性认识包含两个层面。a. 生命观，它体现人们对安全生产的价值取向，也体现人们对人类自我生命的价值观。人的生命是至高无上的，每个人的生命只有一次，要珍惜生命、爱护生命、保护生命。事故意味着对生命的摧残与毁灭，因此，在生产和生活中，应把保护生命的安全放在第一位。b. 协调观，即生产与安全的协调观。任何一个系统的有效运行，其前提是该系统处于正常状态，因此，“正常”是基础，是前提。从生产系统来说，保证系统正常就是保证系统安全，安全就是保证生产系统有效运转的基础条件和前提条件。如果没有安全的保障，就谈不上有效运转，生产就不能正常地进行。

②珍惜生命的情感观

“人的生命只有一次”，充分说明人的生命和健康的价值。强化“善待生命，珍惜健康”的人之常情是我们每个人都应该有的情感观，不仅要热爱自己的生命，而且要热爱别人的生命。用“爱人、爱己”“有德、无违章”教育珍惜生命，用“三不伤害”保护生命，用“热情教育、盛情关怀、严格管理”增强生命活力，要有“违章指挥就是谋杀,违章作业就是自杀”的责任感。广施仁爱,尊重人权,保护人的安全和健康的宗旨是安全的出发点,也是安全的归宿,更是安全伦理的体现。

③合理、安全的风险观

风险无处不在,风险事件普遍存在于我们生活的世界当中,人类和自然界无时无刻不面临着风险损失的威胁。大量意外事故造成财产损失和人身伤亡,各种各样的自然灾害频繁发生,给人们带来巨大的损失。树立合理、安全的风险观,时时处处注意安全,就可以以最小的成本保证风险主体处于安全的情境下。

④安全生产的效益观

就宏观而言,安全与效益在本质上是统一的,是互相依从、相互促进的关系。安全是经济发展的前提,安全是不能用经济效益弥补的,它是我们对自己、对他人的责任。现代安全经济学的“三角形理论”认为,经济是三角形的两条边,安全是一条底边。没有底边,这个三角形是不能成立的,底边不牢固的三角形同样是要受到破坏的。可见,安全是经济发展的前提,没有安全就没有效益。

就微观而言,安全生产与经济效益是对立统一的关系。二者既相互矛盾,又辩证统一,解决这对矛盾的关键是如何找出两者之间的平衡点。确保员工的生命安全、身体健康、财产不受损失甚至对社会不造成任何危害,这是任何一个企业的责任;同时,确保资产的保值增值和员工的切身利益,这既是责任的体现,也是每一个企业的根本目标。安全生产可以促进企业的良性发展,为企业创造良好的生产环境;安全生产可以避免和减少事故造成的各项损失,增进潜在效益。安全是效益的重要组成部分,也是实现效益的重要手段。没有安全,企业很难维持正常运转,没有安全内涵的效益是缺陷效益,必然无法实现最优效益。

由此可见,安全整体水平的提高,才能保证经济效益持续发展和提高。

⑤综合效益的价值观

效益包括经济效益和社会效益。经济效益指个人所得到的利益或比较显而易见的效益,社会效益指给社会带来的效益或长远的、不容易被评估的社会效益。安全投入包括两个方面:一是直接用于解决物的不安全因素(事故隐患)以改善劳动环境和条件为主,提高物质安全化的资金投入;二是用于加强安全生产管理,以解决人的问题为主的人力资源、人员素质的投入。如开展各种安全知识竞赛、安全活动、安全教育、安全培训的投入,职工防护用品与保健、安全技术攻关等投入皆构成了企业安全投入、投资。

从经济的角度看,如果安全生产工作做好了,企业效益就有保证,人们的生活和生产秩序也才有保障,从而就可以发挥极大的社会效益。实践表明,安全投入给企业带来的不仅仅是间接的回报,而且能产生直接的经济效益。增加安全投入可以降低事故成本、误工成本和补充雇员成本,可以提高员工的生产效率。如果摆不正两者的关系，一旦企业发生事故，不但会危及个人的生命安全，而且给企业造成财产损失、停产损失、经济赔偿等一系列重大的经济损失，同时，还要花费一定的人力、物力、财力去处理。另外，还会造成员工情绪波动，人心不稳，危及企业的正常生产，造成恶劣的社会影响等不可估量的间接损失。一个好的管理者，要进一步加强对安全工作的认识，增强经济意识，把花在安全生产上的钱，即避免损失的投入看成是一种投资，而不是一项开支，只是它的产出总是间接地反映出来。所以，我们要树立综合效益的价值观，不要只重视经济效益。

⑥人机环境的系统观

现代工业生产中力求人-机器-环境系统协调，确保人-机器-环境系统的可靠运作是企业管理的重要内容。三者只有正常地相互作用，才能使生产得以顺利进行。在企业生产中，人是主体，具有能动的创造力，而机器、环境为人所驾驭或改造。人们对于机器的操作和对环境的适应也不是与生俱来的，而须经过大量的、长期的培训和练习。况且现代工业生产是集体劳动，在作业过程中的协调配合也是至关重要的。认识人-机-环境三者之间相互协调、适应和匹配的重要性，对于改造和实施安全工程、改变硬件设施，加强管理手段、提高软件水平具有重要的现实意义。

⑦本质安全的科学观

本质安全是指实现了人、机（设备系统）和环境的本质上安全。人的本质安全不但要解决人的知识、技能、意识素质，还要从人的观念、伦理、情感、态度、认知、品德等人文素质入手；物和环境的本质安全化就是要采用先进的安全科学技术，推广自组织、自适应、自动控制与闭锁的安全技术。树立本质安全的科学观，从本质上实现安全，把事故降低到最低甚至实现零事故，使发生事故成为偶然，不发生事故成为必然。通过追求人、机和环境的安全和谐统一，最终实现管理无漏洞、设备无故障、系统无缺陷、人员无“三违”、安全无事故的恒久性安全目标。

(2)安全责任体系

安全责任是安全生产的灵魂。安全生产责任制是安全生产制度体系最基础、最重要的制度。安全责任制的实质是“安全生产，人人有责”，其目的是建立以行政一把手为安全第一责任人的安全责任体系，各方面、各层次人员落实责任，建立起横向到边，纵向到底，高效运作，队伍思想、业务、文化素质高的安全管理网络。安全生产责任制应当做到“三定”，即定岗位、定人员、定安全责任。安全生产责任制应当包括五方面主要内容：一是生产经营单位的各级负责生产和经营的管理人员，在完成生产或经营任务的同时，对保证生产安全负责；二是各职能部门的人员对自己业务范围内有关的安全生产负责；三是班组长、特种作业人员对其岗位的安全生产工作负责；四是所有从业人员应在自己本职工作范围内做到安全生产；五是各类安全责任的考核标准以及奖惩措施。生产经营单位应当根据本单位实际，建立由主要负责人牵头，相关负责人、安全生产管理机构负责人以及人事、财务等相关职能部门人员组成的安全生产责任制监督考核领导机构，协调处理安全生产责任制执行中的问题。

5.3 员工行为安全管理

1. 员工行为安全管理技术

(1)行为管理的行政手段

①实施科学的安全检查

科学的安全检查方法可以分为经常性安全检查、安全生产大检查、专业性检查、季节性检查和节假日前后的检查等几种。a. 经常性安全检查是企业内部进行的自我安全检查，包括企业安全管理人员进行的日常检查，生产领导人员巡视检查，操作人员对本岗位设备、设施和工具的检查。b. 安全生产大检查一般是由上级主管部门或安全监察部门组织的各种安全生产检查。检查具有调查性、针对性、综合性和权威性，一般是集中在一段时间，有目的、有计划、有组织地进行，且规模较大。c. 专业性检查是针对特种作业、特种设备、特殊作业场所开展的安全检查，调查了解某个专业性安全问题的技术状况，如电气、焊接、压力容器、运输等安全技术状况。d. 季节性检查是根据季节特点，为保证安全生产特殊要求而开展的安全检查。如春季防火检查，夏季防暑降温、防雷电、防汛等检查，冬季防寒、防冻检查等。e. 节假日前后的检查包括节假日前的安全生产、防火、保卫等综合检查和节假日后的遵章守纪、安全生产检查。

②安全检查的内容

安全生产检查根据不同企业、不同检查目的、不同时期各有侧重，概括地讲，可以分为以下几方面：a. 查思想认识。主要是检查企业领导在思想上是否真正重视安全工作。b. 查现场、查隐患。深入生产现场，检查企业劳动条件、生产设备以及相应的安全设施是否符合劳动安全卫生的相关标准。特别是对一些要害部位和设备，如锅炉、变电所、易燃易爆场所要更加严格，逐一检查，不能有遗漏，以免留下隐患。c. 查管理、查制度。检查企业的安全工作在计划、组织、控制、制度等方面是否按国家法律、法规、标准及上级要求认真执行。d. 查整改。对被检查单位上一次查出的问题，按其当时登记的项目、整改措施和期限进行复查，检查是否进行了整改及整改的效果。

(2)行为管理的制度手段

①严密的安全生产责任制

安全生产责任制是生产单位岗位责任制的一个组成部分，是企业最基本的安全制度，是安全规章制度的核心。安全生产责任制是以企业法人代表为责任核心的安全生产管理制度，是安全生产的责任体系、检查考核标准、奖惩制度三个方面的有机统一。安全生产责任制的实质是“安全生产，人人有责”，其作用是能够对安全生产行为产生制约功能、监督功能和检查评价功能。

②全面的安全生产委员会制度

每个企业应该建立安全生产委员会，主任由法人代表担任，副主任由分管安全生产的副总担任，安全、质量、生产、经营、党政工团、人事财务等相关部门负责人参加，实施企业全面安全管理的制度。

③动态的安全审核制

新建项目实施“三同时”审核，现有项目或工程推行动态、定期安全评审制度，以保证安全生产的规范、标准得以落实。

④及时的事故报告制度

我国对生产安全事故实行严格的报告制度，根据《安全生产法》，事故报告是生产经营单位负责人的责任。因此，企业要建立及时、规范的事故报告制度。

⑤安全生产奖惩制度

企业建立的安全生产奖惩制度，目的是不断提高员工进行安全生产的自觉性，发挥员工的积极性和创造性，防止和纠正违反劳动纪律和违法失职的行为，以维护正常的生产秩序和工作秩序。只有建立安全生产奖惩制度，做到有赏有罚，赏罚分明，才能鼓励先进，督促后进。

⑥危险工作申请、审批制度

易燃易爆场所的焊接、用火，进入有毒的容器、设备工作，非建筑行业的高处作业，以及其他容易发生危险的作业，都必须在工作前制定可靠的安全措施，包括应急后备措施，向安技部门或专业机构提出申请经审查批准方可作业，必要时设专人监护。企业应有管理制度，将危险作业严格控制起来。易燃易爆有毒的危险品的运输、贮存、使用也应该有严格的安全管理制度；需经常进行的危险作业，应该有完善的安全操作规程；经常使用的危险品应该有严格的管理制度。

(3)行为管理的经济手段

①参与保险制度

随着社会的进步，保险政策作为一种风险专业手段，对事故损失风险起到风险分散和化解的作用，如社会保险中的工伤保险，以及商业保险中的财产保险、工程保险、伤亡保险等。

②经济惩罚制度

制度违章、事故罚款制度，并采取连带制、复利制的技巧，即惩罚连带相关人员，罚度随次数增加等。

③风险抵押制度

推行安全生产抵押金制度，即在年初或项目之初交纳一定的安全抵押（保证）金，年底或项目完成后进行评估。制度可针对全员或入厂员工实行。

④安全经济激励（奖励）制度

采取与工资挂钩、设立承包奖等安全奖励制度，以激励和促进安全生产工作。

⑤积分制

将各类事故、违章行为等管理的事件，进行分级、分类，并确定一定的分值，年底进行测评、考核。

（4）行为管理的文化手段

①安全标志，在生产场所设置安全作业相关的禁止标志、警告标志、指令标志等，起警示作用、强化意识。

②宣传墙报

围绕安全知识、事故教训等，在生产场所进行必要的、合理的宣传活动。

③三级教育模式

分别组织公司级、部门级、岗位（班组）安全常识、法规、操作规程及操作技能等，确保员工懂得安全知识、掌握基本技能、建立安全意识。

④特殊教育模式

针对特殊工种、岗位、部门、必需安全知识和规程组织针对性的学习、演练、考核，细化意识、掌握知识和技能。

⑤班组交流活动

由班组选择与自己安全生产相关的内容，如事故案例分析、安全知识、政策法规等，组织员工开展交流活动，提高认识、增加知识、强化意识。

2. 员工安全教育培训理论

安全教育培训是防止现场员工产生不安全行为，防止人失误的重要途径。其重要性，首先在于它能够提高企业领导和广大职工搞好事故预防工作的责任感和自觉性。其次，安全技术知识的普及和安全技能的提高，能使广大职工掌握工业伤害事故发生发展的客观规律，提高安全操作技术水平，掌握安全检测技术和控制技术，搞好事故预防，保护自身和他人的安全健康。

（1）安全教育和培训的概念

安全教育和培训统称为安全教育，实际上应包括安全教育和安全培训两大部分。安全教育是通过各种形式，包括学校教育、媒体宣传，政策导向等，提高员工的安全意识和素质，学会从安全的角度观察和理解所从事的生产活动和面临的安全形势，用安全的观点解释和处理自己遇到的安全问题。安全教育主要是一种意识的培养，是长时期的、甚至贯穿于人的一生的，并在人的所有行为中体现出来，而与其所从事的职业并无直接关系。而安全培训虽然也包含有关教育的内容，但其内容相对于安全教育要具体得多，范围要小得多，主要是一种技能的培训。安全培训的主要目的是使人掌握在某种特定的作业或环境下正确并安全地完成其应完成的任务，故也称在生产领域的安全培训为安全生产教育。

(2)员工安全教育的三个层次

拉氏姆逊(J. Rasmussen)把生产过程中人的行为划分为3个层次，即反射层次的行为、规则层次的行为和知识层次的行为。因此，根据生产操作特征对人的行为层次的要求，企业员工安全教育相应地有3个层次：反射操作层次的教育、规则层次的教育和知识层次的教育。

反射操作层次的教育是通过反复进行操作训练，使手脚熟练地、正确地、条件反射式地操作。规则层次的教育是教育操作者按一定的操作规则、步骤进行复杂的操作。经过这样的教育，操作者牢记操作程序，可以不漏任何步骤地完成规定的操作。知识层次的教育使操作者不只学会生产操作，而且要学习掌握整个生产过程，生产系统的构造、工作原理，操作的依据及步骤等广泛的知识等。生产过程自动化程度越高，知识层次的教育越显得重要。在进行安全教育时，要注意针对各层次行为存在的问题，采取恰当的弥补措施。

(3)员工安全教育的三个阶段

企业员工安全教育可分为三个阶段：安全知识教育、安全技能教育和安全态度教育。

安全教育的第一阶段应该进行安全知识教育，使员工掌握有关事故预防的基本知识。安全知识教育包括安全管理知识教育和安全技术知识教育。其中，安全管理知识教育包括对安全管理组织结构、管理体制，基本安全管理方法及安全心理学安全人机工程学、系统安全工程等方面的知识。安全技术知识教育则包括一般生产技术知识、一般安全技术知识和专业安全技术知识教育。通过安全知识教育，使操作者了解生产操作过程中潜在的危险因素及防范措施等。

安全教育的第二阶段应该进行所谓“会”的安全技能教育。经过安全知识教育，尽管操作者已经充分掌握了安全知识，但是，如果不把这些知识付诸实践，仅仅停留在“知”的阶段，则不会收到实际的效果。安全技能是只有通过受教育者亲身实践才能掌握的东西。也就是说，只有通过反复的实际操作、不断地摸索而熟能生巧，才能逐渐掌握安全技能。

安全态度教育是安全教育的最后阶段，也是安全教育中最重要的阶段。经过前两个阶段的安全教育，操作人员掌握了安全知识和安全技能，但是在生产操作中是否实行安全技能，则完全由个人的思想意识所支配。安全态度教育包括即思想教育和态度教育。其中，思想教育又包括安全意识教育、安全生产方针政策教育和法纪教育。安全态度教育的目的，就是使操作者尽可能自觉地实行安全技能，搞好安全生产。

(4)员工安全教育的内容

企业生产岗位员工的安全教育一般有三级安全教育、特种作业人员安全教育、经常性安全教育、“五新”作业安全教育等。

①三级安全教育：三级安全教育制度是轨道交通企业必须坚持的基本安全教育制度和主要构成，包括公司级教育、线路级教育和班组级教育。

②特种作业人员安全教育：特种作业是指容易发生人员伤亡事故，对操作者本人、他人及周围设施的安全有重大危害的作业。直接从事特种作业的人员为特种作业人员。特种作业人员在独立上岗作业前，必须进行与本工种相适应的、专门的安全技术理论学习和实际操作训练。

③经常性安全教育：由于企业的生产方法、环境、机械设备的使用状态及人的心理状态都处于变化之中，因此安全教育不可能一劳永逸。对于人来说，由于其大部分安全技术知识与技能均为短期记忆，必然随时间而衰减，因而必须开展经常性的安全教育，进一步强化人的安全意识与知识技能，保证其安全状态。

④“五新”作业安全教育：“五新”作业安全教育是指凡采用新技术，新工艺、新材料、新产品、新设备时，由于其未知因素多，变化较大，且根据变化分析的观点，与变化相关联的失误是导致事故的原因，因而“五新”作业中存在潜在的危险性，并且操作者失误的可能性也要比通常进行的作业更大。因而，在作业前对员工进行安全操作规程的专门教育和培训，包括安全操作知识和技能培训及应急措施的应用等。

3. 轨道交通企业员工行为安全管理与培训

(1)质量安全部门：建立健全公司安全培训制度；负责牵头人力资源部制定公司安全生产年度培训计划并按计划编制上报所需预算；负责对公司安全培训的具体实施情况进行检查与监管；监督、检查公司相关员工持证上岗情况，确保符合法律、法规要求；负责对机关部门及线路管理部新进员工的部门级安全培训、转岗与复岗的部门级安全培训、四新(新工艺、新技术、新材料、新设备设施投入使用前)的安全培训、外来人员的安全培训的培训教材及考试试卷进行审核。

(2)人力资源部门：负责核准并申请本单位安全教育培训计划所需的经费；负

责配合质量安全部制定公司安全生产年度培训计划，建立培训档案，详细、准确记录培训情况；负责组织落实公司主要负责人及安全生产管理人员、特种作业及特种设备作业人员的安全培训，并做好建档与更新工作；负责组织落实新进员工的公司级安全培训，并对新进员工的三级安全培训做好建档与更新工作。

(3)公司各生产业务部门：负责组织落实新进员工的部门级安全培训、转岗与复岗的部门级安全培训及进入公司检查、参观、学习等人员的安全培训；负责对转岗与复岗的安全培训及进入公司检查、参观、学习等人员的安全培训做好建档与更新工作；负责保证安全教育培训所需人员、资金和设施的合理使用；负责对所辖现场班组新进员工的班组级安全培训、转岗与复岗的班组级安全培训的培训教材及考试试卷进行审核；乘务部、客运服务部及设施设备部负责牵头线路管理部组织落实四新(新工艺、新技术、新材料、新设备设施投入使用前)的安全培训，线路管理部负责做好培训的建档与更新工作；设施设备部负责组织落实短期进入公司进行改建、扩建工程项目人员的安全培训，并做好建档与更新工作。

(4)各生产班组：负责组织落实新进员工的班组级安全培训、转岗及复岗的班组级安全培训；负责保证安全教育培训所需人员、资金和设施的合理使用。

4. 轨道交通企业员工安全教育培训内容与要求

按照安全教育培训对象，轨道交通企业安全培训分为主要安全生产负责人培训、安全生产管理人员的安全培训、员工的安全培训及外来人员的安全培训。

(1)安全生产负责人培训

①培训内容包括：国家安全生产方针、政策和有关安全生产的法律、法规、规章及标准；安全生产管理基本知识、安全生产技术、安全生产专业知识；重大危险源管理、重大事故防范、应急管理和救援组织以及事故调查处理的有关规定；职业危害及其预防措施；国内外先进的安全生产管理经验；典型事故和应急救援案例分析。

②培训要求：主要负责人及安全生产管理人员在任职三个月内应当接受安全培训并取得合格证书，具备与本公司所从事的生产经营活动相适应的安全生产和职业卫生知识与能力；由人力资源部负责组织落实，委托具备安全培训条件的机构实施培训；在接受安全培训取得合格证书后，人力资源部负责将人员的安全培训情况进行建档并更新。

(2)安全生产管理人员培训

①培训内容包括：国家安全生产方针、政策和有关安全生产的法律、法规、规章及标准；安全生产管理、安全生产技术、职业卫生等知识；伤亡事故统计、报告及职业危害的调查处理方法；应急管理、应急预案编制以及应急处置的内容和要求；国内外先进的安全生产管理经验；典型事故和应急救援案例分析。

②培训要求：安全生产管理人员培训要求基本同安全生产主要负责人的培训要求一致。

(3)员工培训

员工的安全培训分为新进员工、转岗与复岗人员的安全教育培训，四新（新工艺、新技术、新材料、新设备设施投入使用前）的安全教育培训，特种作业及特种设备作业人员的安全教育培训。

①新进员工、转岗与复岗人员的安全教育培训

a. 公司级培训内容：国家有关安全生产的方针、政策、法规、制度及安全生产的重要意义；公司安全生产的概况，安全生产的特点和重点生产部位的介绍；安全生产规章制度及安全注意事项；安全、消防基础与日常知识等；典型事故案例及教训，预防事故的基本知识等。

b. 部门级培训内容：本部门/线路的概况、特点、岗位工作程序、流程；本部门/线路安全、环保与健康方面的专业知识，工作环境、危险区域、重点要害部位及应急措施；本部门/线路主要危险源及安全事项，安全技术操作规程和安全生产规章制度；所从事的岗位的安全职责、操作技能及要求；本部门/线路所从事的工种及可能遭受的职业伤害及原因，预防事故和职业危害的措施及注意事项；公司安全、环保与健康方面的规章制度中与本部门/线路相关的内容；分析本部门/线路的安全状况和有关事故案例；安全设施、工器具、个人劳动防护用品、急救器材、消防器材的性能和使用方法及火警和急救联系方法，预防事故和职业危害的主要措施。

c. 班组级培训内容：本岗位工作特点、任务、设备、作业场所、环境的具体情况和安全设施、备用（应急）防护用品的具体使用方法和使用规定；本岗位应知应会、安全操作规程及工作流程等；防护用品的正确使用和文明生产等方面的具体要求；应急预案的学习和紧急状况下应急设施设备的使用方法、注意事项；各岗位之间工作的衔接配合、安全与职业卫生注意事项；与班组有关的其他规章制度、劳动纪律及作业纪律；实际操作示范；其他需要培训的内容。

对于公司新进员工（含新进委外员工、实习及代培员工）必须进行公司级、部门级、班组级三级安全培训，经考试合格后，方可进入工作岗位工作和学习，且培训学时必须满足一定学时要求。公司级安全培训由人力资源部负责组织落实，培训结束后由人力资源部填写“安全教育记录卡”“安全教育记录卡”由人力资源部负责提供，委外员工、实习及代培员工填写三级安全教育记录表），并将公司级安全培训考试试卷、成绩汇总及培训签到表在本部门归档保存。部门级安全培训由机关部门及线路管理部负责组织落实，培训结束后由机关部门及线路管理部填写“安全教育记录卡”（委外员工、实习及代培员工填写三级安全教育记录表），待班组级安全培

训结束后，由机关部门及线路管理部将部门级安全培训考试试卷、成绩汇总、培训签到表与班组上交的班组级安全培训考试试卷、成绩汇总、培训签到表、“安全教育记录卡”（或三级安全教育记录表）、班组级三级安全教育实操考核表一并交人力资源部归档保存。班组级安全培训由现场班组负责组织落实，培训结束后由现场班组填写“安全教育记录卡”（委外员工、实习及代培员工填写三级安全教育记录表）及班组级三级安全教育实操考核表，并将班组级安全培训考试试卷、成绩汇总、培训签到表、“安全教育记录卡”（或三级安全教育记录表）、班组级三级安全教育实操考核表交所属部门，由部门转交人力资源部归档保存。

对于公司转岗人员，员工在部门间调动时，接收部门与班组应重新对其进行部门级与班组级安全培训，经考试合格后，方可从事新岗位工作；由接收部门与班组负责组织落实安全培训，培训结束后由接收部门填写三级安全教育记录表，接收班组填写三级安全教育记录表及班组级三级安全教育实操考核表，并由接收部门将部门级与班组级安全培训的考试试卷、成绩汇总、培训签到表及班组级三级安全教育实操考核表在本部门归档保存，三级安全教育记录表交人力资源部归档保存。员工在同一部门的班组间调动工作岗位时，接收班组应重新对其进行班组级安全培训，经考试合格后，方可从事新岗位工作；由接收班组负责组织落实安全培训，培训结束后由接收班组填写三级安全教育记录表及班组级三级安全教育实操考核表，并由员工所属部门将班组级安全培训考试试卷、成绩汇总、培训签到表及班组级三级安全教育实操考核表在本部门归档保存，三级安全教育记录表交人力资源部归档保存。

对于公司复岗人员，员工因个人原因缺勤导致其未从事本职岗位工作时间达到3个月（含）以上或累计6个月（含）以上需重新上岗时，必须重新进行部门级与班组级安全培训，经考试合格后，方可重新上岗。员工复岗时，由所属部门与班组负责组织落实安全培训，培训结束后由部门填写三级安全教育记录表，班组填写三级安全教育记录表及班组级三级安全教育实操考核表，并由员工所属部门将部门级与班组级安全培训考试试卷、成绩汇总、培训签到表及班组级三级安全教育实操考核表在本部门归档保存，三级安全教育记录表交人力资源部归档保存。

质量安全部负责对机关部门及线路管理部新进员工、转岗与复岗的部门级安全培训的培训教材及考试试卷进行审核，机关部门及线路管理部负责对所辖现场班组新进员工的班组级安全培训的培训教材及考试试卷进行审核。

②“四新”（新工艺、新技术、新材料、新设备设施投入使用前）的安全教育培训

培训内容包括：新工艺、新技术、新材料、新设备设施的特性、操作方法及安全知识；新定的安全制度和操作规程的内容与要求；新的防护装置使用注意事项等。

培训要求：在新工艺、新技术、新材料、新设备设施投入使用前，应对操作者及有关从业人员进行安全培训，确保其具备相应的安全操作、事故预防和应急处置能力；由相关职能部门（乘务部、客运服务部及设施设备部）负责牵头线路管理部组织落实，相关职能部门提供培训所需教材试卷，培训结束后由线路管理部将考试试卷、成绩汇总及培训签到表在本部门归档保存；质量安全部负责对四新（新工艺、新技术、新材料、新设备设施投入使用前）的安全培训的培训教材及考试试卷进行审核。

③特种作业及特种设备作业人员的安全教育培训

培训内容包括：特种作业，特种设备法律、法规、规章、方针和政策；特种作业、特种设备存在的危险、危害因素和防范措施；特种作业、特种设备安全操作技术理论知识和实际操作技能；安全应急设施的使用，事故应急处理技能，事故应急救援技术；事故案例及事故教训，事故报告和处理办法。

培训要求：从事特种作业、特种设备作业的人员应按照有关规定，经专门安全作业培训，考核合格，取得相应资格后，方可上岗作业，并定期接受复审；特种作业、特种设备作业人员的安全培训由人力资源部负责组织落实，委托具备培训条件的机构实施培训；特种作业、特种设备作业人员在取得“特种设备作业人员证”或“特种作业操作证”等证件后，人力资源部负责将人员的安全培训情况进行建档并更新。

(4)外来人员培训

外来人员的安全培训分为短期进入公司进行改建、扩建工程项目人员的安全培训与进入公司检查、参观、学习等外来人员的安全培训，培训内容包括：安全相关规定；可能接触到的危险有害因素；职业病危害防治措施、应急知识等；以及其他需要培训的内容。

其中，针对短期进入公司进行改建、扩建工程项目人员的安全培训由设施设备部负责组织落实，并将考试试卷、成绩汇总及培训签到表在本部门归档保存，保存期限为1年。对于进入公司检查、参观、学习等外来人员的安全培训由外来人员的接待部门负责组织落实，并将考试试卷、成绩汇总及培训签到表在本部门归档保存，保存期限为1年。由公司质量安全部负责对外来人员的安全培训的培训教材及考试试卷进行审核。

5.4 员工安全行为观察

安全行为观察是基于BBS的管理工具，通过在作业现场观察作业人员的作业行为，并与被观察者进行交流，以强化好的作业行为，纠正不安全的作业行为，提高双方的安全意识;安全行为观察是一种主动辨识并消除不安全行为、预防事故的工作方法。

1. 开展员工安全行为观察的关键因素

(1)企业必须建立无指责文化。

(2)企业领导必须亲自参加。

(3)需要设立安全行为观察的目标。

(4)参与计划的人员必须经过专业训练。

(5)关键不仅在于观察,更重要的是在观察之后能够有效地沟通,通过沟通加强好的行为,认识到不安全行为的潜在后果,并予以改进。

2. 开展安全行为观察的工作步骤

(1)工作准备。确定工作计划、人员及观察区域。

(2)观察。观察员工的作业行为,并留意好的及不规范的做法。

(3)沟通。认可好的做法,交流不规范行为的潜在后果。

(4)分析与反馈。好的分析与反馈要完成以下 4 项工作:

①记录观察情况。在固定的模板中记录所观察到的安全行为及不安全行为,并详细记录被观察员工的困惑及安全建议。

②数据汇总与分析。对所有的行为安全观察与沟通信息和数据进行分类统计,并分析统计结果的变化趋势。

③编制报告,提出改进方案。编制观察报告;并根据统计结果和变化趋势提出安全工作的改进建议;对安全观察统计结果进行对比分析,提出行为安全观察与沟通的改进建议。

④反馈信息。可以通过公告板、新闻板或在会议中反馈安全行为观察的结果。

3. 安全行为观察

(1)员工的反应。

(2)员工的位置。

(3)个人防护装备。

(4)工具与设备。

(5)程序与标准。

(6)人体工效学。

(7)现场环境与秩序。

4. 安全行为观察沟通的要点

(1)表扬。肯定与表扬员工的安全行为与纠正不安全行为一样重要,这将强化员工对后续安全行为的执行并使他们更愿意加入。

(2)讨论。与员工讨论观察到的不安全行为、状态和可能产生的后果,鼓励员工讨论更为安全的工作方式。

(3)沟通。就如何安全地工作与员工取得一致意见,并取得员工的承诺。

(4)启发。引导员工讨论工作地点的其他安全问题。

(5)感谢。安全需要全员参与,感谢是对所有员工参与和配合的回馈。

第4篇 运营安全评价

第1章 安全评价概述

1.1 安全评价的基本概念

1. 安全与危险

安全与危险是一对互为存在前提的术语。

安全是指不会发生损失或伤害的一种状态。安全的实质是防止事故，消除导致死亡、伤害、急性职业危害及各种财产损失时间发生的条件。

危险是指系统处于容易受到损害或伤害的状态，常指危险因素。

2. 事故

事故是指造成人员死亡、伤害、职业病、财产损失或其他损失的意外事件。意外事件的发生可能造成事故，也可能并未造成任何损失。对并未造成死亡、伤害、职业病、财产损失或其他损失的事件可称之为“未遂事件”或“未遂过失”。因此，意外事件包括事故事件和未遂事件。

3. 风险

风险是危险或危害事故发生的可能性与危险、危害事故严重程度的综合度量。

衡量风险大小的指标是风险率(R)，风险率等于事故发生的概率(P)与事故损失严重程度(S)的乘积，即

$$R=PS$$

由于概率值难以取得，因此常用频率代替概率，这时上式可表示为

$$\text{风险率}=\frac{\text{事故次数}}{\text{单位时间}}\times\frac{\text{事故损失}}{\text{事故次数}}=\frac{\text{事故损失}}{\text{单位时间}}$$

其中，单位时间可以是系统的运行周期，也可以是一年或几年；事故损失可以表示为死亡人数、损失工作日数或经济损失等；风险率是两者之商，可以定量表示为百万工时死亡事故率、百万工时总事故率等，对于财产损失可以表示为千人经济损失率等。

4. 危险源

危险源是指可能造成人员死亡、伤害、职业病、财产损失或其他损失的根源或

状态，危险源是事故发生的根本原因，危险源可分为两类：第一类危险源是指系统中存在的可能发生意外释放的能量或危险物品；第二类危险源是指导致约束、限制能量或危险物品意外释放措施失效或破坏的各种不安全因素，主要包括人的失误、物的故障和环境因素。

5. 安全系统工程

安全系统工程是以预测和防止事故发生为中心，以识别、分析、评价和控制安全风险为重点，开发出来的安全理论和方法体系。它将工程、系统中的安全问题看作一个整体，应用科学的方法对构成系统的各个要素进行全面的分析，判断各种状况下危险因素的特点及其可能导致的灾害性事故，通过定性和定量分析，对系统的安全性作出预测和评价，将系统事故发生的可能性降至最低。危险识别、风险评价、风险控制是安全系统工程的基本内容，其中危险识别是风险评价和风险控制的基础。

1.2 安全评价的定义及目的

安全评价，也称风险评价或危险评价，应用安全系统工程的原理和方法，对工程和系统中存在的危险及有害因素等进行识别与分析，判断工程和系统发生事故和职业危害的可能性及其严重程度，提出安全对策及建议，制定防范措施和管理决策的过程。

安全评价的目的是实现工程和系统的安全。具体包括：①促进实现本质安全化生产；②实现全过程安全控制；③建立系统安全的最优方案，为决策者提供依据；④为实现安全技术、安全管理的标准化和科学化创造条件。

1.3 安全评价的内容及分类

1. 安全评价的内容

理想的安全评价(图 4-1)包括危险性辨识和危险性评价两部分。危险性辨识是指利用安全系统工程的理论和方法，分析系统及其各要素所固有的安全隐患，揭示系统的各种危险性，即通过一定的手段测定、分析和判明危险，包括固有的和潜在的危险，可能出现的新危险以及在一定条件下转化生成的危险，并且对系统中已查明的危险进行定量化处理，从而为评价提供数量依据。

危险性评价是指根据危险性辨识的结果，采取各种措施减少或消除危险，并同既定的安全指标或目标相比较，判明所具有的安全水平，直到达到社会所允许的危险水平或规定的安全水平为止。

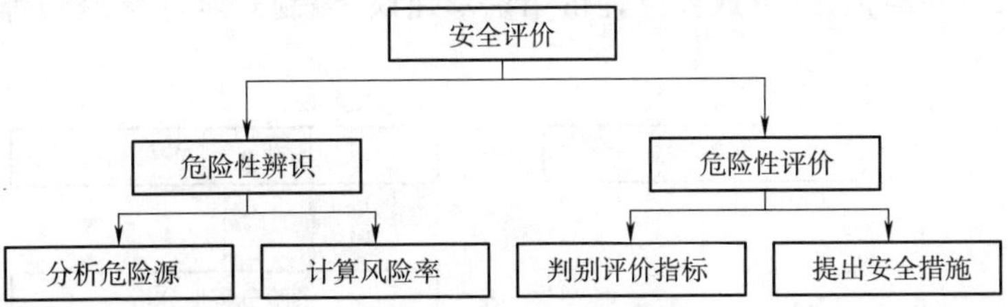

图 4-1　安全评价内容

2. 安全评价的分类

根据工程及系统的生命周期和评价目的，将安全评价分为安全预评价、安全验收评价、安全现状评价、安全专项评价四类。

(1)安全预评价

安全预评价是在项目建设前，应用安全评价的原理和方法对项目的危险性、危害性进行预测性评价。安全预评价以拟建设项目作为研究对象，根据建设项目可行性研究报告的内容，分析和预测该建设项目可能存在的危险及有害因素的种类和程度，提出合理可行的安全对策措施及建议。

安全预评价报告是项目报批的文件之一，主要提供给设计单位、建设单位、业主及政府管理部门。在设计阶段，必须落实安全预评价所提出的各项措施。

(2)安全验收评价

安全验收评价是在建设项目竣工验收之前、试生产运行正常之后，通过对建设项目的设施、设备、装置实际运行状况及管理状况的安全评价，查找该建设项目投产后存在的危险、有害因素，确定其程度，提出合理可行的安全对策措施及建议。

安全验收评价报告是建设单位向政府安全生产监督管理机构申请建设项目安全验收审批的依据。

(3)安全现状评价

安全现状评价是针对系统及工程的安全现状进行的安全评价，通过评价查找其存在的危险和有害因素，确定其程度，提出合理可行的安全对策措施及建议。

(4)安全专项评价

安全专项评价是根据政府有关管理部门的要求，对专项安全问题进行的专题安全分析评价，其目的是查找其中存在的危险及有害因素，确定其程度，提出合理可行的安全对策措施及建议。

1.4　安全评价的一般程序

安全评价程序主要包括：准备阶段、危险危害因素识别与分析、定性及定量评价、提出安全对策措施、形成安全评价结论及建议、编制安全评价报告等，如图 4-2 所示。

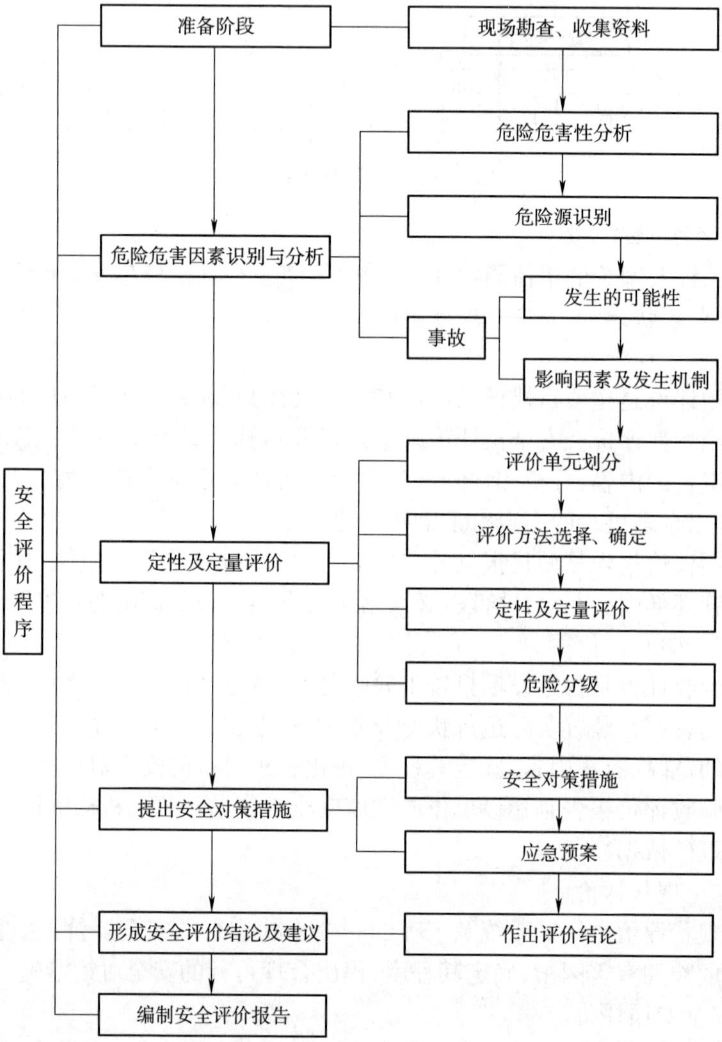

图 4-2 安全评价程序

第2章　安全评价方法

2.1　安全评价方法分类

安全评价方法按评价结果的量化程度可分为定性安全评价方法和定量安全评价方法。

1. 定性安全评价方法

定性安全评价方法主要是借助于对事物的经验知识及其发展变化规律的了解,通过直观判断对生产系统的工艺、设备、设施、环境、人员、和管理等方面的状况进行科学的定性分析,得到定性的指标结果(如是否达到了某项安全指标、事故类别、导致事故发生的原因等)的一类方法。定性安全评价方法的特点是容易理解、便于掌握、评价过程简单,但定性安全评价方法往往依靠经验判断,具有一定的局限性。

目前常用的定性安全评价方法有:安全检查法(SR)、安全检查表分析法(SCA)、专家评议法、预先危险性分析法(PHA)、故障假设分析法(WI)、危险和可操作性研究法(HAZOP)、人的可靠性分析法(HRA)。

2. 定量安全评价方法

定量安全评价方法是运用基于大量的实验结果和广泛的事故资料统计分析获得的指标或规律(数学模型),对生产系统的工艺、设备、设施、环境、人员、和管理等方面的状况,按照有关标准,应用科学的方法构造数学模型,进行定量评价,得到定量的指标结果(如事故发生的概率、事故的伤亡范围、定量的危险性、事故致因因素的关联度或重要度等)一类方法。

定量安全评价方法有以下两种类型:

(1)以可靠性、安全性为基础,先查明系统中存在的隐患,求出其损失率、有害因素种类及其危害程度,再与国家规定的有关标准进行比较、量化。常用的方法有:故障树分析法(FTA)、事件树分析法(ETA)、模糊综合评价法、层次分析法、作业条件危险性分析法(LEC)、原因后果分析法(CCA)等。

(2)以物质系数为基础,采用综合评价的危险度分级方法。常用的方法有:美国道化学公司的“火灾、爆炸危险指数评价法(DOW)”、英国ICI公司蒙德部的“火灾、爆炸、毒性指数法(ICI)”等。

2.2 城市轨道交通运营安全评价方法

1. 基于层次分析法(AHP)的评价方法

层次分析法的基本原理是把复杂系统分解成目标、准则、方案等层次,并进行定性和定量的分析和决策。

采用层次分析法建立评价模型主要有以下步骤:

(1)模型构建

利用层次分析法,将城市轨道交通运营系统的人员因素、设备因素、环境因素、管理因素4个基本要素作为准则层,将乘客、列车操作人员、管理人员、车辆系统、供电系统、通信系统、信号系统、排风/排烟系统、自然环境、社会环境、设施作业环境、机构职责、规章制度、安全投入14个因素作为准则层。

(2)构造因素判断矩阵及一致性检验

根据评价因素判断矩阵,进行层析单排序及层次总排序,进行确定评价因素和评价因子权重的计算。

(3)层次总排序及一致性检验

在同一层次中所有层次单排序结果的基础上,可以计算出对上一层次和该层次所有城市轨道交通运营系统影响因素的重要性的权值,进行总层次总排序,总排序的权重自上而下将单准则下的权重进行组合。

(4)结果分析

根据城市轨道交通运营系统安全分析的层次结构模型计算的结果,将各层因素按重要性依次排序。

2. 基于模糊综合评判法的评价方法

模糊综合评判法是用模糊数学对受到多种因素制约的事物或对象做出一个总体评价,把定性评价转化为定量评价。该方法能较好地解决模糊的、难以量化的问题,具有结果清晰、系统性强的特点。

采用模糊综合评判法建立评价模型主要有以下步骤:

(1)建立影响评判对象的因素集;

(2)建立评价者对评价对象所做出各种可能的判断结果集合(评价集);

在城市轨道交通运营安全水平的评价中,评价集为:$\boldsymbol{V}$={非常安全,很安全,安全,基本安全,不安全}。

(3)建立权重集;

(4)对因素集中单个因素进行模糊评判,确定评判对象对评价集中各元素的隶属度;

(5)通过模糊变换进行综合评判。

3. 基于数据包络分析（DEA）的评价方法

数据包络分析是一个对多投入、多产出的多个决策单位的效率评价方法，该方法从系统的投入产出角度出发，评价时注重对每一个决策单元进行优化，其评价只取决于投入和产出的数据，能有效地处理多输入多输出问题，解决评价主观性和城市轨道交通系统安全度难以衡量的困难。

采用数据包络法建立评价模型主要有以下步骤：

(1)评价指标体系的提取与优化；

(2)DEA 建模；

(3)决策单元及投入产出指标的确定；

(4)模型的应用及运算结果分析。

4. 基于灰色系统法的评价方法

灰色系统是包含白色参数(已知参数)和黑色参数(未知参数)的系统，灰色系统善于处理贫信息，特别是在系统数据较少和条件不满足统计要求的情况下。灰色系统法主要用于对城市轨道交通运营系统中硬件设备的故障预测，从而间接对运营安全进行评价与预测。

采用灰色系统法建立评价模型主要有以下步骤：

(1)给出原始序列 x，指定阈值 ζ；

(2)构造异常序列 x_ζ；

(3)通过时分布映射 M_τ，获取时分布序列 τ；

(4)对时分布序列 τ 建模；

(5)对异常值时序分布进行预测。

2.3 安全评价方法的选用

安全评价方法有很多种，每种评价方法都有其适用的范围和应用条件，有其自身的优缺点，对具体的评价对象，必须选用合适的方法才能取得良好的评价效果。在进行安全评价时，应在认真了解分析被评价系统的前提下，根据安全评价的特点、具体条件和需求，以及被评价系统的实际情况、特点和评价目标，选择安全评价方法。选择安全评价方法应遵循充分性、适应性、系统性、针对性和合理性的原则。

1. 充分性原则

充分性是指在选择安全评价方法之前，应该充分分析被评价的系统，掌握足够多的安全评价方法，并充分了解各种安全评价方法的优缺点、适应条件和范围，同时为安全评价工作准备充分的资料。也就是说，在选择安全评价方法之前，应准备好充分的资料，供选择时参考和使用。

2. 适应性原则

适应性是指选择的安全评价方法应适应被评价的系统。被评价的系统可能是由多个子系统构成的复杂系统，评价的重点各子系统可能有所不同，各种安全评价方法都有其适应的条件和范围，应该根据系统和子系统的性质和状态，选择适应的安全评价方法。

3. 系统性原则

系统性是指安全评价方法与被评价系统所提供的安全评价初值和边值条件应形成一个和谐的整体，也就是说，安全评价方法获得的可信的安全评价报告，是必须建立在真实、合理、系统的基础数据之上的，被评价的系统应该能够提供所需的系统化数据和资料。

4. 针对性原则

针对性是指所选择的安全评价方法应该能够提供所需的结果。由于评价的目的不同，需要安全评价提供的结果可能是危险有害因素识别、事故发生的原因、事故发生概率、事故后果、系统的危险性等，安全评价方法能够给出所要求的结果才能被选用。

5. 合理性原则

在满足安全评价目的、能够提供所需的安全评价结果的前提下，应该选择计算过程中最简单、所需基础数据最少和最容易获取的安全评价方法，使安全评价工作量和要获得的评价结果都是合理的，不要使安全评价出现无用的工作和不必要的麻烦。

第3章 城市轨道交通运营安全评价

生产过程中的安全评价是以实现工程、系统安全为目的，应用系统安全工程原理和方法，对工程、系统中存在的危险有害因素进行识别与分析，判断工程、系统发生事故和职业危害的可能性及其严重程度，从而为工程、系统的设计、施工、生产经营活动制定防范对策措施，为安全管理决策提供科学依据。

安全评价的目的是查找、分析和预测工程、系统中存在的危险有害因素及可能导致的事故的严重程度，提出合理可行的安全对策措施，指导危险源监控和事故预防，以达到最低事故率、最少损失和最优的安全投资效益。安全评价的意义在于可有效地预防事故发生，减少财产损失、人员伤亡和伤害。与日常安全管理和安全监督监察工作不同，安全评价从技术带来的负效应出发，分析、论证和评估由此产生的损失和伤害的可能性、影响范围、严重程度及应采取的对策措施等。

城市轨道交通作为现代化的交通工具，承担着越来越重要的大客流运输任务，一旦发生突发事故，其社会影响力十分巨大。虽然各级政府部门加大了对城市轨道交通工程的安全生产管理力度，但由于工程施工及运营安全管理工作涉及面广，各种情况交织复杂，各种事故还时有发生。为了更好地保护国家和人民生命财产安全、减少伤亡事故的发生，保证社会稳定、促进经济发展，有必要建立一套较完整的针对城市轨道交通工程的安全评价体系，以便对轨道交通工程各阶段的安全程度进行综合性评价，客观地反映城市轨道交通工程在建设及运营过程中的安全生产状况，及时采取整改措施，确保安全运营。

在工程项目阶段性活动结束后应进行相应的安全评价。一个项目从提出项目设想、开发、建设、施工到开始生产活动整个过程，一般称为项目建设周期。一个城市轨道交通项目周期包含规划阶段、设计阶段、建设阶段、试运营阶段、正式运营阶段5个工程阶段性活动，各工程阶段性活动与安全评价内容对应如下：在项目规划阶段性活动后，应进行项目的安全预评价；在完成项目设计和建设阶段性活动后，应进行项目的试运营前安全评价；在完成试运营阶段性活动后，应进行项目的安全验收评价；在正式投入运营后，应定期进行项目的运营安全现状评价。城市轨道交通项目周期的主要活动及阶段性安全评价内容如图4-3所示。

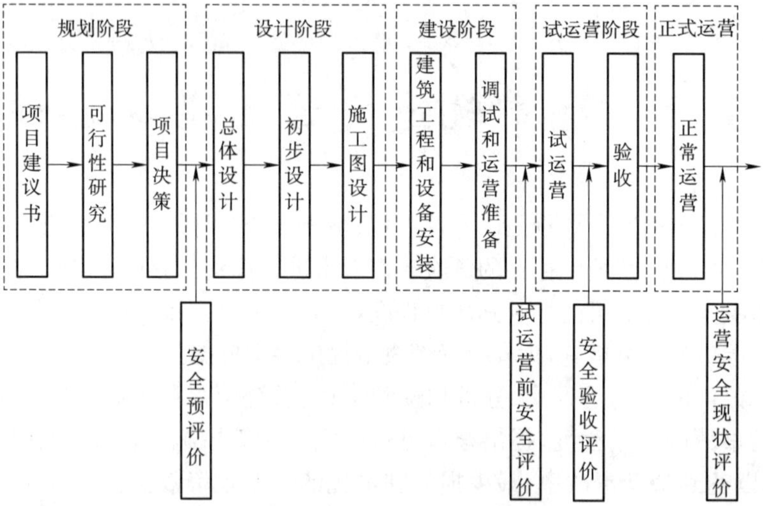

图 4-3 城市轨道交通项目周期的主要活动及阶段性安全评价内容

3.1 安全预评价

城市轨道交通工程安全预评价是在工程可行性研究阶段，工程可行性研究报告编制后，通过对城市轨道交通工程的线路选择、技术路线、社会环境的安全评价，查找本工程存在的危险、有害因素的种类和程度，补充完善工程可行性研究报告中的安全对策措施。

城市轨道交通工程安全预评价主要依据工程可行性研究报告及其他相关专项研究报告、《地铁设计规范》(GB 50157—2013)、《建筑设计防火规范》(GB 50016—2014)、《建筑物防雷设计规范》(GB 50057—2010)、《安全评价通则》(AQ 8001—2007)、《安全预评价导则》(AQ 8002—2007)，参照《城市轨道交通安全预评价细则》(AQ 8004—2007)，对城市轨道交通工程在施工及运营阶段存在的危险有害因素进行辨识、评价，提出安全对策措施，为工程初步设计及安全专篇提供依据。

1. 评价程序

城市轨道交通安全预评价程序包括：前期准备；编制安全预评价计划；定性、定量评价；编制安全预评价报告；安全预评价报告评审。安全预评价工作流程图如图 4-4 所示。

(1)前期准备：明确城市轨道交通安全预评价的范围；进行类比工程现场与规划线路调研；收集国内外相关法律法规、技术标准、建设工程资料及典型城市轨道交通事故案例资料等。

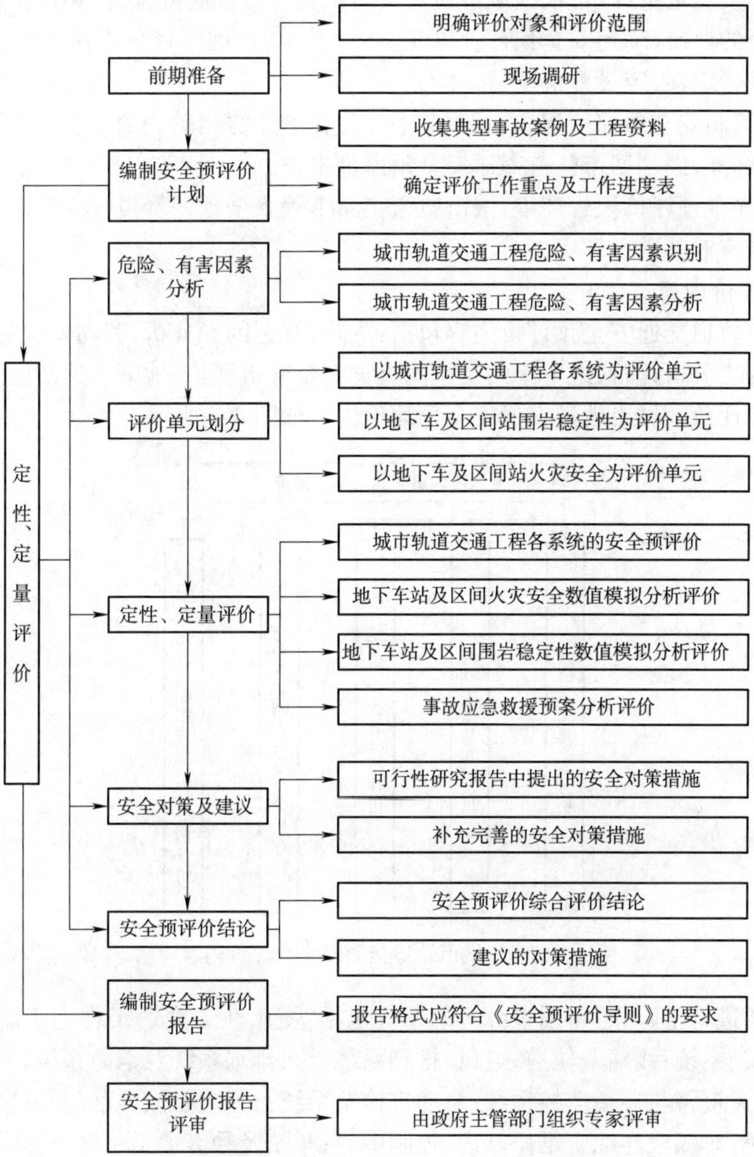

图4-4　城市轨道交通安全预评价工作流程

(2)编制安全预评价计划:在前期准备工作基础上,分析城市轨道交通工程可能存在的主要危险、有害因素分布与控制情况,依据有关安全生产的法律法规和技术标准,确定安全预评价的重点;依据工程实际情况选择安全预评价方法,确定评价进度。

(3)定性、定量评价:根据城市轨道交通工程可行性研究报告、类比工程现场和相关资料的调研,确定安全预评价单元,选择科学、合理的评价方法对城市轨道交通工程进行定性、定量评价。

(4)编制安全预评价报告:根据定性、定量评价的相关内容,对照相关法律法规、技术标准,编制城市轨道交通安全预评价报告。

(5)安全预评价报告评审:城市轨道交通工程安全预评价报告应由政府主管部门组织专家对其进行评审。

2. 评价内容

城市轨道交通安全预评价内容包括:危险、有害因素分析;劳动安全初步评价;安全检查表分析评价;地下车站及区间火灾安全分析评价;地下车站及区间围岩稳定性分析评价。城市轨道交通安全预评价内容如图 4-5 所示。

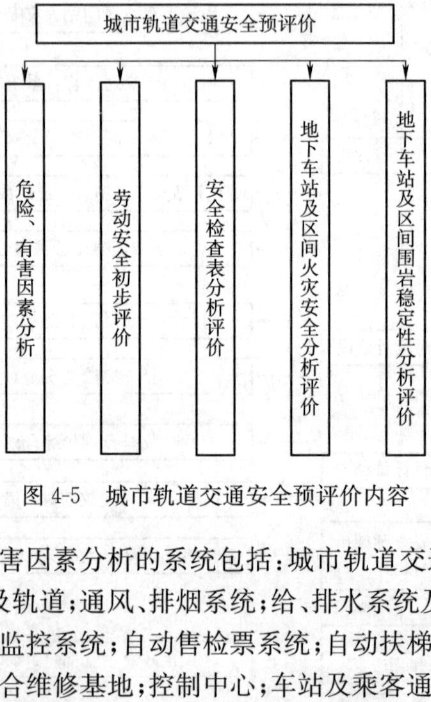

图 4-5 城市轨道交通安全预评价内容

需要进行危险、有害因素分析的系统包括:城市轨道交通工程施工阶段;供电系统;车辆系统;线路及轨道;通风、排烟系统;给、排水系统及消防系统;通信、信号系统;防灾报警与环境监控系统;自动售检票系统;自动扶梯、屏蔽门/安全门、防淹门等系统;车辆段与综合维修基地;控制中心;车站及乘客通道系统;行车指挥中心及电力调度控制系统;危险化学品;自然灾害;其他危险因素分析。

需要采取安全检查表分析评价的系统包括:城市轨道交通工程供电系统;车辆系统;线路及轨道;通风、排烟系统;给、排水系统;通信、信号系统;防灾报警与环境监控系统;自动售检票系统;车辆段与综合维修基地;控制中心。

地下车站及区间火灾安全分析评价内容包括:城市轨道交通工程地下车站及

区间概况；火灾数值模拟计算分析方法介绍；典型地下车站及区间火灾安全数值模拟计算分析；城市轨道交通工程地下车站及区间火灾安全评价结论。

地下车站及区间围岩稳定性分析评价内容包括：城市轨道交通工程沿线各区段工程地质及水文地质情况概述；围岩稳定性数值模拟计算分析方法介绍；典型地下车站及区间围岩稳定性数值模拟计算分析；城市轨道交通工程地下车站及区间围岩稳定性评价结论。

3.2　试运营前安全评价

城市轨道交通工程试运营前安全评价是在城市轨道交通试运行后至试运营前的阶段，检查城市轨道交通工程的安全设施、设备、装置与主体工程同时设计、同时施工、同时投入生产和使用的情况；检查安全生产管理措施到位情况；检查安全生产规章制度健全情况；检查按运行图试运行情况；检查防灾系统安全性能热烟测试情况；检查事故应急体系建立情况；检查城市轨道交通工程建设满足安全生产法律、标准、行政规章、规范要求的符合性情况，从整体上评价城市轨道交通工程的安全条件，作出是否满足试运营安全条件评价结论的活动。只有通过试运营前安全评价审查的城市轨道交通工程方可投入试运营。

依据城市轨道交通工程设计文件及现场检查，参照《城市轨道交通初期运营前安全评估管理暂行办法》（交运规〔2019〕1号）以及《城市轨道交通初期运营前安全评估技术规范第1部分：地铁和轻轨》（交办运〔2019〕17号）有关规定、《城市轨道交通试运营基本条件》（GB/T 30013—2013）、《地铁设计规范》（GB 50157—2013）、《建筑设计防火规范》（GB 50016—2014）、《安全评价通则》（AQ 8001—2007）、《城市轨道交通试运营标准》（DB 31/T 854—2014），对工程建成后存在的危险有害因素进行辨识，分析评价城市轨道交通工程设置的安全设备设施是否满足试运营的条件，对存在的安全隐患提出安全对策措施，确保城市轨道交通工程试运营的安全。试运营前安全预评价是城市轨道交通工程特有的，现阶段国家并未制定城市轨道交通工程试运营前安全评价的标准。

1. 评价程序

城市轨道交通试运营前安全评价程序包括：前期准备；编制试运营前安全评价计划；试运营前安全评价现场检查；辨识与分析危险、有害因素；划分评价单元；选择评价方法；定性、定量评价；提出安全对策措施建议；作出试运营前安全评价结论；编制试运营前安全评价报告；试运营前安全评价报告评审。

(1)前期准备：包括明确评价对象和评价范围、收集典型事故案例及工程资料、以及现场调研。

(2)编制试运营前安全评价计划:包括制定现场检查的时间及检查内容、确定评价工作重点及工作进度表、根据现场检查计划对现场进行检查、记录检查情况并分类汇总现场安全隐患。

(3)试运营前安全评价现场调查:调查内容包括对车站、车辆段/停车场、主变电站、控制中心、区间的现场检查。

(4)辨识与分析危险、有害因素:城市轨道交通试运营前安全评价应进行危险、有害因素辨识的系统包括供电系统、车辆系统、线路及轨道、通风/排烟系统、给/排水及消防系统、信号系统、自动电梯/扶梯、通信系统、火灾自动报警系统、车辆段/停车场、屏蔽门/安全门系统、防灾报警系统、公用工程及辅助设施、行车组织、自然灾害、社会环境及作业环境。

(5)划分评价单元。

(6)选择评价方法。

(7)定性、定量评价:分别对各系统安全设施评价、常规安全防护设施评价、防火防爆措施评价、特种设备安全评价、冷热滑及试运行安全评价、防灾安全热烟测试评价、大客流疏运安全评价、安全管理及运营组织评价、试运营基本条件评价、现场隐患分级评价进行定性、定量评价。

城市轨道交通试运营前安全评价程序如图 4-6 所示。

2. 评价内容

城市轨道交通试运营前安全评价内容包括危险有害因素辨识、各系统安全设备设施评价、常规安全防护设施评价、防火防爆安全措施评价、特种设备安全评价、冷热滑及试运行安全评价、防灾安全热烟测试评价、大客流输运安全评价、安全管理及运营组织评价、试运营基本条件评价、现场隐患分级评价、安全设施评价。

在城市轨道交通试运营前安全评价时,应对以下系统中可能存在的危险、有害因素进行辨识:供电系统、车辆系统、线路及轨道、通风/排烟系统、给/排水及消防系统、信号系统、自动电梯/扶梯、通信系统、火灾自动报警系统、车辆段/停车场、屏蔽门/安全门系统、防灾报警系统、公用工程及辅助设施、行车组织、自然灾害、社会环境及作业环境。

各系统安全设备设施评价应在现场检查的基础上,结合设计资料,采用安全检查表的形式对安全设备设施的符合性及有效性进行评价,进而评价设备设施的本质安全性。系统安全设备设施评价应包括:车辆系统、供电系统、消防系统、线路及轨道系统、机电设备系统、通信系统、信号系统、环境与设备监控系统、自动售检票系统、土建工程等。

常规防护设施安全评价应在现场检查的基础上,结合设计资料,采用安全检查表的形式对常规防护设施的符合性及有效性进行评价。常规防护设施安全评价主

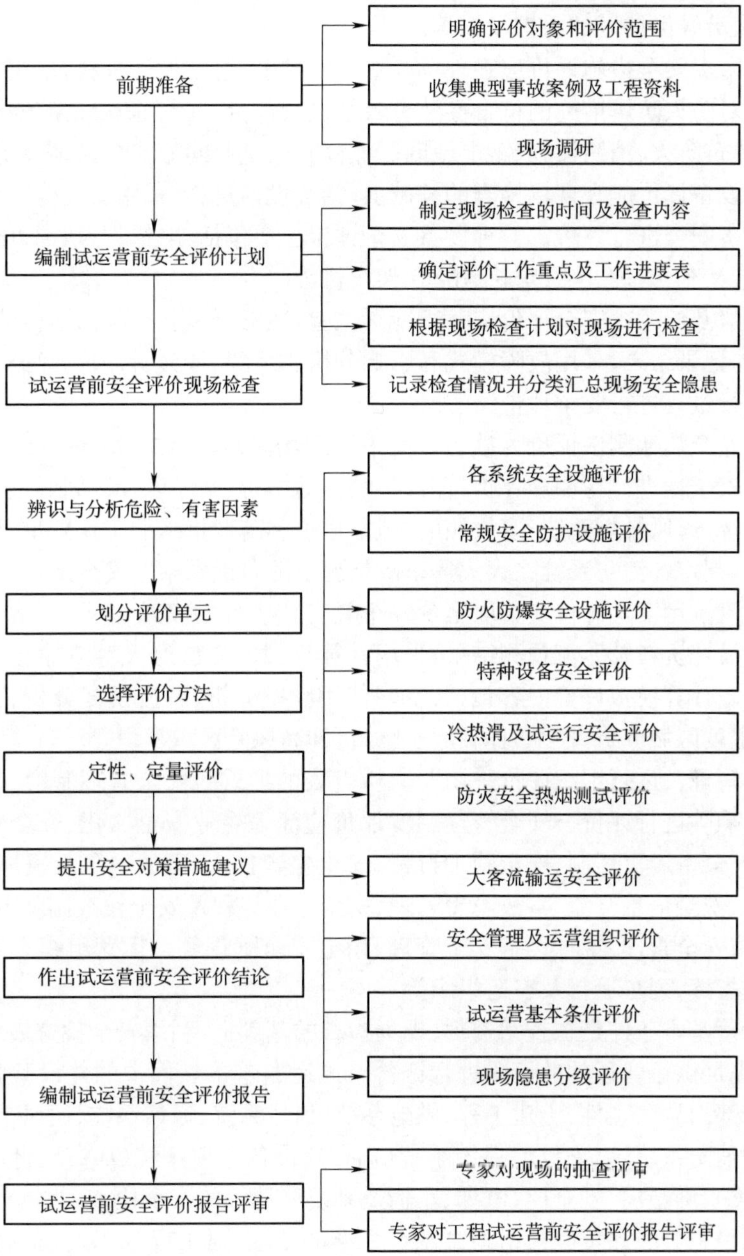

图4-6　城市轨道交通试运营前安全评价程序

要包括:安全标志设置、防护栏杆、机械伤害防护设施、高处坠落防护设施、钢直梯、防洪设施、沿线保护区的保护设施等。

防火防爆安全措施评价应在现场检查的基础上,结合设计资料,采用安全检查表的形式对防火防爆措施的符合性及有效性进行评价。防火防爆措施安全评价主要包括:建筑防火、消防设施、蓄电池间、电缆防火、气瓶间等安全措施评价。

特种设备评价应在现场检查的基础上,结合设计资料,采用安全检查表的形式对特种设备安全进行评价。特种设备安全评价主要包括:电梯、电扶梯、压力容器、起重机械、叉车、锅炉、电气焊机、吊车、架车机等。

冷热滑及试运行安全评价应基于冷滑试验,热滑试验和空载试运行的准备、试验、调试的记录结果,采用故障模式和影响分析、故障趋势分析评价方法对冷热滑、空载试运行过程进行安全评价。

防灾安全热烟测试评价为试运营前采用现场热烟试验方法,对城市轨道交通防灾系统安全性进行检测和评价,评价地铁车站站台、站厅以及区间隧道的火灾探测报警系统、通风排烟系统、事故照明、疏散通道和疏散指示的工作效果、可靠性及联动状况,判定各消防系统在火灾等事故情况下能否确保乘客安全疏散。

大客流输运安全评价应选取至少一个具有代表性的车站,基于车站建筑和疏散通道的设计资料及客流预测结果,采用计算模拟的方法对大客流输运过程进行安全评价。计算模拟评价内容包括:空间使用频率分析、客流密度分析、客流流线分析、高密度区域分析、换乘时间和距离分析和高风险区域辨识。

安全管理及运营组织评价采用安全检查表的形式对安全管理制度、运营组织方案的影响等进行评价。安全管理制度评价应涵盖企业安全文化、安全管理机构与人员、安全生产责任制、安全管理目标、安全生产投入、事故应急救援体系、安全培训教育、安全信息交流、事故隐患管理、安全作业规程及安全检查制度、行车安全管理、消防安全管理、特种设备安全管理、用电安全管理等。运营组织方案评价应涵盖调度指挥、列车运行及客运组织等。

试运营基本条件是在查阅资料、现场检查的基础上,利用安全检查表对工程建设、管理满足试运营条件的情况进行评价。试运营基本条件中的建设验收部分应涵盖政府部门认可文件、土建工程、供电系统、信号系统、通信系统、通风空调系统、给排水和消防系统、火灾自动报警系统(FAS)、设备监控系统(BAS)、自动售检票系统(AFC)、屏蔽门/安全门、电梯、车辆及系统联调等的安全检查。

现场隐患分级评价应根据国家现行标准的要求,对工程各车站、车辆段/停车场、主变电站、区间、控制中心的安全防护设备设施查找隐患。

安全设施评价主要通过现场检查,参照现行标准规范,对城市轨道交通工程常规防护设施(包括安全标示、栏杆、高处坠落防护设施、机械伤害防护设施等)、防火防爆设施、电气安全设施、特种设备设施的有效性进行检查评价。

城市轨道交通试运营前安全评价内容如图4-7所示。

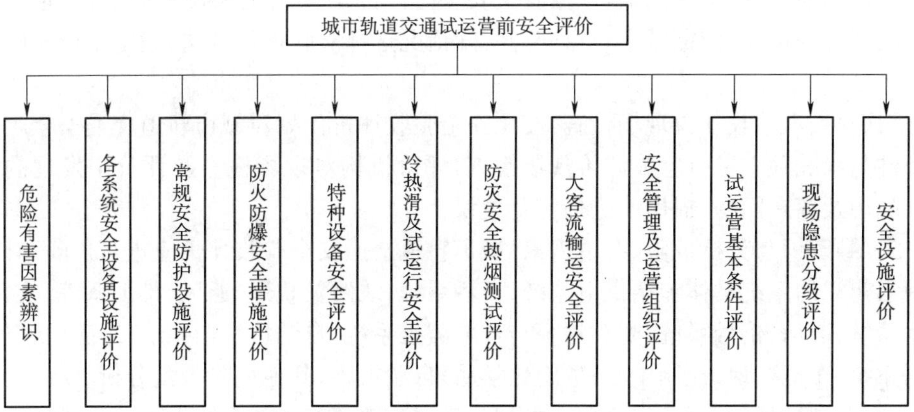

图4-7　城市轨道交通试运营前安全评价内容

3.3　安全验收评价

城市轨道交通工程安全验收评价是在城市轨道交通工程竣工、试运行正常后，检查城市轨道交通工程的安全设施、装置与主体工程同时设计、同时施工、同时投入生产和使用的情况；安全生产管理措施到位情况；安全生产规章制度健全情况；事故应急救援预案建立情况；城市轨道交通工程建设满足安全生产法律法规、标准、行政规章、规范要求的符合性情况。从整体上确定城市轨道交通工程的运行状况和安全管理情况，做出安全验收评价结论的活动。

依据《地铁设计规范》(GB 50157—2013)、《地下铁道工程施工及验收规范》(GB 50299—1999)、《建筑设计防火规范》(GB 50016—2014)、《建筑物防雷设计规范》(GB 50057—2010)、《安全评价通则》(AQ 8001—2007)、《安全验收评价导则》(AQ 8003—2007)，并参照《城市轨道交通安全验收评价细则》(AQ 8005—2007)，对城市轨道交通工程进行安全验收评价。

1. 评价程序

城市轨道交通试运营前安全评价程序包括：前期准备；编制安全验收评价计划；安全验收评价现场检查；辨识与分析危险、有害因素；划分评价单元；选择评价方法；定性、定量评价；提出安全对策措施建议；作出评价结论；编制安全验收评价报告；安全验收评价报告评审。

(1)前期准备：该阶段包括评估专家团队的组建；组建评价组；收集国内外相关

法律法规、标准、行政规章、规范及其他安全验收工作所需的基础资料。

（2）编制安全验收评价计划：在前期准备工作基础上，分析城市轨道交通工程建成后主要危险、有害因素，依据有关安全生产的法律法规和技术标准，确定安全验收评价的重点；依据城市轨道交通实际情况选择验收评价方法，确定安全验收评价进度。

（3）安全验收评价现场检查：按照安全验收评价计划对城市轨道交通安全生产条件与状况独立进行验收评价现场检查，评价机构对现场检查及评价中发现的安全隐患及存在问题，提出改进措施及建议。

（4）辨识与分析危险、有害因素：城市轨道交通安全验收评价应进行危险、有害因素辨识的系统具体包括供电系统；车辆系统；线路及轨道；通风、排烟系统；给、排水系统；通信、信号系统；防灾报警与环境监控系统；自动售检票系统；屏蔽门、安全门系统；车辆基地；控制中心；危险化学品；自然灾害；其他危险因素分析。

（5）划分评价单元：评价单元可划分为城市轨道交通各系统设计的法律法规符合性；设施、设备、装置方面的法律法规符合性、有效性；公用工程和辅助设施配套性、有效性；周边环境适应性、应急救援和人员疏散有效性；城市轨道交通安全运营管理方面充分性等。

（6）选择评价方法：应依据城市轨道交通工程的实际情况选择适用的评价方法。

（7）定性、定量评价：利用安全检查表等评价方法，检查各类安全生产相关证照是否齐全，审查、确认主体工程建设、工业园区建设是否满足安全生产法律、标准、行政规章、规范的要求，检查安全设施、设备、装置是否已与主体工程同时设计、同时施工、同时投入生产和使用，检查安全生产管理措施是否到位、安全生产规章制度是否健全、是否建立了事故应急救援预案等。采用计算模拟的评价方法对城市轨道交通工程典型车站人员疏散能力进行评价。

（8）提出安全对策措施建议：应依据评价结果，依照国家有关安全生产的法律法规、标准、行政规章、规范的要求，提出安全对策措施建议。安全对策措施建议应具有针对性、可操作性和经济合理性。

（9）作出安全验收评价结论：城市轨道交通安全验收评价应包括法律法规符合性评价的综合结果；评价对象运行后存在的危险、有害因素及其危险危害程度；明确给出评价对象是否具备安全验收的条件；对达不到安全验收要求的评价对象明确提出整改措施建议。

（10）编制安全验收评价报告：安全验收评价报告应全面、概括地反映验收评价的全部工作，文字应简洁、准确，可同时采用图表和照片，以使评价过程和结论清楚、明确、利于阅读和审查。符合性评价的数据、资料和模拟计算过程等，必要时可编入附录。

（11）安全验收评价报告评审：建设单位按规定将安全验收评价报告送专家评

审组进行技术评审，并由专家评审组结合现场情况提出书面评审意见。评价机构根据专家评审组的评审意见，修改、完善安全验收评价报告。

城市轨道交通工程安全验收评价程序如图 4-8 所示。

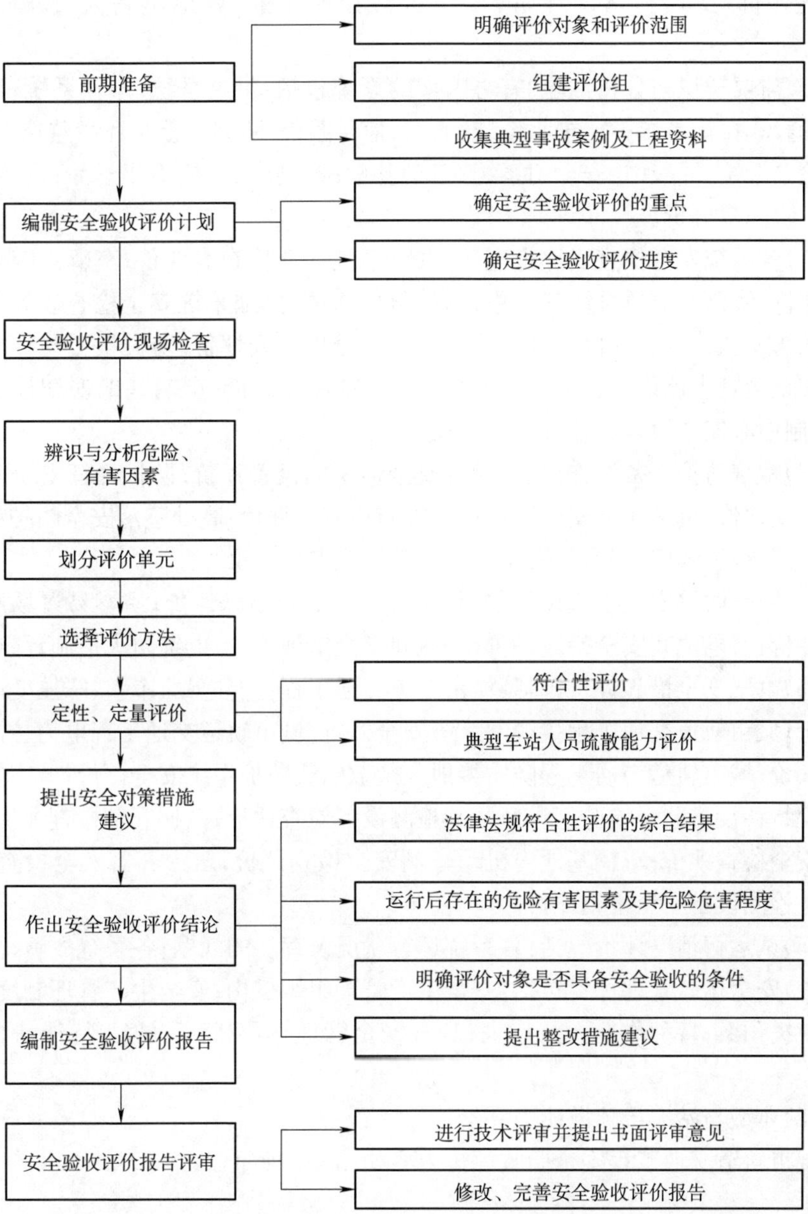

图 4-8　城市轨道交通工程安全验收评价程序

2. 评价内容

城市轨道交通工程安全验收评价内容包括:辨识与分析危险、有害因素;各系统安全检查表评价;常规防护设备设施评价;防火防爆安全设施评价;电气安全措施评价;试运行情况评价;安全运营管理评价;典型车站人员疏散能力评价。

(1)需要辨识与分析危险、有害因素的系统包括:供电系统;车辆系统;线路及轨道;通风、排烟系统;给、排水系统;通信、信号系统;防灾报警与环境监控系统;自动售检票系统;屏蔽门、安全门系统;车辆基地;控制中心;危险化学品;自然灾害;其他危险因素分析。

(2)各系统安全检查表评价包括:供电系统安全检查表评价;车辆系统安全检查表评价;线路及轨道系统安全检查表评价;通风、排烟系统安全检查表评价;给、排水系统安全检查表评价;通信、信号系统安全检查表评价;防灾报警与环境监控系统安全检查表评价;自动售检票系统安全检查表评价;车辆基地安全检查表评价;控制中心安全检查表评价。

(3)常规防护设备设施评价包括:安全标识的设置评价;防护栏杆安全防护设施安全性评价;机械伤害安全防护设备设施检查表评价;高处坠落安全防护设备设施安全评价;屏蔽门/安全门安全防护设备设施安全评价。

(4)防火防爆安全设施评价包括:建筑防火安全措施评价;易燃易爆场所安全措施评价;蓄电池间安全措施评价;气瓶间安全措施评价;电缆防火措施评价。

(5)电气安全措施评价包括:城市轨道交通工程主变电站、牵引、降压变电站安全评价;城市轨道交通工程接触网系统安全评价;城市轨道交通工程电力控制系统安全评价;城市轨道交通工程防雷接地及杂散电流防护系统安全评价;城市轨道交通工程特种设备监督检验记录及强制检测设备检查评价;电梯安全检查评价;起重设备安全检查评价;车辆基地内机动车辆安全检查评价;压力容器安全检查评价;强制性检测设备安全检查评价。

(6)试运行情况评价包括:各系统运行状况及存在的问题;各系统故障记录。

(7)安全运营管理评价包括:安全生产管理组织机构;安全生产管理制度;事故应急救援预案;特种作业人员培训;日常安全管理;运营组织方案;特殊情况运营组织。

(8)典型与站人员疏散能力评价。

城市轨道交通工程安全验收评价内容如图 4-9 所示。

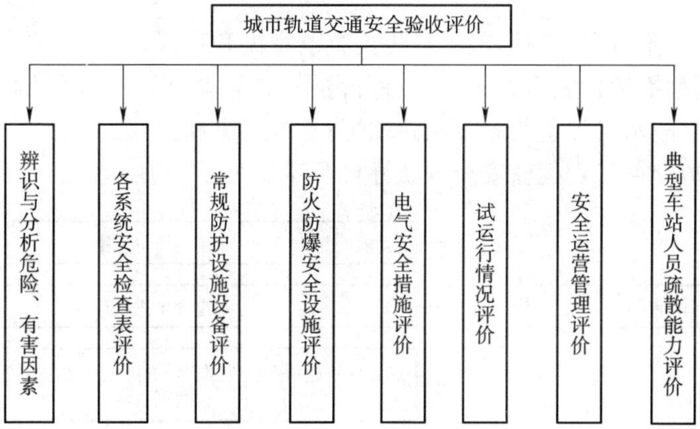

图4-9　城市轨道交通工程安全验收评价内容

3.4　运营安全现状评价

城市轨道交通工程运营安全现状评价是在工程正式运营后每隔两年，依据地铁工程设计及设计变更文件、工程运营记录及现场检查，参考《地铁运营安全评价标准》(GB/T 50438—2007)，定期对地铁工程评价当时存在的危险有害因素进行辨识，分析评价地铁工程设置的安全设备设施的有效性，对存在的安全隐患提出安全对策措施，确保地铁工程运营安全，为地铁工程运营单位的日常安全管理提供依据。

1. 评价程序

城市轨道交通运营安全现状评价程序包括：制定评价方案；制定评价进度计划；制定地铁运营企业需要提供的图纸、文件、资料、档案、数据目录；定性、定量评价；计算风险水平；对存在不可接受风险的项目提出整改意见和建议；编制地铁运营安全评价报告。

(1)制定评价方案：确定本次评价对象和范围；根据评价对象的特点，确定本次评价工作的重点。

(2)制定评价进度计划。

(3)制定地铁运营企业需要提供的图纸、文件、资料、档案、数据目录。

(4)定性、定量评价：具体流程为确定相应的评价项目及其分值；确定现场抽查样本选取数量；根据已确定的评价项目及其分值进行定性、定量评价；计算各评价单元的得分。

(5)计算风险水平：计算内容包括基础安全评价、事故水平评价总分计算和风险水平划分。

(6)对存在不可接受风险的项目提出整改意见和建议。

(7)编制地铁运营安全评价报告:评价企业的基本情况、评价范围和评价重点;基础安全和事故水平评价结果及风险水平;整改意见和建议。

城市轨道交通工程运营安全现状评价程序如图 4-10 所示。

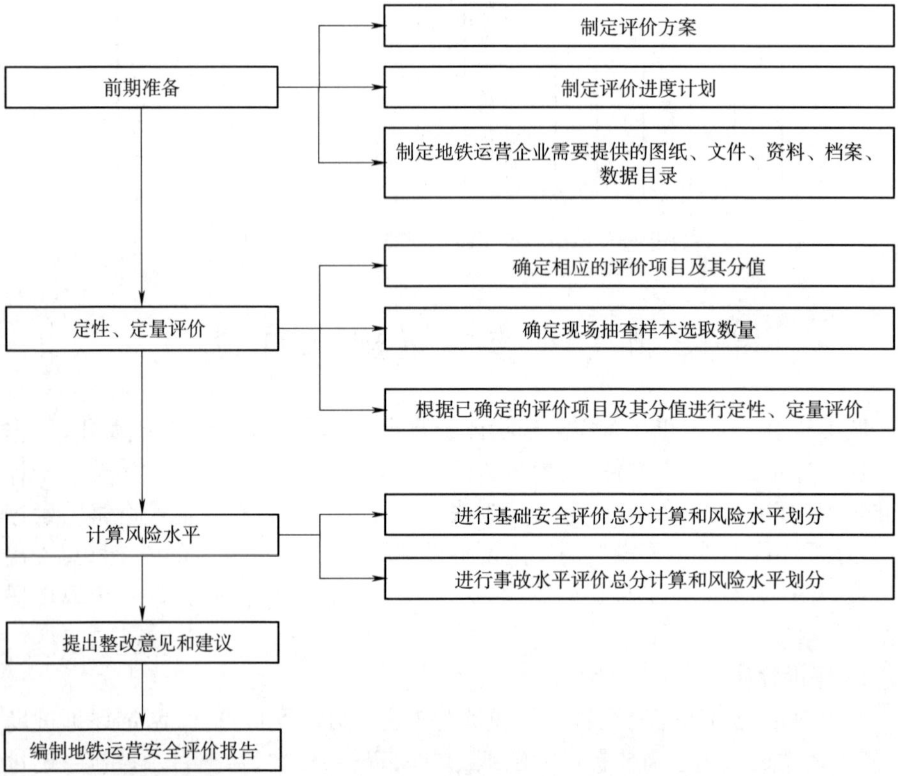

图 4-10 城市轨道交通工程运营安全现状评价程序

2. 评价内容

城市轨道交通工程运营安全现状评价包括基础安全评价和事故风险水平评价。

(1)基础安全评价

基础安全评价内容包括:安全管理评价、运营组织与管理评价、车辆系统评价、供电系统评价、消防系统与管理评价、线路及轨道系统评价、机电设备评价、通信设备评价、信号设备评价、环境与设备监控系统评价、自动售检票系统评价、车辆段与综合基地评价、土建评价、外界环境评价。

安全管理评价包括安全管理机构与人员、安全生产责任制、安全管理目标、安全生产投入、事故应急救援体系、安全培训教育、安全信息交流、安全生产宣传、事故隐患管理、安全作业规程、安全检查制度等 11 个评价项目。

运营组织与管理评价包括系统负荷、调度指挥、列车运行、客运组织 4 个评价项目。

供电系统评价包括主变电站、牵引变电站、降压变电站、接触网(接触轨)、电力电缆、维修配件 6 个评价项目。

线路及轨道系统评价包括线路及轨道系统、维修体系 2 个评价项目。

机电设备评价包括自动扶梯电梯与人行道、屏蔽门系统与防淹门系统、给水排水设备、通风和空调设备、风亭 5 个评价项目。

通信设备评价包括通信系统、维修体系 2 个评价项目。

信号设备评价包括信号系统、维修体系 2 个评价项目。

环境与设备监控系统评价包括环境与设备监控系统、安全防护标识、维修体 3 个评价项目。

车辆段与综合基地评价包括车辆段与综合基地设施、防灾设施 2 个评价项目。

外界环境评价包括防自然灾害、保护区 2 个评价项目。

(2)事故风险水平评价

事故风险水平评价依据年度事故发生率进行评价，事故风险水平划分为不可接受、可接受、可忽略三个层次。

城市轨道交通工程运营安全现状评价内容如图 4-11 所示。

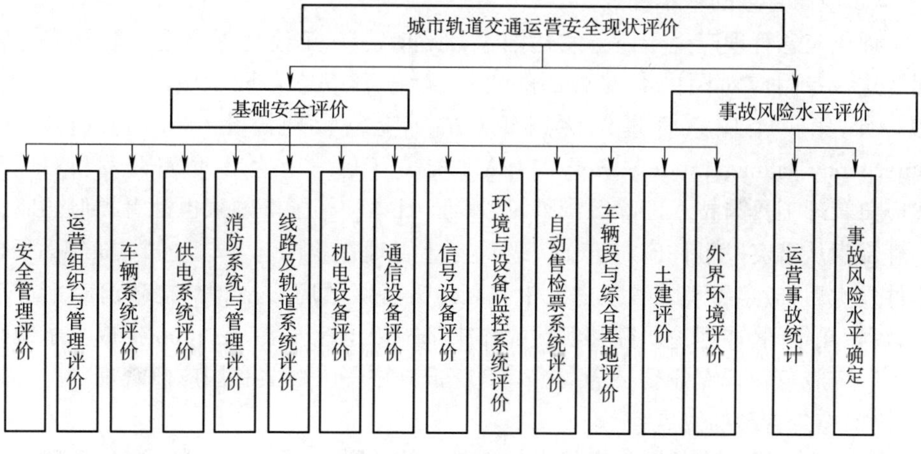

图 4-11　城市轨道交通工程运营安全现状评价内容

第5篇 应急管理

城市轨道交通系统体系庞大，且系统内部以及系统与外部存在多种联系的可能的组合，其中的任何一个环节都可能出现隐患，从而导致难以预料的后果。而城轨系统一旦发生突发事件，往往造成或可能造成巨大的生命、财产损失和环境破坏，产生非常大的舆论压力。当突发事件不能完全避免时，建立应急管理机制，识别和预警隐患信息，及时组织有效的应急救援行动，已成为降低突发事件危害的关键手段。应急管理是应对突发事件问题而提出的，指的是政府、部门或企业单位等组织通过建立必要的应对机制，应用科学、技术、规划和管理等手段，对可能发生的不利后果进行事前预防、事发应对、事中处置和善后恢复过程中有计划、有组织的活动。

第1章 应急管理及处置

1.1 应急管理概念

1. 应急管理的产生与发展

(1)应急管理的基本任务

现代应急管理产生于西方发达国家，20 世纪 60 年代美国建立了联邦应急管理署这一专门应对国内突发事件的机构，标志着应急管理领域的新时代来临。1933 年，第一个应急管理国际组织—国际应急管理协会（The International Emergency Management Society，TIEMS)成立于佛罗里达州，负责开发和实现现代应急管理工具与技术。除美国外，俄罗斯、日本和韩国等国家也都有类似的应急管理部门从事突发事件应对工作。现代应急管理在我国起步较晚，2003 年 SARS 事件发生后，应急管理才真正进入中央和地方各级政府的视野。在政府有力推动下，短短几年间，在理论研究和实践操作中都得以迅速发展，在 2005 年成立了中国的第一个应急管理专业委员会，在 2018 年成立中华人民共和国应急管理部。

(2)应急管理的发展

近年来频繁发生的重大突发事件对社会安全构成了巨大威胁，应急管理作为一个新兴的热点学科普遍为人们所关注。当前应急管理的研究主要分两类：一类主要研究应急资源的布局及调配、管理能力的培训、人员疏散的技术与模型等；另一类则主要研究应急管理体系和应急机制。很多国家都已经建立了运行良好的应急管理体制，包括应急救援法规、管理机构、指挥系统、应急队伍、资源保障和公民知情权等方面，形成了比较完善的应急救援系统，并逐渐向建立标准化应急管理体系方向发展。

①政府最高层机构成为应急管理的决策核心

应急管理作为政府管理职能的重要内容，由行政首长担任最高指挥官和最终决策者，以一个高层政府机构作为应急管理的决策核心，成为这种应急方式的通行惯例。如美国应急管理体制是以一个以总统为核心，以国家安全委员会为决策中枢，由国会负责监督的综合性、动态的组织体系。在我国，国务院是突发事件应急管理工作的最高行政领导机构，在国务院总理的领导下，通过国务院常务会议和国家相关突发事件应急指挥机构，负责突发事件的应急管理工作，必要时将派出国务院工作组织指导现场应急的有关工作。

②统一指挥、加强协同成为应急管理体制建设中的重点

建立统一指挥，协同有序的应急管理机制，是各国应急管理体制共同追求的目标。关键是在一个核心枢纽机构的指挥协调下，各机构和部门纵向能对接，横向能联动，也就是地方应急管理系统与中央应急管理系统的对接，区域内的本部门应急管理系统能够与其他部门应急管理系统的有效联动。

③建立职能灵活转换的各级应急管理机构

各国都已将应急管理作为政府的重要公共职责，从中央到地方，逐步形成了不同级别的、专职专人的，具有综合性、协同性的管理职能机构是各国应急管理的一个发展趋势。应急管理机构的职能包括负责制定应急管理规划，进行应急物资及装备储备、加强对风险的监测和预防、组织应急管理人才培训，开展应急演习等；在紧急状态，应急管理机构的职能主要是制定应对方案，协调各相关部门和机构的应急处置等。

2. 突发事件

突发事件是一种作用范围广泛，对社会造成严重危害，具有强烈冲击力和影响力的事件，由于具有不可预测性和巨大的破坏性，往往会对社会经济发展和人民生活造成意想不到的灾难，甚至可能引发区域乃至全国、全球性的危机。突发事件具有突发性、危害性、不确定性、扩散性和社会性等主要特征，对人类社会的政治、经济、文化和社会心理等方面都有着不同程度的消极影响，主要包括对人类生命的威胁；对公共财产造成的损失；对环境造成的各种危害；对社会秩序造成的紊乱；对公众心理造成的障碍《中华人民共和国突发事件应对法》中对突发事件的定义是突然发生，造成或者可能造成严重社会危害，需要采取应急处置措施予以应对的自然灾害、事故灾难、公共卫生事件和社会安全事件。

3. 应急管理

应急管理是一项复杂的系统工程,需要一个科学合理、协调有序的应急管理体系保证应急管理的高效有序开展。应急管理涉及管理学、公共安全、灾害学、信息系统、项目管理、运筹学、统计学、计算机科学与技术、通信技术、政治学及社会学等,应急管理指为了降低突发事件的危害,对造成突发事件的原因、过程及后果进行科学分析,有效集成社会各个方面的资源,运用现代技术手段和现代管理方法,对突发事件进行有效的预警、控制、应对与处理的过程。

1.2 我国应急管理的发展

1. 我国应急管理的发展阶段

根据我国应急管理体系建设的实践发展,我国应急管理大致可分为三个阶段。

第一阶段:2003 年以前是应急管理研究的萌芽时期,当时的研究主要集中在灾害管理研究方面,包括部门应对、单项应对突发事件的应急管理研究。

第二阶段:2003 年至 2007 年是应急管理研究快速发展的时期,这一阶段应急管理的研究主要集中于危机的生命周期等方面的整体,逐渐开始进行横向研究,拓展到具体领域。受 2003 年 SARS 事件的影响,突发事件应急管理引起了人们的广泛关注,其相关研究著作和论文呈现井喷态势,数量剧增。随着 2006 年底国务院应急管理专家组的成立,应急管理研究进入繁荣期,各研究机构和高校成立了相关研究机构,这一系列措施逐步壮大了应急管理的研究队伍,也促使应急管理教育和宣传普及得到快速发展。

第三阶段:2008 年以后,应急管理研究进入了质量提升时期,无论是在应急管理专题研究方向,还是在研究应急管理整体框架方面,其内容覆盖面更加全面且更为深入。这一时期的应急管理研究理论性越来越强,学科融合越来越紧密,按照综合化、系统化、专业化、协同化、规范化的应急管理体系建设思路,应急管理研究也呈现出综合化方向发展的特点。

2. 我国的应急管理体制

应急管理体制是一个由政府机构与社会组织相结合的纵横交错的复杂系统,主要包括应急管理的领导指挥机构、专项应急指挥机构、日常办事机构、工作机构、地方机构及专家组等不同层次的机构。2006 年 1 月国务院发布了《国家突发公共事件总体应急预案》,相关省份和部门也制定了专项预案和部门预案。2006 年 6 月 15 日出台的《国务院关于全面加强应急管理工作的意见》中提出,要“健全分类管理、分组负责、条块结合、属地为主的应急管理体制,落实党委领导下的行政领导责任制,加强应急管理机构和应急救援队伍建设”。2007 年《中华人民共和国突发事件应对法》出台，提出“建立统一领导、综合协调、分类管理、分级负责、属地管理为主的应急管理体制”的新目标，对应急管理机构设置、灾害预防与应急准备、监测与预警、应急处置与救援、事后恢复与重建的各个环节均加以明确。在应急管理法制与机制建设方面，我国已制定涉及突发事件的法律法规以及相关文件，全国应急预案体系初步形成。

2018年3月13日，第十三届全国人民代表大会第一次会议审议国务院机构改革方案，组建应急管理部。

应急管理部负责组织编制国家应急总体预案和规划，指导各地区各部门应对突发事件工作，推动应急预案体系建设和预案演练。建立灾情报告系统并统一发布灾情，统筹应急力量建设和物资储备并在救灾时统一调度，组织灾害救助体系建设，指导安全生产类、自然灾害类应急救援，承担国家应对特别重大灾害指挥部工作。指导火灾、水旱灾害、地质灾害等防治，负责安全生产综合监督管理和工矿商贸行业安全生产监督管理等。

1.3 应急管理基础知识

1. 应急管理的基本任务及特点

(1)应急管理的基本任务

通过快速而有效的应急救援行动，尽可能地降低突发事件造成的后果，减小影响范围，包括人员伤亡、财产损失和环境破坏等是应急管理的总体目标。应急管理的基本任务包括以下四个方面：

①立即组织救治受害人员，组织撤离或者采取其他措施保护危害区域内的其他人员。应急管理的首要任务是营救受害人员，降低伤亡率，要组织有序、高效、快速的现场急救，同时安全地转送伤员。救援时要及时指导群众采取各种措施进行自身防护，并组织群众迅速撤离危险区或可能受到危害的区域。在撤离过程中，应积极组织受灾人员开展自救和互救工作。

②迅速控制事态，并对突发事件造成的危害进行检测、监测，测定突发事件的危害区域、危害性质及危害程度。应急管理工作中的重要任务是及时控制住造成突发事件的危险源，这样才能防止突发事件的扩散范围，有效地进行救援。

③消除危害后果，做好现场恢复。针对事故对人体、动植物、土壤、空气等造成的现实危害和可能的危害，迅速采取封闭、隔离、洗消、监测等措施，防止对环境的污染和对人的二次伤害。及时处理废墟，恢复基本设施，将突发事件现场恢复至相对稳定的状态。

④查清突发事件原因，评估危害程度。突发事件发生后应及时调查发生的原因和事故性质，评估出突发事件的危害范围和危险程度，查明人员伤亡情况，做好突发事件调查。

(2)应急管理的特点

①不确定性和突发性

不确定性和突发性是各类公共安全事故、灾害与事件的共同特征，大部分事故的发生都是突然爆发，且爆发前基本没有明显征兆，发生之后迅速蔓延，如果没有高效的组织，还会导致失控，引发群众恐慌和现场混乱。因此，应急行动必须在极短的时间内，在事故的第一现场作出有效反应，在事故产生重大灾难后果之前采取各种有效的防护、救助、疏散和控制事态等措施。

②应急活动的复杂性

应急活动的复杂来源于很多方面：事故、灾害或事件影响因素与演变规律的不确定性和不可预见的多变性。参与应急救援的主体不同，像城市轨道交通系统出现应急情况时，不但企业内部不同的专业需要互相联动，还需要企业以外的其他单位共同参与，如公安、卫生、交警等以及在应急响应过程中公众的反应和恐慌心理、公众过急等突发行为的复杂性等。

③后果、影响易猝变、激化和放大

虽然社会公共安全事故、事件、自然灾害等的发生是小概率事件，但后果一般比较严重，会产生广泛的公众影响，如果应急处理不当，可能加剧事故、灾害与事件的危害性质，向动态、混乱和冲突方面发展，影响范围不仅没有减少反而不断扩展，波及的人群数量增加，人员伤亡与财产损失后果加大，这种猝变、激化与放大造成的失控状态，不但会迫使应急呼应升级，甚至导致社会性危机出现，使公众立即陷入巨大的动荡与恐慌之中。因此，重大事故(件)的处置必须坚决果断，而且越早越好，防止事态扩大。

2. 应急管理理论框架

现代应急管理是综合性的应急管理，涵盖突发事件，事故发生的前、中、后各个阶段，充分体现“预防为主、常备不懈”的应急理念。管理过程分为预防、准备、响应和恢复四个阶段，流程如图 5-1 所示。

(1)预防阶段

在应急管理的概念中，预防有两种含义：其一是事前预防，通过安全管理理论与技术手段尽可能从本质安全的角度防止事故的发生，实现本质化安全；其二，在假定事故必然会发生的前提下，通过采用必要的预防措施，降低事故的影响范围和造成的损失。在预防阶段，低成本、高效率的预防措施是减少事故损失的关键，在这个阶段尤其要注重风险评估，尽可能预测和估计可能出现的风险因素，并采取相

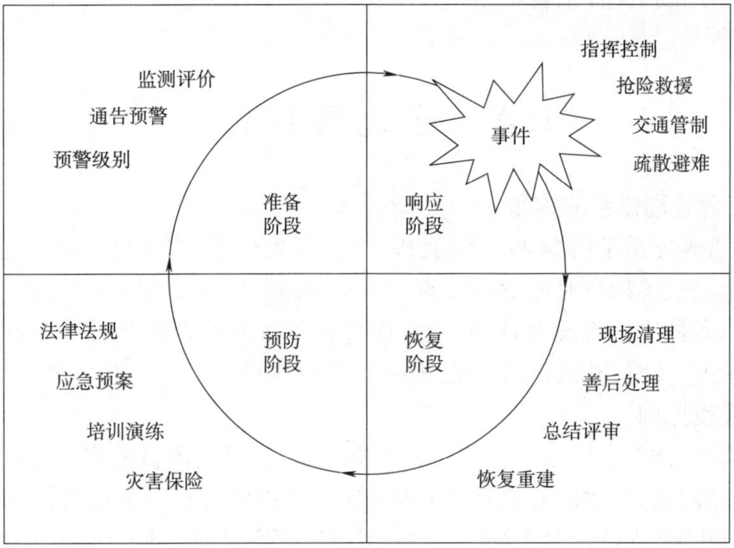

图5-1　应急管理流程图

应的措施降低风险，防患于未然。这一阶段的工作主要有：安全法规标准的制定、安全计划的制定、危险源的辨识、监测、评价与控制等。

(2)准备阶段

应急准备是为应急管理工作各阶段工作提供支撑的活动，目的在于提高事故发生时的应急行动能力和事故发生后的恢复能力。这一阶段主要包括两方面措施：一是制定各种类型的应急预案；二是设法增加事件发生时可调用的应急资源。主要工作有：制定应急救援方针和应急救援机制、编制应急预案、开展应急救援演练、储备应急响应所需的物资、响应人员的准备、恢复工作所需的资金准备、建立应急救援信息数据库等。

(3)响应阶段

应急响应是在突发事件发生后需立即采取的紧急处置和救援行动，目的是保护与事件相关人员的生命安全，减少财产损失，控制事件的发展以及最终消除不良影响。这一阶段的主要工作有：启动相应的应急响应机制和组织体系、报告有关行业主管部门、开展现场指挥救援、控制事件扩大并逐步消除不良影响、现场搜救与疏散群众等。

(4)恢复阶段

恢复是指事件救援工作完成后，将事件现场及周围的生产、生活恢复至正常状态，并进一步修复受事件影响的地区或人员的状况。这一阶段的主要工作有：事件现场清理、事件损失评估与理赔、事件现场重建、事件应急预案的复查与评价、事件原因调查等。

1.4 应急管理体系

1. 应急管理体系的构建

应急管理体系是由专业技术、管理方法、行为规范、实施机构组成的有机结合体,以实施完成各种应对突发事件的方案和措施。应急管理体系应建立统一的领导核心,以各种法律法规为基础,以全面整合各方面的资源和社会共同参与为手段,实现快速、及时、有效预防与消减突发事件的目标。

(1)建设原则

应急管理体系是根据应急管理的理论框架,针对我国目前安全生产应急管理方面存在的问题,构建的处理紧急事务或突发事件的行政职能及载体系统,由组织体系、运行机制、支持保障系统以及法律法规体系等构成。城市轨道交通的应急管理体系建设应遵循以下原则:

①统一领导,分级管理

国务院安委会统一领导和指挥全国的安全生产应急管理工作,地方各级人民政府统一领导本行政区域内的安全生产应急管理和事故灾难应急救援协调指挥。地方区域内的应急管理指挥机构负责统筹,城市轨道交通的运营企业和其他相关单位,如消防、医疗、武警等按照职责分工和权限,在统一指挥下,开展突发事件应急处置的具体工作。

②属地为主,分工协作

城市轨道交通的应急处置实行属地负责制,无论发生何种级别的突发事件,运营企业要在第一时间展开先期处理和救援处置,防止事态进一步扩大和升级,尽可能地降低突发事件造成的财产和人身安全损失,尽量将突发事件消灭在萌芽状态,地方相关行业和部门应密切配合,分工协作。

③统筹规划,合理布局

根据城市轨道交通系统的专业特点、危险源种类、事故灾难类型,建立和完善应急预案体系,对应急指挥机构、应急救援队伍以及应急救援的培训演练、物资储备等保障系统的布局、规模和功能等进行统筹规划。运营企业编制对应类型的应急预案,建立功能全面、专业层次分明的专职或兼职的应急救援队伍体系。

④依托现有,资源共享

以政府、社会和企业现有的应急物资为基础,对城市轨道交通系统各子系统的应急救援队伍进行培训演练,完善和补充救援装备和物资储备等,建立有效机制以实现资源共享,同时应避免资源浪费和重复建设。

⑤功能实用,技术先进

根据应急救援工作的现实和发展的需要设定应急救援信息网络系统的功能,采用国内外成熟的、先进的应急救援技术和特种设备,保证安全生产应急管理体系的先进性和适用性。

(2)应急管理体系的目标

应急管理体系的主要目的是要在了解突发事件的发生发展规律的基础之上,采取合适的方法和措施,在突发事件发生之前、发展过程中以及事后处置期间,减小突发事件带来的影响和损失。为了达到这个目的,在应急管理体系建设过程中,应争取实现以下目标:

①保证系统的正常运行,提供一系列突发事件事前准备的功能。应急管理体系应该包括建立平时的应急预案、安排演练、组织实施相关的技术培训,以提高安全保障度,协调各种资源进行日常的防范处理准备工作等。

②防止突发事件的发生,尤其是在警戒期间做好突发事件防范处理准备。应急管理体系中对突发事件的预测和预警功能是至关重要的组成部分,它直接关系到整个体系的效率。在警戒期间根据事态的发展,做好突发事件的防范处理准备则是恰当处置突发事件的关键保障。

③突发事件发生后,以最快的速度响应,把事件所造成的损失降低到最小,保障体系应能迅速掌握事件发展态势,调集各种资源,根据相应的预案对事件进行恰当的处置,减小事件的影响,降低损失。

(3)应急管理体系的结构

由于事故的种类较多,情况复杂,风险多种多样,每一类事故的应急处置措施都有所区别,但基本的管理模式是一致的。构建应急管理体系,应贯彻顶层设计和系统论的思想,以事件为中心,以功能为基础,分析和明确应急管理工作的各项需求,在应急能力评估和应急资源统筹安排的基础上,科学地建立规范化、标准化的应急管理体系,保障各级应急救援体系的统一和协调。一个完整的应急体系由组织体制、运作机制、法制基础和保障系统 4 部分构成,如图 5-2 所示。

①组织体制

组织体制是应急管理体系的基础,其中管理机构是指维持应急日常管理的负责部门;功能部门包括与应急活动有关的各类组织机构,如消防、医疗机构等;应急指挥是在应急预案启动后,负责应急救援活动场外与场内指挥系统;而救援队伍则由专业和志愿人员组成。实施应急救援时,应预先明确各个组织机构在应急救援中承担的任务和职责。

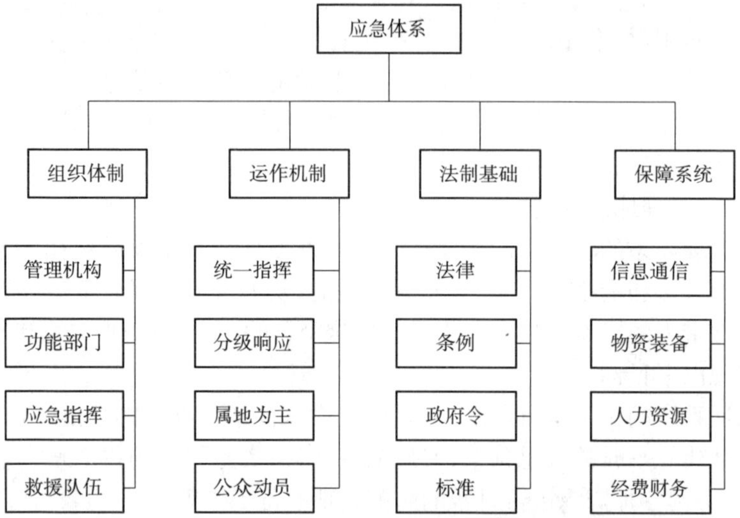

图 5-2 应急救援体系基本框架结构

②运作机制

应急救援活动一般划分为应急准备、初级反应、扩大应急和应急恢复 4 个阶段。应急运作机制贯穿于这 4 个阶段。应急运作机制主要由统一指挥、分级响应、属地为主和公众动员这 4 个基本机制组成。统一指挥是应急活动的最基本原则应急指挥一般分为集中指挥与现场指挥,或场外指挥与场内指挥等。无论采用哪一种指挥系统,都必须实行统一指挥的模式,指挥的集中性可以呈现事故处置的有序性,无论应急救援活动涉及单位的行政级别高低和隶属关系不同,都必须在应急指挥部的统一组织协调下行动,有令则行,有禁则止,统一号令,步调一致。分级响应是指在初级响应到扩大应急的过程中实行的分级响应机制。事故灾难的危害程度、影响范围和控制事态能力的不同是扩大或提高应急级别的主要依据。影响范围和控制事态能力是“升级”的最基本条件。扩大应急救援主要是提高指挥级别、扩大应急范围等。现场应急、现场指挥为主的原则是属地为主强调“第一反应”的思想。整个应急体系及应急机制的基础是公众动员机制。

③法制基础

法律法规体系是应急体系的基础和保障,也是开展各项应急活动的依据,应急管理的法律法规是整个国家法律法规体系的重要组成部分之一,在应急管理过程中主要发挥规范行政紧急权力行使的作用,权衡政府权力和公民权利的作用,实现社会法律法规完善的作用,保障公民合法权利的作用。应急管理法律法规首要工作就是统一规定政府在突发事件处理中的职权、职责,确立依法对抗紧急状态和突发事件的法治原则，使应对紧急状态的成功经验、管理措施、管理技术制度规范上升为具有国家强制力的法律规范，从而提升政府的应急管理能力。与应急有关的法规可分为4个层次：由立法机关通过的法律，如《中华人民共和国紧急状态法》等；由政府颁布的规章；以政府令形式颁布的政府法令、规定等，如中央或者地方政府编制的预案在内的；与应急救援活动直接有关的标准或管理办法等。这些法律法规框架体系主要界定和明确以下内容：一是明确突发事件应对工作应当遵循的基本原则；二是明确主管机关、参与机关及其职责；三是明确预防与应急准备相关内容，包括应急预案的制定、应急演练、应急教育与培训、经费来源与物质保障、监督检查、突发事件的监测与预警；四是明确报告与信息发布的相关内容，包括报告的负责人，报告流程和时限，报告形式和内容，对迟报、谎报、瞒报的禁止等，以及信息的发布和通报；五是明确应急处置相关内容，包括组织、措施、救援程序等，由于各类突发事件情况不同，采取的应对措施差异也较大；六是明确恢复与救助相关内容，包括对正常生活、生产、教育、商业秩序的恢复，对应急管理中造成的财产损害的赔偿、补偿；对在突发事件应对中负伤、残疾或牺牲的人员给予医疗抚恤，对在应急管理中有突出贡献的人员给予奖励，对事故发生的原因及责任人的调查，对应急工作中的经验教训的总结等；七是明确法律责任相关内容，根据承担主体的不同，分为国家机关及其工作人员的法律责任、企事业单位的法律责任、公民的法律责任。

④保障系统

保障系统是应急管理体系的有机组成部分，是体系运行的物质条件和手段，主要包括通信信息系统、培训演练系统、技术支持系统、物资与装备保障系统等。

构建信息通信系统是应急体系重要的基础建设，保证预警、报警、警报、报告、指挥等活动的信息在组织内部，内部与外部之间的交流和共享；技术支持系统是通过建立应急救援信息平台、数据库、决策支持系统来提供救援所需的信息和技术支持；物资与装备保障是要保证有足够的资源且能实现快速、及时地供应；培训演练包括专业队伍的能力强化提升、设立应急救援培训基地等；应急财务保障应建立专项应急科目，如应急基金等，以保障应会管理运行和应急处置中各项活动的开支。

(4)应急响应机制

根据事故的性质、严重程度、事态发展趋势和控制能力对应不同的响应级别，相应地明确事故的通报范围、应急中心的启动程度、应急力量的出动和设备、物资的调集规模、疏散的范围、应急总指挥的职位等，实行分级响应机制。典型的响应级别通常可划分三级。

①一级紧急情况

一级紧急情况是必须利用所有有关部门及一切资源，或需要内部与外部机构联合处理的各种紧急情况。在该级别中，通常由紧急事务管理部门负责作出主要指令，现场指挥部可在现场作出保护生命和财产以及控制事态所必需的各种决定。

②二级紧急情况

需要两个或更多部门响应的紧急情况，该级别的事故救援需要有关部门的协作，需提供人员、设备或其他资源的配合。该级响应需要成立现场指挥部来统一指挥现场的应急救援行动。

③三级紧急情况

三级紧急情况是由一个部门利用正常可利用的资源，即在该部门权力范围内可利用的人力和物力等应急资源来处理解决。必要时，可建立一个现场指挥部，所需的后勤支持、人员或其他资源增援均由该部门负责解决。

(5)应急响应程序

应急响应程序按过程划分为接警、响应级别确定、应急启动、救援行动、事态控制、应急恢复和应急结束等几个过程，应急响应程序如图 5-3 所示。

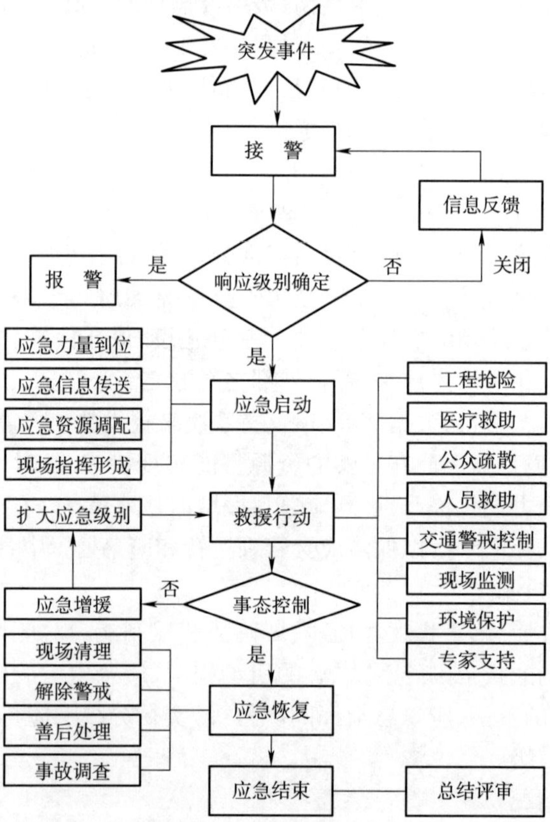

图 5-3 应急响应程序

①接警与响应级别确定

接到事故报警后，按照工作程序对警情作出判断，初步确定相应的响应级别，若事故不足以启动应急救援体系的最低响应级别，则响应关闭。

②应急启动

根据确定的响应级别启动应急程序，如通知应急中心组织有关人员到位、成立现场指挥部、确定救援措施、开通信息与通信网络、通知调配救援所需的应急资源等（包括应急队伍和物资、装备等）。

③救援行动

应急救援队伍到达事故现场后，立即展开事故侦测、警戒、疏散、人员救助、工程抢险等救援工作，专家组为救援决策提供建议和技术支持。当事态超出响应级别无法得到有效控制时，向应急中心请求实施更高级别的应急响应。

④应急恢复

救援行动结束后，进入应急恢复，包括现场废墟清理、人员清点和撤离现场、警戒解除、善后处理和事故调查等。

⑤应急结束

执行应急关闭程序，由事故总指挥宣布应急结束。

(6)现场应急指挥系统的组织结构

发生重大事故时，现场情况通常十分复杂，汇集的应急力量和应急资源较多，在救援组织、指挥和管理上容易出现混乱。如获得的事故信息不准确或不可靠造成救援目标不清；授权不清或参与部门不清楚自身的任务；很多人员向应急指挥官汇报信息，信息冗余造成难以迅速决策；参与部门对事故处置方式各异，缺乏协调一致性；通信不兼容或不畅通等。为避免应急过程中发生上述问题，须对现场实行统一指挥和管理，建立事故指挥系统，形成清晰的指挥链，及时准确地获取事故信息并进行分析评估、确定救援的优先目标、决定救援措施和安保措施、指挥和协调应急救援队伍行动、高效地利用可获取的资源，确保应急决策正确，应急行动高效有序。

现场应急指挥系统不是在现场临时设定的，而是事先建立好并达成一致意见，以便事故真正发生时，参与各方都明确自身的职责并能很好地履职。现场指挥系统模块化结构的核心职能有指挥、行动、策划、后勤以及资金/行政，如图5-4所示。

①现场指挥官

现场指挥官全面负责和管理现场应急行动，制定救援目标和策略，批准实施事故行动计划（书面或口头），高效调配和利用现场资源，落实人员安全与健康的保障措施。

现场指挥官可以指定（分专业）负责人，分别负责现场安全、信息收集与发布和

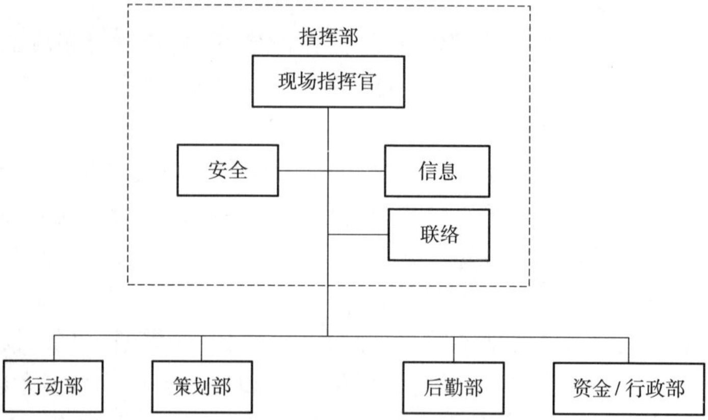

图 5-4 现场应急指挥系统结构示意图

通信联络工作,各负责人直接向事故指挥官汇报。其中,信息负责人负责收集和掌握事故原因、影响程度、当前态势、使用的资源等准确完整的事故信息,并向现场应急人员、新闻媒体及其他相关机构、组织发布事故的有关信息;联络负责人负责与外部支援和协作机构,包括到达现场的相关领导等进行联络;安全负责人负责审查事故行动计划并制定现场安全计划,对可能出现的危险进行及时、完善、详细、准确的预测和评估,并向事故指挥官提供确保人员安全的建议措施。

②行动部

行动部负责依据事故行动计划完成主要的应急行动,包括消防与抢险、人员搜救、医疗救治、人员疏散与安置等。

③策划部

策划部负责收集、评价、分析及发布事故相关的战术信息,准备和起草事故行动计划,并对有关的信息进行归档。

④后勤部

后勤部负责为应急行动提供设备、设施、物资、人员、运输、服务等。

⑤资金/行政部

资金/行政部负责跟踪事故的所有费用并进行评估,承担其他职能未涉及的管理职责。

因为情况不同,多数应急事件可能并不需要启动策划、后勤或资金/行政模块,现场指挥系统模块化结构的一个最大优点就是允许根据现场的行动规模,灵活启用相应的部分结构,对没有启用的模块,其相应的职能除非明确指定给某一负责人,否则均由现场指挥官承担。当突发事件的规模进一步扩大,响应行动涉及到跨部门、跨地区或上级救援机构加入时则可能需要开展联合指挥,即由各有关主要部门代表成立联合指挥部，该模块化的现场指挥系统可以很方便地扩展为联合指挥系统。

(7)应急管理能力的评价

突发事件应急管理能力是指应急机构在应对突发事件时，能够高效有序地开展应急行动，通过对组织体制、应急预案、灾情速报、指挥技术、资源保障、社会动员等方面的综合运用，力求在较短时间内使突发公共事件所造成的人员伤亡和财产损失降到最低，对社会所造成的负面影响减至最小，保证社会连续、稳定运行的一种综合应急处理能力。

影响突发事件应急管理能力的因素主要有内部和外部两个方面：内部因素包括管理者的知识、能力和素质，应急管理机构的决策能力，信息搜集、传递与分析水平和应急管理体系权责明确；外部因素包括社会成熟度、应急主体的经济因素、危机情境和传媒的能力。

应急管理体系评价的过程主要分为三个步骤：首先，给出评价指标集，评价指标集是综合评价体系的主要组成部分，由一系列有内在联系、有代表性的，能够概括城市应急管理水平的要素组成。其次，查询计算基础数据集，基础数据集是定量分析评价指标的基础，包括分析评价指标所需的原始统计数据。最后，确定评价模型，评价模型是一种定量化分析模型，它利用数学模式去描述系统要素间的关系，通过一定的演算方法，给出定量的结果。评价模型的分析对象是评价指标集。根据指标集中不同子集的特点，可采用不同的评价模型，合理的评价模型对客观分析城市应急管理系统的特征有着重要意义。

应急管理能力的评价是一项涉及面极广的系统工程。评价指标体系应从系统的角度，通过对城市环境、人文、经济特征及区域应急管理措施的综合分析评价，来系统地反映城市应急管理中存在的优势与不足。其评价结果可以作为反馈信息，以提高城市应急管理水平。因此应急管理的评价是在对反映突发事件应急管理能力的相关评价指标集进行基础数据的定量分析基础上，根据一定的评价模型，对突发事件应急管理能力进行全面、综合的反映和描述。

2. 城市轨道交通应急管理体系

城市轨道交通相较于其他交通方式，具有方便快捷、大运能、安全等优势，系统更加复杂，包含车辆、通信、信号、机电、工务等多个相互关联的子系统，任一子系统出现故障，甚至一个非常小的诱因，都有可能导致发生突发事件或事故的发生。没有有效的应急管理，会导致整个系统崩溃、混乱甚至瘫痪，还可能产生较大的社会影响。城市轨道交通应急管理是在突发事件的事前预防、事发应对、事中处置和善后管理过程中，通过建立必要的应对机制，采取一系列必要措施，保障乘客生命和财产的安全。从系统本身的复杂性来看，应急管理过程也较为复杂，至少包括预防与应急准备、检测与预警、处置与救援以及事后恢复与重建四个过程，而城市轨道应急管理体系主要包括应急资源管理、应急组织管理、突发事件管理和应急预案管理四个部分。

(1)应急资源管理

应急资源管理是应急处置的基础，主要包含内部应急资源、保障资源和外部应急资源。内、外部资源都包括应急指挥、应急救援队伍、应急救援物资和应急救援技术；保障资源主要为应急行动提供物质和技术支撑，包括历史资料、法律法规、专家资源和信息财务。

由于城市轨道交通的网络化运营较为复杂，各条线路的运输组织模式和设施设备配置不尽相同，为了高效的开展应急救援工作，应急资源可采用线路救援中心、区域救援点和流动抢险车结合的方式，即“点—线—面”的布局进行配置。线路救援中心是处理突发事件的总指挥中心，需配置一定数量的专业救援人员、救援器械和救援物资。区域救援点的作用一方面是可以迅速处理规模较小的突发事件，如常见的设备故障等，另一方面，当重大事故发生时，可以在短时间内迅速支持线路救援中心开展救援。区域救援点应配置熟悉轨道交通设备故障的救援人员和小型的救援器械等。流动抢险车负责在某条线路指定的区域内开展救援，具有灵活性，应配置熟悉本区域的救援人员。当突发事件发生时，决策者应迅速做出判断，确定救援的应急所需资源并落实使用，在限定的时间内将应急资源调度到指定地点，避免事态发展恶化，应急资源的管理是否得当直接影响突发事件的处置效果。应急资源管理体系如图 5-5 所示。

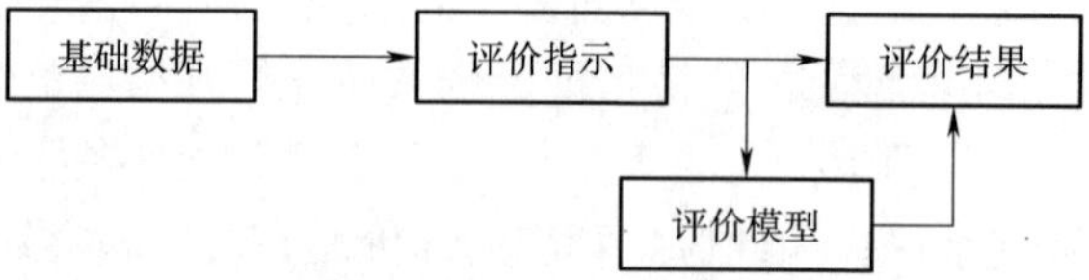

图 5-5 应急资源管理体系

(2)应急组织管理

应急组织机构是应急体系的中枢，是日常应急体系建设和应急规章制度监督的主体机构，同时在突发事件发生时，应急组织机构也是应急指挥的决策和执行机构。城市轨道交通运营企业是运营突发事件应对工作的责任主体，地方市人民政府、城市轨道交通行业主管部门根据突发事件的级别，参与现场指挥，公安、消防、武警等部门和单位进行协助配合。根据城市轨道交通网络化的特点，应急组织机构需进行分级设置，划分为运营企业公司层、线网层和线路层三个层级。轨道交通应急组织机构如图 5-6 所示。

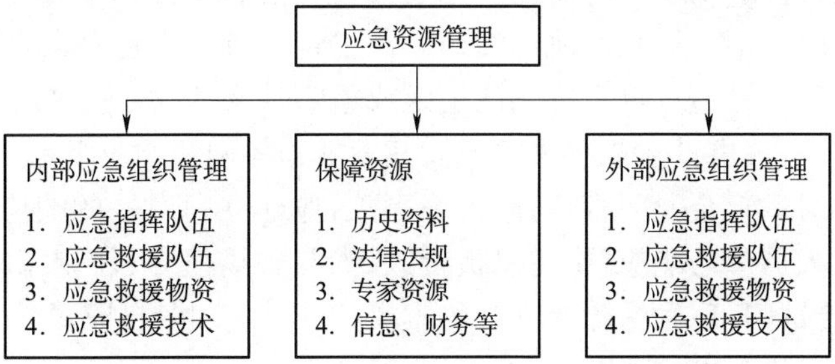

图5-6　轨道交通应急组织机构

运营企业公司层的应急组织机构由企业主要负责人、分管安全生产的负责人，安全管理、专业技术、现场管理、物资保障、宣传等部门组成。突发事件发生时，组织成立现场指挥部，确定应急救援目标、制定应急救援措施、协调应急资源进行救援。线网层的应急组织机构指的是线网指挥中心，负责接报处理线路控制中心上报的突发事件，协调各线路应急人员和应急资源进行救援；线路层的应急组织机构指的是各条线路的控制中心，负责本线路突发事件的接报并向线网指挥中心上报，协调本线路应急人员和应急资源进行应急抢险，并向各级应急组织通报现场救援情况。

(3)突发事件管理

突发事件管理包括三部分，即突发事件分类、突发事件级别和分级响应。

①突发事件分类

突发事件分类中，自然灾害包括洪灾、台风、高温、地震、赤潮等；事故灾难包括火灾、大客流、大面积停电、气体泄漏、脱轨、设备故障、线路异物、人车冲突、危化品事故、爆炸等；公共卫生包括通风空调系统卫生、水源卫生、排水环保卫生、车站周围和内部卫生等；社会安全包括恐怖袭击、抢劫、绑架、骚乱、聚众闹事等。

②突发事件级别

根据突发事件发生的实际情况，按照其性质、严重程度、可控性、影响范围和人员及财产损失等因素，突发事件由高到低，一般划分为特别重大（Ⅰ级）、重大（Ⅱ级）、较大（Ⅲ级）和一般（Ⅳ级）四个等级，分别用红、橙、黄、蓝表示，分级标准可参照国家安全生产事故分级标准。

③突发事件的分级响应

根据《国家城市轨道交通运营突发事件应急预案》，对初判发生特别重大、重大运营突发事件，分别启动Ⅰ级、Ⅱ级应急响应，由事发地省级人民政府负责应对工作；初判发生较大、一般运营突发事件，分别启动Ⅲ级、Ⅳ级应急响应，由事发地城市人民政府负责应对工作。对需要国家层面协调处置的运营突发事件，由省级人民政府向国务院或由省级城市轨道交通运营主管部门向交通运输部提出请求。运营突发事件发生在易造成重大影响的地区或重要时段时，可适当提高响应级别，应急响应启动后，可视事件造成损失情况及其发展趋势调整响应级别，避免响应不足或响应过度。对运营企业而言，对应各级事故，应建立一对一的响应机制，明确何级事故由何级人员参与响应（担任总负责人、参与现场值守、任专家队伍等），以及抢修队伍、宣传部门、后勤保障等部门的救援任务分配和各自职责。

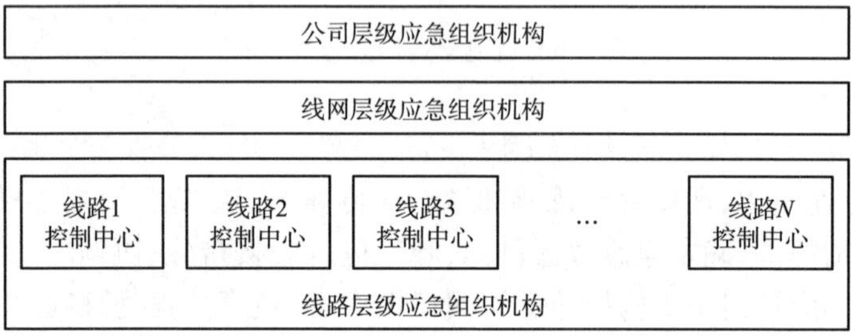

图 5-7 突发事件管理分级响应

(4)应急预案管理

突发事件的发生是无固定时间、地点和环境的，必须对可能发生的突发事件做出预先的反复演练，从中获取处理突发事件的经验，对容易发生突发事件的特征进行专业和有针对性的分析和研究，科学制定较为完善的应对方案，各种方案的集合就是预案，预案包括多方面内容，包括实施原则、处理过程、各单位的负责范围和职责等，预案制定后就可进行应急演练。关于应急预案的编制和应急预案的演练等内容将在后两章做详细介绍。

第 2 章　应急预案编制

应急预案在应急系统中起着关键作用，关乎整个应急系统的质量和效率，是应急决策的重要依据。应急预案明确了突发事件发生全过程，相关的责任人、责任部门以及履行的程序，能够针对可能发生的事故及其影响和后果的眼中程度，为应急准备和应急响应等各方面预先做出的详细安排，是开展及时有效的应急救援工作的行动指南。

2.1　应急预案的基本概念

应急预案是针对有可能发生的突发事件和其他潜在危机进行的前期规划，在突发事件发生之前、发生过程中及结束后，明确谁负责做什么、何时做、怎么做，以及相应的策略和资源准备等。它关乎整个应急系统的质量和效率，是应急决策的重要依据，是针对可能发生的重大事故及其影响和后果的严重程度，为应急准备和应急响应的各个方面所预先作出的详细安排，是开展及时、有序和有效事故应急救援工作的行动指南。

(1)应急预案确立了应急救援的范围和体系，让应急管理有据可依、有章可循。通过培训和演练，使现场指挥人员、工作人员、联络人员以及救援人员等应急人员熟悉自身任务，具备完成指定任务所需的能力，并检验预案和行动程序，评估应急人员的整体协调性。

(2)应急预案有利于及时作出应急响应，降低突发事件的影响范围和后果。应急预案预先明确了应急各方的职责和响应程序，在应急资源等方面进行了先期准备，可以指导应急救援迅速、高效、有序地开展，将事故的人员伤亡、财产损失和对环境破坏降到最低限度。

(3)应急预案是各类突发重大事故的应急基础，对事先无法预料到事故影响起到应急指导作用。在应急基本原则的基础上，可针对特定事故的类别编制专项应急预案，并有针对性地开展专项应急准备活动。

(4)应急预案建立了与上级部门应急救援体系的衔接。通过编制应急预案，可以确保当发生超过本级应急能力的重大事故时与有关应急机构的联系和协调。

(5)应急预案有利于提高各方的风险防范意识。通过应急预案的编制、评审、发布、宣传、教育和培训，可加深对事故和对应处置措施的了解，促进风险防范意识和能力的提高。

2.2 应急预案编制的基本要求

我国近年来颁布了一系列的法律法规，针对危险化学，特大安全事故、重大危险源等危险行业制定了应急救援预案，明确了一系列的规定和要求，并规定相应部门或单位应制定相应的重大事故应急预案，编制和实施预案时以相关法律法规为依据。

应急预案应进行合理的策划，做到重点突出，反映本地区主要的重大事故风险，并避免预案相互孤立、交叉和矛盾。在对重大事故应急预案进行策划时应充分考虑下列因素：本地区重大危险源的普查结果，包括重大危险源的数量、种类及分布情况，重大事故隐患情况等；本地区地质、气象、水文等不利的自然条件（如地震、洪水、台风等）及其影响；本地区以及国家和上级机构已制定的应急预案的情况；以往事故灾难的发生情况；周边地区重大危险对本地区可能造成的影响；国家及地方相关法律法规的要求。

依据国家颁布的《生产安全事故应急预案管理办法》，应急预案的编制应当符合以下要求：

(1)符合有关法律、法规、规章和标准的规定；

(2)结合本地区、本部门、本单位的安全生产实际情况；

(3)结合本地区、本部门、本单位的危险性分析情况；

(4)应急组织和人员的职责分工明确，并有具体的落实措施；

(5)有明确、具体的应急程序和处置措施，并与其应急能力相适应；

(6)有明确的应急保障措施，满足本地区、本部门、本单位的应急工作需要；

(7)应急预案基本要素齐全、完整，应急预案附件提供的信息准确；

(8)应急预案内容与相关应急预案相互衔接。

2.3 应急预案的体系结构

1. 应急预案的分级

根据突发事件严重程度与涉及范围，可将应急预案分成五个级别：国家级、省级、地区/市级、县、社区级和企业级。

(1)国家级应急预案。对事故后果超过省、直辖市、自治区边界，并被列为国家级事故隐患、重大危险源的设施或场所，应制定国家级应急预案，是一个宏观的、以场外应急指挥为主的综合预案。

(2)省级应急预案。对可能发生的规模极大的灾难事故,或需要用事故发生的城市或地区所没有的特殊技术和设备进行处理的特殊事故,应建立相应的省级事故应急预案。

(3)地区/市级应急预案。事故影响范围大,后果严重,或是发生在两个行政区域边界上的事故,应急救援要动用地区的力量。本级应急预案与省、国家级预案区别主要在于其包括应急响应程序和标准化的具体响应程序,应急救援活动的责任、功能、目标明确,每个程序要通过现场实际演练与评审。

(4)县、社区级应急预案。涉及的事故及其影响可扩大到公共区,但可被该县及行政区或社区的力量所控制。

(5)企业级应急预案。事故的有害影响一个单位的区域内,并且可被现场的操作者遏制和控制,预案编制以可操作性为标准。

2. 应急预案体系

(1)层次体系

生产经营单位应依据《生产经营单位安全生产事故应急预案编制导则》(AQ/T 9002—2006),结合可能发生的事故和危险源特点编制成体系的应急预案。基于可能面临的多种类型重大事故灾害,应保证预案的整体协调性,同时合理划分层次,实现共性与个性、通用性与特殊性的结合。一般情况下,按照功能和目标,应急预案体系主要有综合应急预案、专项应急预案和现场处置方案三个层次,如图5-8所示。对生产规模小、危险因素少的生产经营单位,综合应急预案和专项应急预案可以合并编写。

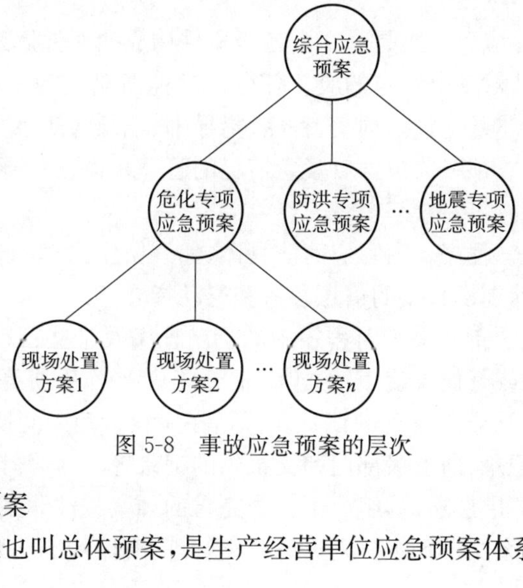

图5-8　事故应急预案的层次

①综合应急预案

综合应急预案也叫总体预案,是生产经营单位应急预案体系的总纲,主要从总体上阐述应急政策方针、应急组织结构及职责、应急行动和保障措施的总体思路等。通过综合预案，可以清晰地了解应急组织体系、运行机制及预案的文件体系。

②专项应急预案

专项应急预案是针对某一具体的、特定类型的紧急情况（如煤矿瓦斯爆炸、危险化学品泄漏等事故、某一自然灾害、危险源等）制定的计划或方案，是综合预案的组成部分，应按照综合预案的程序和要求组织制定，并作为综合预案的附件。

专项应急预案是在综合预案的基础上，充分考虑某种特定危险的特点，对应急的形势、组织机构、应急活动等进行更具体的阐述，具有较强的针对性。专项应急预案应制定明确的救援程序和具体的应急救援措施。

③现场处置方案

现场处置方案是在专项预案的基础上，针对具体的装置、场所或设施、岗位所指定的应急处置措施，是作业人员实施应急工作的基本依据，具有更强的针对性和指导性，作为专项应急预案的支持性文件。如恶劣天气专项应急预案下编制的大面积停电应急处置程序等。

现场处置方案的另一特殊形式为单项预案，可以是针对大型公众聚集活动（如经济、文化、体育、民俗、娱乐、集会等活动）或高风险的建设施工或维修活动（如人口高密度区建筑物的定向爆破、生命线施工维护等活动）而制定的临时性应急行动方案，在活动结束后预案的有效性也随之终结。单项预案主要是针对临时活动中可能出现的紧急情况，预先对相关应急机构的职责、任务和预防性措施作出的安排。

(2)文件体系

从广义上来说，应急预案是一个由各级文件构成的文件体系，它不仅包括应急预案本身，也包括针对某个特定的应急任务或功能所制定的工作程序等。一个完整的应急预案文件体系是包括预案、程序、指导书、记录的四级文件体系。

①一级文件——预案。包含对紧急情况的管理政策、应急预案的目标、应急组织和责任等内容。

②二级文件——程序。内容应简洁具体，如该做什么、由谁去做、何时做、在哪里做等，为应急行动提供直接的信息参考和行动指导。

③三级文件——指导书。对程序中的特定任务及某些行动细节进行说明，供应急组织内部人员或其他人使用，例如作业指导书、操作手册等。

④四级文件——应急行动的记录。包括在应急行动期间所做的通信记录、进出记录、应急行为记录、向上级部门递交报告的记录等。

从记录到预案，层层递进，组成了一个完善的预案文件体系，从管理角度而言，可以根据这四类预案文件等级分别进行归类管理，既保持了预案文件的完整性，又因其清晰的条理性便于查阅和调用。

2.4 应急预案的编制

1. 应急预案的基本结构

不同的应急预案因其所处的层次和适用范围不同,在内容的详略程度和侧重点上会有所不同,但都可采用基本预案加上应急功能设置、特殊风险管理、标准操作程序和支持附件构成的基本结构,如图 5-9 所示。

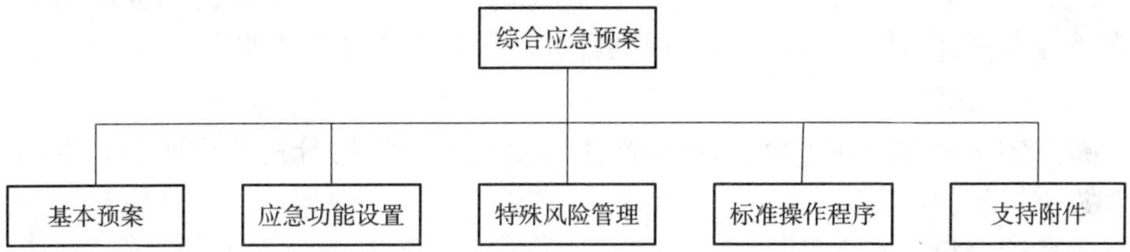

图 5-9 应急预案的基本结构

(1)基本预案

基本预案是总体描述,主要阐述应急预案要解决的紧急情况、组织体系、编制依据、应急资源、应急响应的总体思路,明确各应急组织的职责以及应急预案的演练和管理等规定。

(2)应急功能设置

应急功能是应急救援中通常采取的基本应急行动和任务,如指挥和控制、警报、通信、人群疏散与安置、医疗、现场管制等。设置应急功能应明确其针对的事故形势、救援目标、负责机构、支持机构、任务要求、应急准备和操作程序等。

(3)特殊风险管理

特殊风险是指根据某类事故灾难、灾害的典型特征,需要对其应急功能作出针对性安排的风险。针对特殊风险,应设置专有应急功能或有关应急功能所需的特殊要求,明确责任部门、支持部门、有限介入部门及其职责和任务,为制定该类风险的专项预案提出特殊要求和指导。

(4)标准操作程序

由于具体的实施细节在基本预案和应急功能设置中都没有体现,应由应急功能的主要责任部门组织制定标准操作程序,为应急组织或个人提供履行应急预案中规定职责和任务的详细指导。标准操作程序应保证与应急预案的协调和一致性,其中重要的标准操作程序可作为应急预案附件或以适当方式引用。

(5)支持附件

支持附件主要包括应急救援的有关支持保障系统的描述及有关的附图表,如主要危险因素登记表、危险分析附件、通信联络附件、法律法规附件、消防设施分布图、疏散线路图、协议附件、医疗单位分布图等。

2. 应急预案主要内容

完整的应急预案一般包括以下 6 方面内容,在编制时可根据职能部门的设置和职责分配等,将这些基本要素进行合并或增加,以更符合实际。

(1)应急预案概况

应急预案概况主要描述生产经营单位概况以及危险特性状况等,同时对紧急情况下应急事件、适用范围和方针原则等提供简述并作必要说明。

(2)事故预防

事故预防是对潜在事故、可能的次生与衍生事故进行分析并说明所采取的预防和控制措施。

①危险分析

危险分析的结果是应急预案编制的基础,为应急准备和应急响应提供指导依据。危险分析包括危险识别、脆弱性分析和风险分析,依据国家和地方有关法律法规要求进行。

②资源分析

针对危险分析所确定的主要危险,明确应急救援所需的资源,列出可用的应急力量和资源,包括:各类应急力量的组成及分布情况,各种重要应急设备、物资的准备情况,上级救援机构或周边可用的应急资源。通过资源分析,可为应急资源的规划与配备、与相邻地区签订互助协议和预案编制提供指导。

③法律法规要求

法律法规是应急预案编制的依据和授权,应充分调研国家和地方有关安全生产、应急管理的相关法规文件。

(3)准备程序

准备程序应说明应急行动前所需的各项准备工作,应尽量充分以促进应急预案更好地发挥作用。

①应急组织机构与职责

首先要建立完善的应急机构组织体系,包括城市应急管理的领导机构、应急响应中心以及各有关机构部门等,应明确相应的职责、负责人、候补人及联络方式等。

②应急资源

根据危险分析,合理组建专业和社会救援力量,配备救援器械和装备、监测仪器、救援耗材、运输工具、个人防护设备、医疗器械和药品、生活保障物资等所需的应急资源，并定期进行检查、维护和更新，保证始终处于完好状态。

③教育、培训与演习

公众意识和自我保护能力的提高能有效降低重大事故伤亡，在应急准备时应予以重视，应急预案应对公众教育做出规定，让公众了解潜在危险的性质和对健康的危害，掌握必要的自救知识，了解预先指定的主要及备用疏散路线和集合地点等。应急训练和演习包括内容、计划、组织与准备、效果评估等，应急演习是实战模拟训练，使应急人员熟悉应急操作并积累经验，可根据实际情况定期开展。

④互助协议

当有关的应急力量与资源相对薄弱时，应事先寻求与邻近区域签订正式的互助协议，并做好相应的安排，以便在应急救援中及时得到外部救援力量和资源的援助。此外，也应与社会专业技术服务机构、物资供应企业等签署相应的互助协议。

(4)应急程序

应急救援过程的核心功能和任务包括：接警与通知、指挥与控制、警报和紧急公告、通信、事态监测与评估、警戒与治安、人群疏散与安置、医疗与卫生、公共关系、应急人员安全、消防和抢险、泄漏物控制等，应急程序就是围绕上述功能和任务开展的具体程序和步骤。

①接警与通知

接警是应急响应的第一步，获得的初始信息是启动应急救援的关键，所以必须对接警要求作出明确的规定，保证接警人员迅速获得准确的事故信息，接报后，应按预先确定的通报程序，迅速向有关应急机构、政府及上级部门发出事故通知，以便迅速、准确地采取救援行动。

②指挥与控制

重大安全生产事故的应急救援往往需要多个救援机构共同处置，因此要建立统一的应急指挥、协调和决策程序才能保证高效开展应急救援，对事故进行初始评估，确认紧急状态并决策响应，建立现场工作区域，确定重点保护区域和应急行动的优先原则，指挥和协调现场各救援队伍开展救援行动，合理高效地调配和使用应急资源等。

③警报和紧急公告

当事故可能对周边地区和公众的安全造成影响时，应及时发布警报，同时通过各种途径向公众发出紧急公告，告知事故性质、安全影响、自我保护措施和注意事项等。决定实施疏散时，应通过紧急公告确保公众了解疏散的有关信息，如疏散时间、路线、随身携带物、交通工具及目的地等。

④通信

通信系统是应急指挥、协调和与外界联系的重要保障，在现场指挥部、应急中心、各应急救援组织、新闻媒体、医院、上级政府和外部救援机构之间都必须建立完善的应急通信网络并保持畅通。

⑤事态监测与评估

在应急救援过程中必须对事故的发展势态及影响及时进行动态的监测，建立对事故现场及场外的监测和评估程序。依据监测评估结果制定消防抢险措施，并划分现场工作区域来保障现场应急人员安全，实施公众保护措施。即使在现场恢复阶段，也应当对现场和环境进行监测。

⑥警戒与治安

为保障现场应急救援工作的顺利开展，在事故现场周围应建立警戒区域，实施交通管制，维护现场治安秩序，防止与救援无关人员进入事故现场，保障救援队伍、物资运输和人群疏散等的交通畅通。

⑦人群疏散与安置

为防止人群恐慌状态下造成的踩踏事故等二次伤害，应当对疏散的紧急情况和决策、预防性疏散准备、疏散区域、疏散距离、疏散路线、疏散运输工具、避难场所以及回迁等做出细致的规定和准备，考虑疏散人群的数量、所需时间、环境变化以及老弱病残等特殊人群的疏散等问题。对已临时疏散的人群，要做好临时生活安置，保障必要的水、电、卫生等基本条件。

⑧医疗与卫生

现场急救人员应对受伤人员采取及时、有效的现场急救，重伤者应现场急救后立即转送医院治疗。医疗人员须经过培训，掌握对受伤人员进行正确消毒和治疗方法。

⑨公共关系

发生重大事故会引起新闻媒体和公众的关注，应及时向媒体和公众公布事故的信息、影响、救援工作进展等，避免传言或谣言引起的舆论危机，消除公众恐慌，避免公众的猜疑和不满，同时还应处理好公众的有关咨询，接待和安抚受害者家属。

⑩应急人员安全

重大事故发生时，除了要迅速抢救伤者外，还应保证应急人员的安全，尤其是涉及危险物质的应急救援工作危险性极大，必须为应急人员做好安全预防措施、个体防护设备、现场安全监测等，对应急人员要进行必要的救援培训，明确紧急撤离应急人员的条件和程序，保证应急人员免受事故的伤害。

⑪抢险与救援

抢险与救援是应急救援的核心内容之一，其目的是尽快控制事故发展态势，防止事故蔓延，最终将事故控制住，并积极营救伤员。尤其是涉及危险物质的泄漏、火灾事故，其消防和抢险工作的难度大、危险高，应对消防和抢险的器材和物资、人员培训、救援方法和策略以及现场指挥等做好周密的安排和准备。

⑫危险物质控制

危险物质的泄漏或失控，可能引发火灾、爆炸或中毒事故，夹带了有毒物质的灭火用水，也可能对环境造成重大影响，对现场救援工作、工人和设备等造成严重危险。所以，必须及时有效地控制危险物质，如对泄漏物的围堵、收容和洗消，并进行妥善处置。

(5)现场恢复

现场恢复是指事故得到初步控制后进行的短期恢复，意味着应急过程从应急救援阶段进入将现场恢复阶段。因为现场恢复过程仍可能发生余烬复燃、受损建筑倒塌之类的二次事故，应充分考虑可能发生的危险。该阶段的主要内容包括：宣布应急结束的程序、撤离和交接程序、恢复正常状态的程序、现场清理和受影响区域的连续检测、事故调查与后果评价等。

(6)预案管理与评审改进

应急预案是应急救援工作的指导文件，为了能充分发挥作用，应当对预案的制定、修改、更新、批准和发布做出明确的管理规定，保证定期或在应急演练、应急救援后对预案进行评审和改进，针对实际情况的变化以及预案应用中暴露出的问题和缺陷进行持续改进，不断完善应急预案体系。

3. 应急预案编制程序

应急预案的编制过程包括下面8个步骤：

(1)成立工作组

结合本单位的组织机构设置，成立以单位主要负责人为组长的应急预案编制工作组，明确编制任务、职责分工、制定工作计划。成立预案编制工作组是将各有关职能部门、各类专业技术有效结合起来的最佳方式，保证应急预案编制的准确性、完整性和实用性。

(2)资料收集

收集应急预案编制所需的各种资料(相关法律法规、应急预案、技术标准、国内外同行业事故案例分析、本单位技术资料等)。

(3)危险源与风险分析

风险识别与分析是应急预案编制的基础和关键过程。在识别危险源、分析风险、事故隐患排查、治理的基础上，确定可能发生的事故类型、影响范围及后果等，并指出事故可能产生的次生事故，形成分析报告，分析结果作为应急预案的编制依据。

(4)应急能力评估

对本单位应急装备、应急队伍等应急能力进行评估，并结合本单位实际，加强应急能力建设。

(5)应急预案编制

结合风险分析，按照有关规定和要求编制应急预案。应急预案应充分利用社会应急资源，与地方政府预案、上级主管单位以及相关部门的预案相衔接。编制过程中，应注重与安全生产有关人员的参与和培训，促进掌握危险源的危险性、应急处置方案和技能。

(6)评审与发布

本单位主要负责人应依据相关规定组织预案评审，外部评审由上级主管部门或地方政府负责安全管理的部门组织审查。评审后，按规定报有关部门备案，并经生产经营单位主要负责人签署发布。

(7)培训与演练

预案发布后，应组织相关人员进行培训和演练，在演练过程中发现预案的不足，进一步修订和完善。

(8)完善与修订

在演练结束后，整理演练过程中记录的各种信息资料，对于不合理的地方应进行修订和完善，提高未来突发事件的处置能力。

2.5 城市轨道交通应急预案示例

1. 运营企业预案体系结构

应急预案管理分为综合应急预案、专项应急预案和现场处置应急方案三类。城市轨道交通应急预案体系包括国家应急预案、省/市级应急预案和城市轨道交通运营应急预案的总体预案和专项预案，具体分类如图5-10所示。

2. 列车火灾站台疏散应急演练方案示例

(1)演练场景和准备工作

本次演练选择地铁列车火灾站台疏散场景，演练过程约40 min。模拟列车驶近站台约5 m处列车第三节车厢发生火灾，列车紧急停靠站台，车站工作人员开展火灾先期处置并立即疏散乘客。调度部门接到通知后，立刻启动相应的应急预案，发出隧道通风排烟、区间停电等疏散命令，并模拟报119、110、120等相关救援行动。车站不断对乘客进行疏散广播，值班站长带领站务员在站台引导

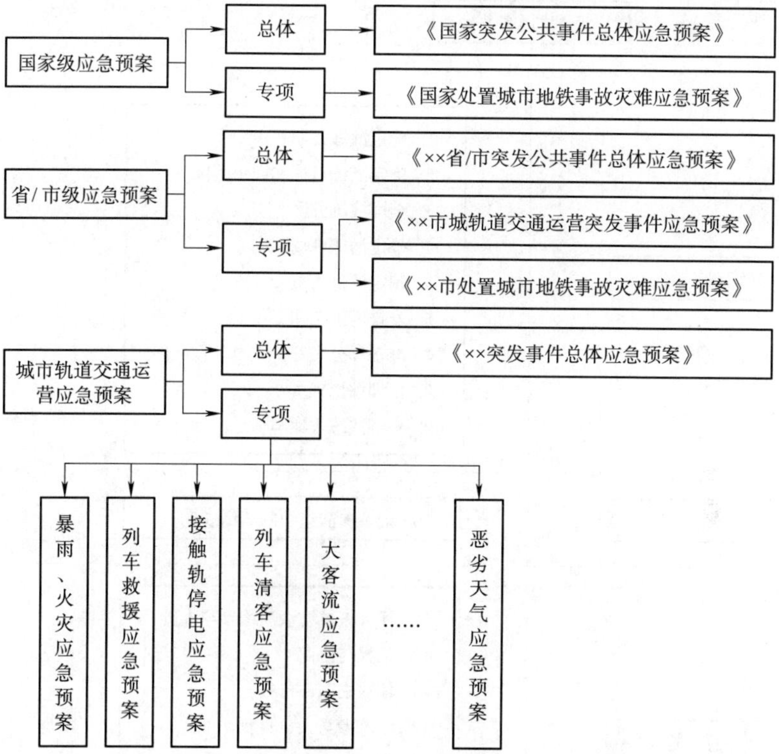

图 5-10　应急预案分类

乘客从就近车门下车前往站厅层，车站站务人员组织疏散乘客在就近出站口出站。

疏散演练准备阶段具体准备环节如下：

①演练前 2 天，发布演练通知，防止引起不必要的恐慌；

②演练执行和评价人员各自熟悉项目应急预案、演练方案；

③做好模拟火灾列车的出车计划；

④布置车内录像机（每节车 2 台），准备 15 个 60 s 烟雾弹；

⑤各单位参加演练人员（350 人）准备就位，保持通信通畅，并进行培训，熟悉并遵守演练现场规则。

（2）确定演练各阶段基本任务

疏散演练前制定出详细疏散演练流程，将疏散演练分为演练准备、演练实施、演练总结三个阶段，各阶段基本任务如图 5-11 所示。

（3）演练方案

编写演练方案，呈现演练的具体过程，见表 5-1。

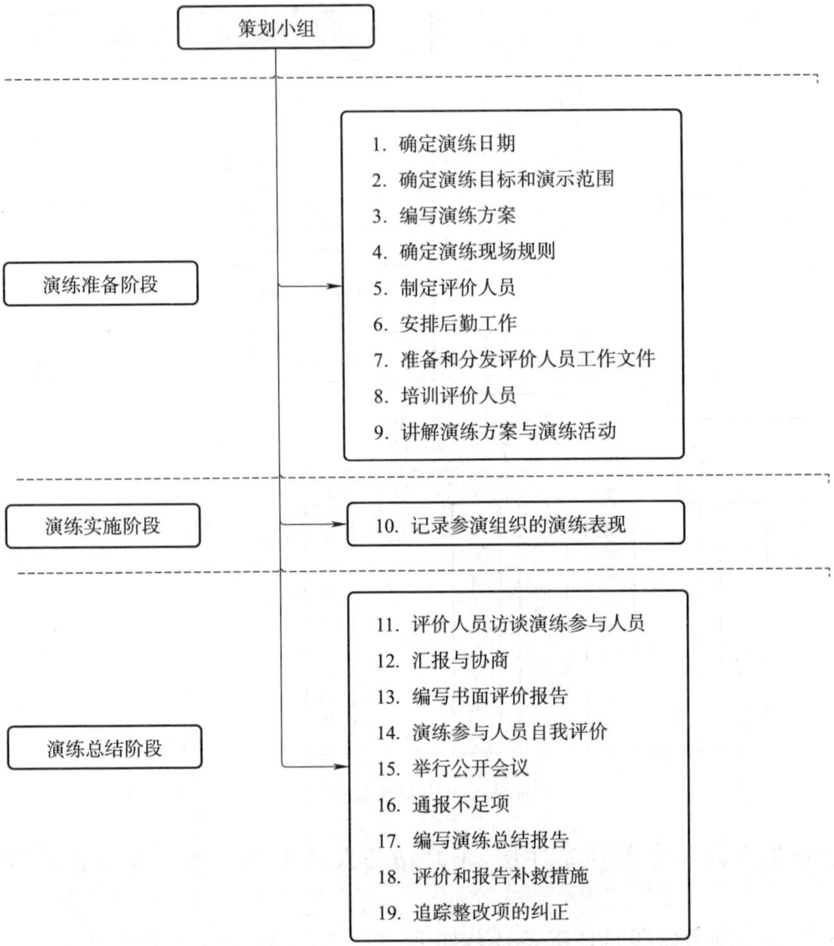

图 5-11 演练各阶段基本任务

表 5-1 列车火灾站台疏散应急演练案

演练项目	列车火灾站台疏散应急演练	演练编号	××××××
演练时间	××年××月××日		
演练地点	××地铁站		
演练形式	□桌面演练■实操演练		
参演岗位	■释放烟雾人员(6人) ■列车司机 B ■乘务员 DEF ■站务员	■线路值班调度长 ■线路设备调度员 ■线路运营调度员 C ■车站站长 ■车站值班员	

续上表

配合单位	评估小组
演练组织	1. 演练现场指挥； 2. 控制中心协调员； 3. 驻站公安； 4. 质安部协调员； 5. 乘务部协调员； 6. 车站协调员； 7. 评估联络员
演练目的	1. 评估应急准备处置程序，发现并及时修改应急预案、执行程序中的缺陷和不足； 2. 进行站台的火灾疏散演练，结合仿真分析，对逃生方案进行改进优化； 3. 通过演练，查找应急预案中存在的问题，进而完善应急预案，提高应急预案的实用性和可操作性，增强应急救援协调联动机制和联合处置机制
演练准备	1. 演练前2天，发布通知，防止引起不必要的恐慌； 2. 演练执行和评价人员各自熟悉项目应急预案、演练方案； 3. 做好模拟火灾列车的出车计划； 4. 布置车内录像机(每节车2台)，准备15个60 s烟雾弹； 5. 各单位参加演练人员(350人)准备就位，保持通信通畅，并进行培训，熟悉并遵守演练现场规则
安全注意事项	1. 演练过程中，现场工作人员发现危及人身安全的事件，应立即停止演练，并向演练总指挥汇报； 2. 在演练作业中，做到安全有序、行动迅速，防止在演练中造成其他事故发生； 3. 各部门应明确现场组织人员，统一协调本部门参演人员，并负责向演练现场指挥汇报人员到岗情况； 4. 确认参与人员全体参加演练前安全课程培训，若有人缺席，则取消改人员本次演练资格
演练流程	00:00 演练组长宣布演练开始
	00:10 列车内有烟雾从×××内冒出来(模拟人员A在着火点释放消防演练烟雾弹)，烟火滚滚。在×××内燃烧的势态，如不及时控制，将迅速向其他车厢蔓延，直接威胁乘客生命财产安全
	00:10 着火点附近模拟人员A通过车内报警装置向司机室报警，司机室确认火情(着火地点、火势大小、波及范围等)
	00:12 司机告知人员C(调度中心)："列车发生火灾，将在前方站台进行人员疏散，请做好疏散准备。"并通过广播告知乘客"大家不要惊慌，列车将在前方××站停靠，请听从站务人员指挥，陆续下车"
	00:13 列车驶入站台，车站值班站长，站务员D、E、F抵达站台准备疏散
	00:14 列车停靠，车门打开(抵达站台开始疏散)，站务员指导乘客进行站台疏散(乘客通过指定车门走向站台)
	00:20 站务员D、E、F利用灭火器进行火灾前期处置，值班员模拟报警
	00:40 模拟抢险队员和医疗救护人员立即搜救
	疏散完成：宣布演练结束，对演练现场进行清理(排烟)；设施洗消，人员清点；恢复正常供电系统

第3章　应 急 演 练

应急预案制定完毕后，检验其有效性，应急演练是非常必要的一个环节。即使应急预案制定的较为理想，仍然需要通过应急演练达到人员培训、锻炼队伍，找到可能存在的缺陷和不足也是非常重要的。

3.1　应急演练的定义

应急演练是指各级政府部门、企事业单位、社会团体，组织相关应急人员等，针对待定的突发事件假想情景，按照应急预案所规定的职责和程序，在特定的时间和地域，执行应急响应任务的训练活动。

应急演练是应急管理的重要环节，在应急管理工作中有着十分重要的作用。通过开展应急演练，可以检查应急预案，查找存在的缺陷和不足并及时修改完善；完善应急准备，发现应急队伍、物资、装备、技术等准备不充分的情况并及时调整补充；锻炼应急队伍，提高演练参与单位和人员对预案的熟悉程度，评估应急培训效果，分析培训需求；增加磨合，识别资源需求并理顺各自职责任务、提高协作的协调性和应急处置能力；科普宣教，普及应急知识，提高公众风险防范意识和自救互救等灾害应对能力。在应急演练过程中，应遵循以下原则：

(1)结合实际、合理定位。紧密结合应急管理工作实际，明确演练目的及根据资源条件确定演练方式和规模。例如，对于预案本身的有效性评估，可优先采用桌面演练。

(2)着眼实战、讲求实效。以提高应急指挥人员的指挥协调能力、应急队伍的实战能力为着眼点。重视对演练效果及组织工作的评估、考核，总结经验和缺陷，及时整改存在问题。

(3)精心组织、确保安全。围绕演练目的，精心策划演练内容。科学设计演练方案，周密组织演练活动，制定并严格遵守有关安全措施，确保演练参与人员及演练装备设施的安全，避免次生伤害的发生。

(4)统筹规划、厉行节约。统筹规划应急演练活动，适当开展跨地区、跨部门、跨行业的综合性演练，充分利用现有资源，努力提高应急演练效益。

3.2　应急演练的类型

为了便于演练的组织管理和经验交流，根据组织方式、演练内容和演练目的、作用等，对应急演练进行分类。

1. 按组织方式分类，可分为桌面演练和实战演练

(1)桌面演练。是一种简单的仿真形式，实际上是一种圆桌讨论或演习活动。演练情景和问题通常以口头或书面叙述的方式呈现，也可以使用地图、沙盘、计算机模拟、视频会议等辅助手段。参与的部门和个人通过桌面演练掌握清楚自己在预案中的角色、职责、掌握工作程序。为了尽可能保证不影响正常的运营生产工作，运营企业可以多采用这种演练方式进行方案验证，用于员工的培训。

(2)实战演练。是以现场实战操作的形式开展的演练活动。相较于桌面演练，实战演练更贴近实际状况，参演人员在高度紧张的状态下，根据演练情景，通过实际操作完成应急响应任务，可检验和提高应急人员的组织指挥、应急处置以及后勤保障等综合应急能力。实战演练一般需要投入大量人力物力和参演部门的配合，效果相对较好，但应尽量保证不影响城市轨道交通的正常运营。

2. 按演练内容分类，可分为单项演练和综合演练

(1)单项演练。是指只涉及应急预案中特定应急响应功能或现场处置方案中一系列应急响应功能的演练活动。注重针对一个或少数几个参与单位(岗位)的特定环节和功能进行检验。如城市轨道交通中列车脱轨应急演练、城市轨道交通大客流应急演练、城市轨道交通火灾应急演练等。

(2)综合演练。是指涉及应急预案中多项或全部应急响应功能的演练活动，是针对应急预案完整的应急响应功能的检验和评价，是对不同单位之间的应急机制和联合应对能力的检验。综合演练一般要求持续几个小时，采取交互式方式进行，演练过程要求尽量真实，调用更多的应急人员和资源。

3. 按演练目的和作用分类，可分为检验性演练、示范性演练和研究性演练

(1)检验性演练。主要是指为了检验应急预案的可行性及应急准备的充分性而组织的演练。

(2)示范性演练。主要是指为了向参观，学习人员提供示范，为普及宣传应急知识而组织的观摩性演练。

(3)研究性演练。主要是为了研究突发事件应急处置的有效方法，实验应急技术设施和设备，探索存在问题的解决方案等而组织的演练。不同演练组织形式、内容及目的的交叉组合，可以形成多样的演练方式，如单项/综合桌面演练、单项/综合实战演练、单项/综合示范演练等。

3.3 应急演练的组织与实施

1. 演练方法的选择

选择合适的演练方法，是演练得以顺利有效开展实施的保障，应急演练方案须与应急管理的需求和资源条件相适应。在确定采取哪种类型的演练方法时，主要考虑以下因素：①应急预案和响应程序制定工作的进展情况；②演练可能面临风险的性质和大小；③演练区域内的现有应急响应能力；④应急演练成本及资金筹措状况；⑤有关政府部门对应急演练工作的要求；⑥应急组织投入的资源状况；⑦国家及地方政府部门颁布的有关应急演练的规定。

2. 组织与实施过程

一次完整的应急演练活动要包括计划、准备、实施、评估总结和改进等5个阶段。

(1)计划阶段。需要明确演练需求，提出演练的基本构想和初步安排。

①梳理需求。演练组织单位根据自身应急演练年度计划和实际情况需要，梳理演练需求，包括对应急预案编写的实用性进行校验，通过总结历史演练的经验教训提炼演练目标等。确定演练范围，综合考虑演练经费、资源和时间等因素的限制，确定合理的演练方式、类型、地域、参演单位和人数规模等。如城市轨道交通中选用哪个车站作为地点进行演练，条件中是否要求有折返线等。

②明确任务。演练组织单位根据演练需求、目标、类型、范围和其他相关需要，明确细化演练各阶段的主要任务，安排日程计划，包括各种演练文件编写与审定的期限、物资器材准备的期限、演练实施的日期等。

③制定演练计划。演练计划是有关演练的基本构想和对演练准备活动的初步安排，一般包括演练的目的、方式、时间、地点、日程安排、演练策划领导小组和工作小组构成、经费预算和保障措施等。

④计划审批。演练计划编制完成后，应按相关管理规定流程，将预案呈报上级主管部门批准。获准后按计划开展具体演练准备工作。

(2)准备阶段。需要完成演练策划，成立演练组织机构，编制演练总体方案及附件，进行必要的培训和预演，安排好各项保障工作。演练准备的核心工作室设计演练总体方案，一般包括确定演练目标、设计演练情景与演练流程、设计技术保障方案、设计评估标准与方法、编写演练方案文件等内容。

①根据演练的类型和规模

成立演练组织机构演练组织单位应在演练前应成立演练领导小组，负责领导和组织全程演练活动。组长一般由演练组织单位或其上级单位的负责人担任，副组长一般由演练组织单位或主要协办单位负责人担任，小组其他成员一般由各参演单位相关负责人担任。领导小组下设策划组、保障组和评估组，策划组负责演练方案的策划和设计、演练活动的组织协调、演练评估总结等工作；保障组负责调集演练所需物资设备、准备演练场地和所需道具、维持现场演练秩序、保障运输、人员人身安全等工作；评估组负责对演练进行全过程、全方位的评估并提出意见和建议，向领导小组进行汇报。其他参演人员包括有关应急管理部门(单位)、专兼职应急救援队伍以及志愿者队伍等。在演练准备过程中可根据实际情况进行分工调整，直至演练方案审批通过后最终确立演练组织机构。

②确定演练目标

演练目标一般需说明“由谁在什么条件下完成什么任务，依据什么标准或取得什么效果”。演练组织单位召集商讨确认演练范围和需求、演练目标和各参与机构的目标，以及达成目标所需的演练场景、评估标准和方法、技术保障及对演练场地等。演练目标一般有若干项，每项都必须在演练方案中得以落实和被评估，目标应尽量设置的简单、具体、可量化且可实现。

③设计演练情景事件

演练情景事件是为演练而假设的一系列突发事件，要做到真实合理，其设计过程包括：确定原生突发事件类型、请专家研讨、收集相关素材、结合演练目标，设计备选情景事件、研讨修改确认可用的情景事件、各情景事件细节确定。演练情景可通过《演练情景说明书》和《演练情景事件清单》加以描述。

④演练流程

演练流程设计是按照情景事件的发展规律，按照时间顺序，与应急处置行动有机衔接的过程。包括确定事件之间的演化衔接关系、各事件的发生和持续的时间、各参与单位和角色在各场景中的期望行动以及期望行动之间的衔接关系、所需注入的信息及注入形式等。

⑤技术保障方案

技术保障方案是根据拟定的演练目标、情景事件和演练流程要求，预先设计的一系列保障措施。若因客观原因导致某些技术保障措施难以实现，应及时反馈相关负责人，并提出对演练情景事件和演练流程的修改建议。当演练情景事件和演练流程发生变化时，技术保障方案须进行相应的调整。

⑥选择评估标准和方法

演练评估应以演练目标为基础，每项演练目标都要设计合理的评估项目方法和标准。根据演练目标的不同，可以用选择项(如是/否判断，多项选择)、主观评分(如差、合格、优秀)、定量测量(如响应时间、被困人数、获救人数)等方法进行评估。可采用评估表格或专业评估软件等工具。

⑦编写演练方案文件

文案组负责起草演练方案相关文件。演练方案文件主要包括演练总体方案及其相关附件。根据演练类别和规模的不同,演练总体方案的附件一般有演练人员手册、演练控制指南、技术保障方案和脚本、演练评估指南、演练脚本和解说词等。

⑧审批方案

演练方案文件编制完成后,应按相关管理要求报有关部门审批。对综合性较强或风险较大的应急演练,要先组织相关专家对应急演练方案进行评审后才可报批。演练总体方案获准后,演练组织单位根据领导的出席情况细化演练活动安排。

⑨落实各项保障工作

主要包括人员、经费、场地、物资和器材、技术、安全方面的保障工作。人员保障是指保障所有参演人员能按时参加演练,并在演练中切实完成指挥、策划、控制、评估、保障等任务,同时可组织有关人员到现场进行观摩学习,帮助提高应急素质和技能;经费保障是指演练组织单位年度财务预算中预留的应急演练经费预算,根据演练需要进行使用,并对经费使用过程进行监督检查;场地保障是指选择合适的演练场地,保证足够的空间和演练须具备的交通、卫生和安全等条件;物资和器材保障是指准备必要的信息材料、物资设备、通信器材,制作必要的模型设施等;技术保障是按照技术保障方案,保证涉及的通信、调度、移动指挥、监控、信息管理等技术支撑系统的正常运转;安全保障是根据演练过程可能遇到的风险,制定必要的应急演练安全保障措施或方案,大型或高风险应急演练活动要按规定制定专门应急预案,采取预防和控制措施。

⑩培训

在演练方案或准后至演练开始前,要对所有演练参与人员进行应急基本知识、演练基本概念、演练现场规则、应急预案、应急技能及个体防护装备使用等方面的培训,使策划和参演人员都能熟悉演练方案和相关应急预案,明确各自的角色和职责。预演对大型综合性演练,可在前期培训的基础上进行一次或多次预演来保证演练活动顺利实施,预演可以采取与正式演练不同的形式,演练正式演练的某些或全部环节。大型或高风险演练活动,要结合预先制定的专门应急预案,对关键部位和环节可能出现的突发事件进行针对性演练。

(3)实施阶段。按照演练总体方案完成各项演练活动。

①演练前检查

演练实施当天,演练组织机构的相关人员应提前到达现场对各项设备进行确认检查,对入场人员进行登记和身份核查,防止无关人员进入。

②演练前情况说明和动员

完成各项准备工作后,应在演练前夕召开演练情况介绍会,确保所有演练参与人员了解演练现场规则，以及演练情景和演练计划中与各自工作相关的内容。

③演练启动

示范性演练一般由演练总指挥或演练组织机构相关成员宣布演练开始并启动演练活动。检验性和研究性演练，一般在到达演练时间节点，演练场景出现后，自行启动。

④演练执行

实战演练一般始于报警消息，参演组织和人员应尽可能按实际紧急事件发生时的响应要求进行演示，即“自由演示”，如果演练偏离正确方向，控制人员可以纠正或终止演练。桌面演练通常是按照演练信息注入、问题提出、决策分析、决策结果表达和点评五个程序循环执行。在演练执行过程中，演练组织单位可安排专人对演练过程进行解说，安排专人以文字、拍照、摄影等方式记录演练过程，安排宣传组进行宣传报道工作。

⑤演练结束与意外终止

演练完毕时，由总策划发出结束信号，演练总指挥或总策划宣布演练结束。演练结束后所有人员停止演练活动，按预定方案集合进行现场总结讲评或者组织疏散。若演练执行过程中发生特殊或意外情况，演练领导小组可决定终止演练。

⑥现场点评

演练活动结束后，由演练组织单位组织现场点评，包括专家点评、领导点评、演练参与人员的现场信息反馈等。

(4)评估和总结。主要对应急演练活动中，演练目标的制定与和实现情况、应急演练准备情况、应急演练组织与实施情况、应急演练保障情况、应急演练过程控制、应急演练效果，以及延伸出的应急体系建设是否完善、制度和标准是否健全、体系运转是否顺畅等方面进行综合评估和分析，提出改进建议和计划，最终形成总结性材料并进行归档备案。

(5)落实改进计划。对演练中暴露出来的问题，演练组织单位和参与单位应制定改进计划予以落实，并定期对改进情况进行监督检查。

3.4 应急演练评估

1. 应急演练评估的概念

应急演练评估是在演练关键区域和关键岗位上派驻评估人员，评估人员在演练过程中观察和分析参演人员的各项作业活动，比较参演人员表现是否与应急预案、演练方案相符，并提出演练改进意见。演练结束后，评估人员组织召开演练讲评会议，评估参演应急组织和参演人员的表现，总结分析演练暴露的问题，评估演练是否达到预期的目标，从而提高参演人员的应急准备水平和应急处置能力。

演练评估的目的是通过评估发现应急预案、应急组织、应急人员、应急机制、应急保障等方面存在的问题或不足，提出改进意见或建议，并总结演练中好的做法和主要优点等。

评估应遵循实事求是、科学考评、依法依规、以评促改的原则。

2. 应急演练评估的指标

根据应急演练的分类，应急演练评估指标体系归纳设置了桌面推演、拉动演练和实战演练共三部分的评估指标体系。以应急演练评估指标体系中的实战演练评估指标体系为例，该指标体系共分三级，一级指标按演练时间环节的顺序，分为演练准备、演练实施和演练总结三个阶段；二级指标的设置从每一个阶段的组织体制、机制、支撑条件三个方面进行考虑，共分为 12 个二级指标；三级指标是将一级指标和二级指标结合后根据具体在每个阶段要考核的内容进行设定，每个三级指标再详细列出具有量化分数的评分说明，体系结构如图 5-12 所示。现场评估人员由应急管理专家、专业人员、媒体人员等组成，对应急演练进行全过程、全方位的评估，依据演练评估指标体系表中的各评估内容逐项按分值进行三级指标评分，根据各项分数累加得出应急演练的总得分。

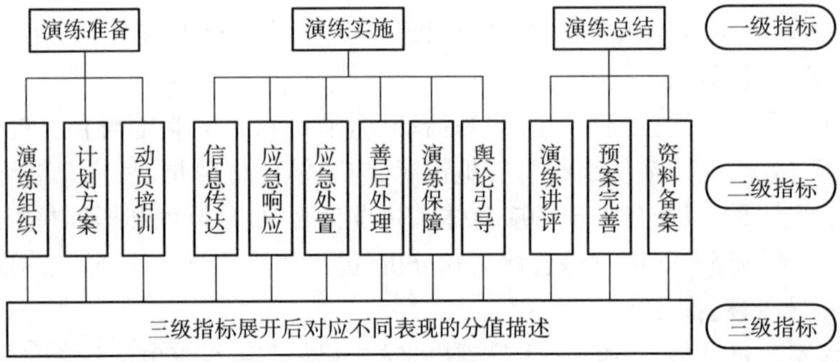

图 5-12 应急演练评估指标体系图

3. 应急演练评估的必要性

(1)供需方面

随着各城市轨道交通新线的建成，客流增长迅速，网络负荷压力不断增大，部分线路高峰运能运量矛盾特别突出，成为一种常态现象。供需矛盾的激化是导致轨道交通网络发生安全事件的最直接的本质隐患。

(2)设备方面

大多城市轨道交通处于网络扩张阶段，新线路的不断延伸使系统一直处在边运营、边调试，不断升级的状态之中，影响系统运行的稳定性。而另一方在新线路建设的同时，部分早期线路的运营设施设备已到大修年限，老化问题导致系统发生故障的概率显著增加。

(3)人员方面

随着我国城市轨道交通运营规模的迅速发展，轨道交通从业人员快速增多，其中运营一线人员应急能力已成为运营应急能力建设的关键要素，因此急需增强全员安全生产意识，提高各有关专业、各有关工种人员的应变能力、协同配合能力和对事故的综合救援能力。

(4)数据方面

轨道交通网络化规模不断扩大的过程中，各岗位的作业水平、设施设备的可靠度以及规章制度的合理性等方面缺少详细、客观、准确的数据支撑，给网络化运营下的运营安全带来了严峻挑战。

因此，急需通过长期的评估工作深入对关键岗位的业务操作、规章制度的合理性，甚至对演练计划进行客观、详细、定量的评估，可以较好地找出影响运营安全的风险点，在未来的工作中不断改进。

4. 应急演练评估的组织和实施

现场评估应确保重点掌握应急演练现场布岗方法和演练中针对人员、设备、规章制度和演练计划的评估技术和方法，研究内容涉及微观操作层面，评估方法应尽量全面、翔实。演练小结的编写应重点掌握阶段演练效果评价技术，研究内容涉及中观分析层，评估方法应在单个评估演练结果的基础上具备阶段性分析功能，并预留演练整体总结报告的接口。演练总结报告的编写应重点掌握年度演练计划的实施整体评价技术，研究内容涉及宏观分析层面，评估方法应建立相关数学模型，在对年度评估数据的基础上经模型分析形成评估结果，提交评估意见。

(1)计划阶段

①评估需求整理

演练评估单位根据演练单位的历史演练资料进行分析，提炼出过往演练结果得出的不足以及该演练单位对此作出的改进措施，并综合考虑演练评估所需的经费、资源以及时间等因素确定评估目标、重点评估项、评估方式、评估范围、以及评估组人数等。

②制定评估计划

演练评估单位根据演练组织单位提供的演练计划制定演练评估计划，一般包括评估目的、评估方式、评估时间、评估地点、评估人员构成、评估设备、评估经费预算和评估保障等。其中，评估保障措施主要为演练前的安全交底工作，演练评估时的安全防护工作和人生意外保险的购买等。

③评估计划审批

评估计划完成后，应按照相关规定流程，将评估计划呈报上级单位批准。获准后按计划开展具体的评估准备工作。

(2)准备阶段

①根据演练类型和规模，成立相应评估组织结构

演练评估单位应在进行演练评估前成立评估领导小组，负责领导和组织全程演练评估工作。组长一般由演练评估单位总负责人担任，副组长一般由演练评估单位负责人担任，小组其他成员一般由演练评估各分管科目负责人担任。领导小组在策划方面主要负责演练评估方案的策划和设计、演练活动的组织协调、演练评估总结等工作；在保障方面负责调集演练评估所需物资设备、评估人员的抵达和撤退、评估过程人员人身安全等工作。

②评估设备

准备评估所需的设备并明确所需数量。演练评估设备一般为单反相机、运动相机、执法记录仪等。通过这些设备拍摄演练全过程、关键作业项、安全风险点、隐患点、演练执行时的优缺点等为后期的评估汇总和小结提供有力依据。

③评估目标

明确评估目标，目标指的是评估时的侧重项。如演练预案评估、参演人员业务能力评估、演练安全评估等。

④评估依据

演练评估依据为演练评估单位根据演练组织单位提供的应急预案、现场处置方案、演练方案等制定演练评估表，表格内容主要是预案规定的各个重要作业项。作业项后有执行、非执行供勾选，还可增加备注、等地评分等栏目。另外，国家统一规定的应急演练评估表也是另一个重要评估依据。

⑤编写评估方案

评估方案以评估计划为基础，根据演练组织单位的演练方案对评估成员、评估方式、评估地点、评估设备、评估目标等进行调整和确认。方案中需写明各个评估成员的身份信息、联系方式，以及对应的评估职责、评估设备等。

⑥评估成员培训

演练开始前，亦需对评估人员进行评估基本规则、演练方案、评估方案、演练预案、评估设备、个体防护装备使用、应急措施等方面的培训，使评估人员都能提前熟悉演练流程和演练预案，明确各自的任务和职责。

(3)实施阶段

①评估前检查

演练评估前应对评估设备进行检查，若有损坏应及时维修或更换。演练评估

当天应佩戴评估证件提前到场，与演练负责人核对人员数量和身份信息，以及安全防护措施，若有人员缺少或增添应及时对其告知。

②评估启动

评估人员在演练开始前抵达相应位置，并立即告知评估小组组长。提前开启评估设备，做好相关的评估准备工作。

③评估执行

评估执行过程中，评估人员通过评估表客观记录各参演岗位人员的业务作业情况、人员操作后设施设备运行情况、事态变化和影响情况等并进行勾选。若参演人员未按照表上的作业项执行，或有其他情况出现，应及时拍照并在该作业项后进行情况描述。

④评估结束

评估结束后，评估小组成员在规定地点集合，清点评估设备。评估小组组长配合演练组织单位对演练情况进行点评。

(4)总结阶段

①小结报告

演练评估小组根据现场的记录情况形成评估小结报告。报告的内容主要有演练概况、评估人员介绍、演练关键作业时间点记录、从应急准备到应急恢复的演练问题汇总、演练值得推广部分等。针对演练中工作人员素养、业务熟练程度，设施设备可靠度，演练计划的合理性及规章制度的合理性等，使用模糊层次分析法、事故树分析法、主成分分析法或其他基本原理进行定量分析，并提出总体的评估意见。

②举行评估小结会

评估小结会由演练评估单位和演练组织单位共同承办。会上，评估单位对演练的基本情况进行总结，总结的内容里既要肯定参演各方在演练过程中的表现，也要客观地指出参演单位在演练过程中暴露的问题。总结完毕后，围绕总结出的问题，参会人员共同讨论问题的成因以及解决方法，并明确问题的整改日期。

第6篇　运营安全事故

城市轨道交通作为城市的公共交通工具，特别是在大城市、特大城市中，以地铁作为代表的城市轨道交通系统每天要运送乘客达到了百万人次，一线城市甚至超过了千万人次大关。进入21世纪，我国的城市轨道交通得到了飞速的发展，相关的法律法规、制度建设和管理等相关方面也在不断完善，但从事物发展的客观规律以及安全理论可知，非正常事件甚至事故的发生不可避免。事故发生后，无论哪类事故，事故的处置流程都包括事故的报告、事故处置、事故的调查及分析、事故定责以及应吸取的教训等内容。

第1章　运营事故分类及等级

本章讨论的运营安全事故是指城市轨道交通系统进入载客运营阶段后出现的事故。由于城市轨道交通系统的整体安全性较高，出现死伤的事故相对概率较低，因此目前在运营企业实施的运营事故的分类及等级划分是要高于国家标准的。以下内容先从我国对于突发事件以及安全事故的分类和分级入手，分析事故分类及分级的一般标准，介绍城市轨道交通系统运营事故分类及分级的针对性规定。

1.1　突发事件的分类及等级

突发事件，是指突然发生，造成或者可能造成严重社会危害，需要采取应急处置措施予以应对的自然灾害、事故灾难、公共卫生事件和社会安全事件。根据可能出现的自然灾害、事故灾难和公共卫生事件的预警级别，按照突发事件发生的紧急程度、发展势态和可能造成的危害程度分为一级、二级、三级和四级，分别用红色、橙色、黄色和蓝色标示，一级为最高级别。

1.2　事故分类及等级

安全事故是指生产经营单位在生产经营活动(包括与生产经营有关的活动)中突然发生的，伤害人身安全和健康，或者损坏设备设施，或者造成经济损失的，导致原生产经营活动(包括与生产经营活动有关的活动)暂时中止或永远终止的意外事件。

1. 事故的分类

事故的分类标准较多。根据人身伤害程度划分，可以分为轻伤事故、重伤事故和死亡事故；根据事故是由主观过失造成分为责任事故和非责任事故；根据伤害对象划分，可分为因工伤亡事故、设备设施事故和企业外人员伤亡事故；根据事故原因可分为物体打击事故、车辆伤害事故、机械伤害事故、起重伤害事故、触电事故、火灾事故、灼烫事故、淹溺事故、高处坠落事故、坍塌事故、冒顶片帮事故、透水事故、放炮事故、火药爆炸事故、瓦斯爆炸事故、锅炉爆炸事故、容器爆炸事故、其他爆炸事故、中毒和窒息事故、其他伤害事故20种。对事故造成的伤害分析要考虑的因素有受伤部位、受伤性质(人体受伤的类型)、起因物、致害物、伤害方式、不安全状态、不安全行为。

2. 事故的分级

(1)事故分级的规定

事故等级划分涉及事故性质、危害程度以及事故责任的法律界定，我国对于事故的分级，主要参考了人员伤亡、直接经济损失和社会影响等三个要素。

首先，最大限度地保护人员的生命安全是安全生产和事故调查处理的根本，所以人员伤亡是事故分级的第一要素；其次，除人员伤亡，事故造成的另一严重后果是直接经济损失，所以直接经济损失是事故分级的第二标准；第三，虽然某些事故的伤亡人数和直接经济损失数额达不到法定标准，但因其具有恶劣的社会影响、政治影响和国际影响，须列为特殊事故进行调查处理。

除了对事故分级的一般性规定之外，考虑到某些行业事故的特殊性，《生产安全事故报告和调查处理条例》第三条第二款规定"国务院安全生产监督管理部门可以会同国务院有关部门，制定事故等级划分的补充性规定。"《生产安全事故报告和调查处理条例》对社会影响恶劣事故报告和调查处理的规定没有明确其事故等级，在实践中可以根据影响大小和危害程度，比照相应等级的事故进行调查处理。

(2)事故等级的划分

根据国家发布的《生产安全事故报告和调查处理条例》第三条规定：根据生产事故(以下简称事故)造成的人员伤亡或直接经济损失，事故一般分为以下等级：

特别重大事故，是指造成30人以上死亡，或100人以上重伤(包括急性工业中毒，下同)，或1亿元以上直接经济损失的事故；

重大事故，是指造成10人以上30人以下死亡，或50人以上100人以下重伤，或5 000万元以上1亿元以下直接经济损失的事故；

较大事故，是指造成3人以上10人以下死亡，或10人以上50人以下重伤，或1 000万元以上5 000万元以下直接经济损失的事故。

一般事故，是指造成3人以下死亡，或者10人以下重伤，或者1000万元以下直接经济损失的事故。"以上"包括本数，所称的"以下"不包括本数。

1.3 运营安全事故

1. 运营安全事故常用术语

(1)运营安全事故:在生产过程中,凡因违反规章制度、违反劳动纪律、技术设备不良及其他原因,造成人员伤亡、设备损坏、经济损失、影响正常生产或危及生产安全,构成本细则事故等级的,均构成运营安全事故。

(2)中断行车:造成运营线不能通行后续列车的,即为中断行车。中断时间由事故发生的时间起至实际恢复列车行车条件的时间止。

(3)异物侵限:影响行车的动态及静态物体侵入线路限界。

(4)列车冲突:列车相互间或与设备设施、人、物发生冲撞,致使人员伤亡、列车、设备、设施等损坏。

(5)脱轨:列车的车轮离开钢轨轨面(包括脱轨后又自行复轨)或车轮轮缘顶部高于轨面(因作业需要除外),每辆(台)只要脱轨 1 轮,即按 1 辆(台)计算。

(6)挤岔:车轮挤上道岔、挤过道岔或挤坏道岔。

(7)进路:列车由某一指定地点运行至另一指定地点所经过的路径称为进路。

(8)正线:连接车站并贯穿或直股伸入车站的线路。

(9)占用区间系指下列情况之一:

①区间有列车;

②区间已被列车取得占用的许可;

③封锁的区间(如安排进行施工作业等)。

(10)未准备好进路系指下列情况之一:

①进路上的道岔错误转动或转动不到位或位置错误;

②进路上停有车辆或危及行车的障碍物;

③邻线的列车越过警冲标。

(11)信号升级显示:由于信号联锁条件错误或有关人员违章操作,信号机设备发生应停信号显示为开放信号,造成耽误列车或列车已按此信号显示运行的,虽未造成后果,均定为事故。

(12)未办或错办行车手续发出列车:在采用电话闭塞法等人工组织行车时,未办理行车手续发出列车,或办理手续后的区间(区段)与列车运行的区间(区段)不一致。

(13)有下列情况之一的,属于列车冒进信号:

①列车前端任何一部分越过固定信号显示的停车信号或规定的手信号显示地点;

②停车列车越过警冲标；

③不含因紧急情况扣车、信号突变等，致使列车采取紧急制动后越出信号机的。

(14)列车溜逸：列车因未采取制动措施或采取制动后制动力不足导致溜车。

(15)超范围施工：施工作业时间、区域、内容超出施工批准计划内容。

(16)擅自发车：未确认出站信号直接发车。

(17)擅自开车：司机未得到车站发车人员发车信号或行调命令而开车。

(18)擅自停车：在正常情况下，不应停车而停车。

(19)错办通过：应停车的列车而错办通过。

(20)错误操纵、使用行车设备耽误列车：作业人员违反操作规程耽误列车或使用方法不当造成机车车辆等行车设备损坏耽误列车。

(21)擅自切除车载安全装置：未按规定得到授权，擅自切除客车车组的 ATC 切除开关、车门旁路开关、气制动旁路开关、停车制动旁路开关等安全设施。

(22)耽误列车：列车在始发站或停车站，因违章作业、违反劳动纪律造成列车晚开或超过运行图规定的停车时间。

(23)事故责任待定：事故原因、责任尚未查清，需待认定的情况。事故件数暂时统计在发生月，若最后认定为非责任事故，则予以变更。

2. 运营安全事故的分类

运营安全事故是指城市轨道交通系统进入载客运营阶段后出现的事故。依据不同的分类标准，运营安全事故一般有以下的分类：

(1)运营安全事故与非运营安全事故

根据事故发生的地点是否在运营线路管辖范围内可分为运营安全事故和非运营安全事故。

①运营安全事故指在运营的线路、车辆段或停车场范围内，由于自身原因造成人员伤亡、设备损坏、行车中断或影响运营安全的情况。

②非运营安全事故指除运营事故以外，包括但不限于运营公司运营员工，持有短期通行证的人员在公司办公区发生的事故。

(2)根据伤害对象划分

事故发生的后果可以是人身伤亡，也可能是设施设备等财产损失，依据这个标准，可以分为人身伤亡，可细分为因工伤亡和地外伤亡事故(非员工)，以及设施设备事故。

①因工伤亡事故：企业员工在劳动过程中发生的人身伤害和急性中毒事件。

②地外人员伤亡事故：城轨员工以外的人员由于各种原因而导致的人身伤亡事故。

③设备设施事故：因设备设施的不安全状态或相关人员的不安全行为，在制造、安装改造、维修使用或检验检测活动过程中造成的人员、财产、设备设施伤亡、损失损害，造成中断运行、人员滞留或人员转移等事件。

(3)根据事故发生的专业特点划分

依据城市轨道交通系统的专业划分，相应的事故也可以分为设施类事故、行车类事故、客运类事故和自然灾害类事故。具体包括因车辆系统故障、供电系统故障、机电设备故障、通信和信号系统故障、线路设备故障、土建设施毁坏或坍塌、车辆脱轨、冲突等导致的运营事故；因电气、易燃易爆物品等引起的火灾事故；因大客流冲击引发的踩踏伤亡事故，由暴恐袭击引发的火灾、爆炸、中毒等事故；由乘客的不良行为或员工误操作等原因引发的运营事故；由大风、强降水、雷电等自然因素引发的火灾、水灾事故；其他运营突发事件引发的次生灾害。在城市轨道交通系统中，这 4 种通常不会单独发生，而是相互交织在一起，相互影响触发严重的事件后果。

3. 运营安全事故的分级

我国尚未制定城市轨道交通运营安全事故的统一标准。国家对于安全事故的分类标准主要包括人身伤亡事故和直接经济损失，GB/T 50438—2007《地铁运营安全评价标准》中对地铁运营事故等级分类做出了详细的规定，见表 6-1。

表 6-1　事故等级分类表

危害程度 事故等级	人身伤亡	直接经济损失	行车事故
特别重大事故	死亡 30 人及以上	1 000 万元及以上	—
重大事故	死亡 3 人以上或重伤 5 人及以上	500 万元及以上	中断行车时间 $t \geqslant 180$ min
大事故	—	100～500 万元	中断行车时间 60 min $\leqslant t <$ 180 min
险性事故	—	—	1. 列车冲突、脱轨、分离或运营中重要部件脱落； 2. 列车冒进信号、擅自退行或溜车； 3. 向占用闭塞区段发车； 4. 列车错开门、夹人走车、开门走车或运行中开启车门； 5. 线路或车辆超限界
一般事故	重伤 1～2 人	1 万元及以上	中断行车时间 20 min $\leqslant t <$ 60 min

注：(1)危害程度同事满足其中两项或两项以上条件者取最严重的条件作为事故等级划分依据。

(2)中断行车时间为 20 min $\leqslant t <$ 40 min 时，计 1 起一般事故；40 min $\leqslant t <$ 60 min 时，计 2 起一般事故。

(3)每次事故轻伤 1 人时计 0.3 起一般事故。

地铁人身伤亡、直接经济损失、行车事故定义见表6-2。但对于城市轨道交通系统而言，安全性较高，出现国家标准中的一般事故的概率较小，由于城市轨道交通系统的运量较大，由于行车中断导致的乘客滞留，会导致间接社会经济损失，因此社会影响较大。因此根据各地的现场运营实际，采用较多的划分标准包括人身伤亡人数、直接经济损失、中断行车时间以及造成的社会影响、可能造成行车中断的突发事件等。

表6-2　人身伤亡、直接经济损失、行车事故定义

人身伤亡	发生事故24 h内，履行地铁运营生产职务或车站服务的现场人员（救援人员除外）、持有有效乘车凭证的人员（包括乘客携带的享受免费乘车待遇的儿童）的伤亡
重伤	《企业职工伤亡事故分类标准》GB 6441
轻伤	《企业职工伤亡事故分类标准》GB 6441
运营正线中断行车	事故发生在区间或站内，在正线上造成阻塞阻隔状态，造成单线不能行车。由事故发生造成阻塞行车起，至实际恢复连续通行列车行车条件的时间止，为中断行车时间
直接经济损失	车辆、线路、桥隧、通信、信号、供电等技术设备损失费用及事故救援、伤亡人员处理费用（不含人身保险赔偿费用）

由于城市轨道交通系统的运量较大，行车中断导致的乘客滞留，会导致间接社会经济损失，因此社会影响较大。因此根据各地的现场运营实际，采用较多的划分标准包括人身伤亡人数、直接经济损失、中断行车时间以及造成的社会影响、可能造成行车中断的突发事件等。

因此在确定事故等级可以根据运营企业的具体情况进行划分，根据国家标准并高于国家标准的原则结合城市轨道交通行业特点确定企业的事故等级标准。

城市轨道交通运营安全事故等级可分为：特别重大事故、重大事故、较大事故、一般事故。相应的等级设定与国家标准一致。其中一般事故在运营企业中通常被详细划分，这也是运营企业最常发生的事故类型。一般事故又划分为一般A类事故、一般B类事故、一般C类事故、一般D类事故和一般E类事故（以下规定中的“以上”含本数，“以下”不含本数）。

(1)一般A类事故

有下列情形之一的，定为一般A类事故：

①造成2人死亡，或3人以上10人以下重伤的；

②造成500万元以上1 000万元以下直接经济损失的；

③造成城市轨道交通1条已（试）运营线路区段单向或双向中断行车5 h或3 h以上的；

④造成1条已（试）运营线路非运营区段中断行车7 h以上的。

(2)一般B类事故

有下列情形之一，未构成一般A类以上事故的，为一般B类事故：

①造成1人死亡，或3人以下重伤的；

②造成300万元以上500万元以下直接经济损失的；

③造成城市轨道交通1条已(试)运营线路区段单向或双向中断行车3 h以上5 h以下或2 h以上3 h以下的；

④造成1条已(试)运营线路非运营区段中断行车5 h以上7 h以下的。

(3)一般C类事故

有下列情形之一，未构成一般B类以上事故的，为一般C类事故：

①造成100万元以上300万元以下直接经济损失的；

②造成1条已(试)运营线路运营区段严重晚点1 h以上的；

③造成1条已(试)运营线路非运营区段中断2 h以上5个h以下的；

④运营区段发生列车冲突的。

(4)一般D类事故

有下列情形之一，未构成一般C类以上事故的，为一般D类事故：

①造成5人以上轻伤的；

②造成50万元以上100万元以下直接经济损失的；

③非运营区段发生列车冲突的；

④运营区段列车挤岔、脱轨、冒进信号、越过警冲标、列车分离或出现车断轴、车轮崩裂、零部件脱落、钩连接异常等存在着严重安全隐患严重影响运营的情况的；

⑤未准备好进路、未办理闭塞、错办闭塞接、发列车或按电话闭塞法行车时擅自向有车辆占用的区间接、发列车的；

⑥运营区段因人员或异物侵限导致列车被迫停车造成车辆、设施设备的损伤的；

⑦电客列车带电进入停电区或错误向停电区段的接触轨供电的；

⑧无调度命令施工、超范围施工作业的；

⑨运行列车错开门、未关闭车门行车且未采取相应的安全防护措施、运行中开启车门的；

⑩运行列车门、安全门夹人动车的。

⑪因施工、检修、清扫设备、设施设备操作不当、设备故障、管理不善等直接原因导致运行列车延误30 min以上的。

(5)一般E类事故

有下列情形之一，未构成一般D类以上事故的，为一般E类事故：

①造成5人以下轻伤的；

②造成5万元以上50万元以下直接经济损失的；

③非运营区段列车挤岔、脱轨、冒进信号、越过冲标、列车分离以及因施工、检修、清扫设备操作不当、设备故障、运营管理不善等直接原因导致运营延误15 min以上的；

④错办行车凭证发车或未准备好进路、未及时办理信号致使列车停车的。

⑤擅自发车、开车、停车、退行、错办通过或错误通过的。

⑥列车车辆未撤除防溜装置或止轮器动车的。

⑦漏发、错发、漏传、错传调度命令致使列车超速运行的。

⑧电客列车错误进入无接触轨线路的。

⑨未按规定安装、撤除接地保护装置的；

⑩列车运行过中擅自切除车载安全防护装置的；

⑪运行列车车门、安全门夹物动车的；

⑫作业人员违反劳动、作业纪律、错误操纵、使用行车设备致使列车延误的；

⑬蓄意占有、挪用现金、车票的；

⑭盗用他人账号、密码进行现金、车票交易的；

⑮盗用密钥进行车票制作、发售的；

⑯弄虚作假，采取不当手段更改或擅自销毁票务报表的；

⑰工作中辱骂乘客或与乘客发生肢体冲突的；

⑱列车车辆溜逸的；

⑲车站照明全部失电(含应急照明)的；

⑳单个控制中心或单个车站或单列车无线或有线专用通信中断10 min以上的；

㉑信号升级显示的；

㉒人员操作不当、设备故障导致运营时段、运营区域接触轨失电超过10 min以上的。

(6)其他事故

实际运营过程中发生其他事故，其严重程度与上述情况等同，但又未列入其中的，按照对应的等级事故定性并进行调查处理。因事故死亡、重伤人数7日内发生变化导致事故等级发生变化的，也相应改变事故的等级。

第 2 章　城市轨道交通事故调查与处理

1.1　事故调查概述

事故发生是由于人们违背了劳动和生产过程的客观规律，但事故本身的发生、发展过程也有它的必然规律，所以事故调查具有可能性。根据国家对于生产安全事故的分类可知，城市轨道交通运营安全事故也可以分为：特别重大事故、重大事故、较大事故、一般事故。当出现特别重大事故、重大事故、较大事故时，由相应的政府职能部门进行事故的调查与分析。当出现一般事故时，若出现人身伤亡事故，市、区/县级政府职能部门通常也会介入调查。其他类型的一般事故通常由运营企业或者上级城轨集团公司组织调查。事故调查时，事故调查人员必须实事求是，根据事故现场的实际情况进行调查，按物证做出结论。调查人员必须掌握事故调查技术，懂得产品性能、工艺条件、设备结构、操作技术、轨道交通的生产作业等知识。事故不论大小，都应该按照事故的调查程序进行。调查工作程序一般不得省略或跨越。

事故调查坚持实事求是、尊重科学的原则，要及时、准确地查清事故经过、事故原因和事故损失，查明事故性质、认定事故责任、总结事故教训，提出整改措施，并对事故责任者依法追究责任。事故调查实行"政府领导、分级负责"，进入分析和调查程序的事故，都应在由政府领导，不管是政府直接组织调查还是授权或者委托有关部门组织调查，均是政府的调查行为，不是部门的调查行为。

1. 事故调查权限划分

(1)有关人民政府直接组织调查

特别重大事故由国务院组织事故调查组进行调查，重大事故由事故发生地省级人民政府直接组织事故调查组进行调查，较大事故由事故发生地设区的市级人民政府直接组织事故调查组进行调查，一般事故由事故发生地县级人民政府直接组织事故调查组进行调查，其中未造成人员伤亡的，县级人民政府可委托事故发生单位组织事故调查组进行调查。

(2)授权或者委托有关部门组织调查

特别重大事故由国务院授权部门组织事故调查组进行调查，重大事故、较大事故、一般事故分别由事故发生地省级人民政府、设区的市级人民政府、县级人民政府授权或者委托有关部门组织事故调查组进行调查。

(3)事故调查的特别规定

①提级调查。针对事故情况复杂、性质恶劣、社会影响较大、同一地区连续频繁发生同类事故的;事故发生地不重视安全生产工作、不能真正吸取事故教训的;社会和群众对下级政府调查的事故反应十分强烈;事故调查难以做到客观、公正的等事故调查工作,上级人民政府可以调查由下级人民政府负责调查的事故。

②升级调查。对已定级的事故,自事故发生之日起30日内,因事故伤亡人数变化导致事故等级发生变化,可以升级调查。应由上级人民政府负责调查的,上级人民政府可以另行组织事故调查组进行调查。

③跨行政区域的事故调查。特别重大事故以下等级事故,事故发生地与事故单位不在同一个县级以上行政区的,由事发地人民政府负责调查,事故发生单位所在地人民政府派人参加。

④法律授权部门组织事故调查。国家制定的有关法律法规中直接对组织事故调查的主体做出特殊规定的,法律授权部门作为特殊主体,组织事故调查,并在有关人民政府的指导下开展调查工作。

(4)事故调查时限

事故调查组应当自事故发生之日起60日内提交事故调查报告;特殊情况下,经负责事故调查的人民政府批准,提交事故调查报告的期限可以适当延长,但延长的期限最长不超过60日。

2. 事故调查组的组成、性质及其职责

(1)事故调查组的组成

①事故调查组的组成遵循精简、效能的原则。根据事故的具体情况,事故调查组由有关人民政府、安全生产监督管理部门、负有安全生产监督管理职责的有关部门、监察机关、公安机关以及工会派人组成。可聘请有关专家参与调查。

②事故调查应当邀请人民检察院派人参加。事故责任人中的国家工作人员涉嫌犯罪,是邀请检察机关参加事故调查的前提条件。生产安全事故的性质有责任事故与非责任事故之分,事故责任人的法律责任既有行政责任又有刑事责任,事故责任人是否负刑事责任,要经过调查才能确定。通过人民检察院调查,对涉嫌刑事犯罪的事故责任人进行立案侦查、提起公诉,并依法追究刑事责任。检察机关加入事故调查组,与成员单位相互支持配合,共同完成事故调查工作。

③由政府直接组织或委托有关部门组织事故调查组进行事故调查的,事故调查组组长均由负责事故调查的人民政府指定。由政府授权有关部门组织事故调查组进行调查的,事故调查组组长可由负责事故调查的人民政府,或者其授权组织事

故调查组的有关部门指定。事故调查组组长主持事故调查组的工作。

(2)事故调查组的性质

事故调查组是有关人民政府或其授权、委托的部门和法律、行政法规授权的部门临时组成、专门负责事故调查的工作机构。它是法定的工作机构,代表有关人民政府履行事故调查职责;它在事故发生时成立,在调查结束后解散,并不是一个独立的、常设的行政主体;它的工作任务单一,专门负责事故调查;它对事故定性、责任划分和事后处理所提出的结论、意见、建议,虽对有关人民政府做出批复具有重要的影响力,但都是建设性意见,是否同意事故调查报告的决定权属于组成事故调查组的有关人民政府。

(3)事故调查组的职责

《生产安全事故报告和调查处理条例》规定的5项法定职责,是事故调查组开展工作的主要法律依据。

①查明事故发生原因和经过

按照尊重科学、实事求是和“四不放过”原则,查清事故基本情况,为认定事故的性质和责任提供最直接、最真实、最可靠的有关材料、证据。查明事故发生的直接原因、间接原因和其他原因。查明事故发生经过,包括事故发生的时间、地点;现场状况及现场保护情况;事故发生单位在事故发生前的生产作业状况;事故发生后采取的应急处置措施情况;事故报告经过;事故抢救及救援情况;事故的善后处理情况;其他有关情况。

②查明人员伤亡情况和直接经济损失

人员伤亡情况包括事故发生前生产作业人员的分布情况;事故发生时人员涉险情况;当场人员伤亡情况及人员失踪情况;抢救过程中人员伤亡情况;最终伤亡情况;其他有关的人员伤亡情况。直接经济损失包括人员伤亡后所支出的费用,如医疗费用、丧葬及抚恤费用、补助及救济费用、歇工工资等;事故善后处理费用,如处理事故的事务性费用、现场抢救费用、现场清理费用、事故罚款和赔偿费用等;事故造成的财产损失费用,如固定资产损失价值、流动资产损失价值等。

③认定事故的性质和事故责任

根据对事故调查分析,事故调查组对事故性质做出属于责任事故或者非责任事故的认定。经认定属于责任事故的,要按照责任大小和承担责任的不同分别认定直接责任者、主要责任者、领导责任者。经认定属于非责任事故(自然事故或不可抗拒的事故)的,可不再认定或追究事故责任人。

④提出对事故责任者的处理建议

在认定事故性质和事故责任的基础上,事故责任人承担各自的行政责任、民事责任和刑事责任,对事故责任者提出行政处分、纪律处分、行政处罚、追究刑事责任、追究民事责任的建议。

⑤总结事故教训,提出防范和整改措施

事故调查不仅要体现责任追究,更要总结吸取教训。要认真查找安全生产管理、安全生产投入、安全生产条件等方面存在的薄弱环节、漏洞和隐患,提出可操作的防范和整改措施,以避免再次发生同类事故。

⑥提交事故调查报告

事故调查报告是全面、准确地反映事故调查结果或者结论的法定文书,事故调查组应当依照《生产安全事故报告和调查处理条例》的规定,在规定时限内向有关人民政府提交经事故调查组全体成员签名的事故调查报告。内容包括事故发生单位概况、事故发生经过和事故救援情况、事故造成的人员伤亡和直接经济损失、事故发生的原因和事故性质、事故责任的认定以及对事故责任者的处理建议、事故防范和整改措施等。

2.2　事故报告

安全生产事故发生后,事故现场有关人员或管理人员应当立即直接向上级领导报告,并根据事故的严重程度逐级快速上报。及时有效的事故报告制度是组织有效事故救援,缩小事故负面影响的前提和必备条件。事故的报告制度是非常严肃的,隐瞒不报、谎报、故意延迟不报由公司主管部门或者公司按照国家有关规定,对相应部门负责人和直接责任人员给予经济处罚或开除;构成犯罪的,由司法机关依法追究刑事责任。

1. 事故报告内容

事故报告的内容应当包括事故发生单位概况、事故发生的时间、地点、简要经过和事故现场情况、事故已经造成或者可能造成的伤亡人数(包括下落不明的人数)和初步估计的直接经济损失、已经采取的措施等。

(1)事故发生单位概况。包括单位的全称、所处地理位置、所有制形式和隶属关系、生产经营范围和规模、持有各类证照的情况、单位负责人的基本情况以及近期的生产经营状况等。

(2)事故发生的时间、地点以及事故现场情况。报告信息要全面具体,事故发生时间尽量精确到分钟;发生地点除事故发生的中心地点外,还应报告事故所波及的区域;事故现场情况除总体情况外,还应报告现场的人员伤亡情况、设备设施的毁损情况;除报告事故发生后的现场情况,还应尽量报告事故发生前的现场情况。

(3)事故的简要经过。对事故全过程进行简单明了的叙述,描述要前后衔接、脉络清晰、因果相连。需要强调的是,由于事故的发生往往是在一瞬间,应当特别注意事故发生前作业场所有关人员和设备设施的一些细节，因为这些细节可能就是引发事故的重要原因。

(4)人员伤亡和经济损失情况。对于人员伤亡情况的报告，应当遵守实事求是的原则，不做无根据的猜测，更不能隐瞒实际伤亡人数。对直接经济损失的初步估算，主要指事故所导致的建筑物的毁损、生产设备设施和仪器仪表的损坏等。由于人员伤亡情况和经济损失情况直接影响事故等级的划分，并因此决定事故的调查处理等后续重大问题，在报告这方面情况时应当谨慎细致，力求准确。

(5)已经采取的措施。主要指事故现场有关人员、事故单位负责人、已经接到事故报告的安全生产管理部门为减少损失、防止事故扩大和便于事故调查所采取的应急救援和现场保护等具体措施。

2. 事故上报流程

从制度设计来看，谁最有可能知悉事故谁就应该成为事故报告制度的责任主体。在此种理想情境下，一旦责任主体确定，在事故发生时，他们就有义务履行报告职责。责任主体共包括 5 类，除事故现场有关人员之外还包括了事故相关的行政主体，即有关政府职能部门以及有关地方人民政府。根据不同的事故等级，事故报告主体依据规定上报，特殊情况下可越级上报。

(1)事故报告主体及职责

根据《生产安全事故报告和调查处理条例》，负有事故报告职责的主体主要有以下 5 种：

①事故发生单位现场人员。从事生产经营作业的从业人员或者其他相关人员，只要发现发生了事故，应当立即报告本单位负责人。

②事故单位负责人。事故发生单位主要负责人或者有关负责人接到事故报告后，必须依照《生产安全事故报告和调查处理条例》的规定向有关政府职能部门报告。

③有关政府职能部门。县级以上人民政府安全生产综合监督管理部门、负有安全生产监督管理职责的有关部门负有报告事故情况的义务。

④有关地方人民政府。不论是哪一级地方人民政府的哪一个有关部门接到事故报告后，都要按照程序向本级人民政府报告。有关地方人民政府负有向上级人民政府报告事故情况的义务。

⑤其他报告义务人。

(2)事故报告程序

①事故发生单位向政府职能部门报告

事故发生后，事故现场有关人员应当立即向本单位负责人报告。单位负责人接到报告后，应当于 1 h 内向事故发生地县级以上人民政府安全生产监督管理部门和负有安全生产监督管理职责的有关部门报告。

②政府职能部门报告的程序

a. 特别重大事故、重大事故逐级上报至国务院安全生产监督管理部门和负有安全生产监督管理的有关部门。

b. 较大事故逐级上报至省、自治区、直辖市人民政府安全生产监督管理部门和负有安全生产监督管理的有关部门。

c. 一般事故逐级上报至设区的市级安全生产监督管理部门和负有安全生产监督管理的有关部门。

d. 安全生产监督管理部门和负有安全生产监督管理职责的有关部门逐级上报事故情况，每级上报的时间不得超过 2 h，同时应报告本级人民政府。

③越级报告

a. 事故发生单位越级报告。情况紧急时，事故现场有关人员可以直接向事故发生地县级以上人民政府安全生产监督管理部门和负有安全生产监督管理职责的有关部门报告。

b. 安全生产监管部门和有关部门越级报告。必要时，安全生产监督管理部门和负有安全生产监督管理的有关部门可以越级上报事故情况。

④事故续报、补报

事故报告后出现新情况，事故发生单位和安全生产监督管理部门和负有安全生产监督管理的有关部门应当及时续报。自事故发生之日起 30 日内，事故造成的伤亡人数发生变化的，事故发生单位和安全生产监督管理部门和负有安全生产监督管理的有关部门应当及时补报。

⑤事故报告时限

从事故发生单位发现事故发生和有关人民政府职能部门接到事故报告时起算。超过法定时限且没有正当理由报告事故情况的，为迟报事故并承担相应法律责任。但是遇有不可抗力的情况并有证据证明的除外，如因通信中断、交通阻断或者其他自然原因致使事故信息等情况不能按时报送的，其报告时限可以适当延长。

(3)事故报告制度的目的

根据最新的《生产安全事故报告和调查处理条例》及其他安全生产法律法规的规定，事故报告制度要实现以下三个目的：及时调查处理事故，消除隐患、化解负面影响；落实事故责任追究制度；研究事故发生的规律，预防事故。

对于第一个目的，一直以来就是得到法律确认，无须过多解释。第二个目的则是依法行政实施的结果。在"依法行政的基本要求"里单列"权责统一"项：行政机关依法履行经济、社会和文化事务管理职责，要由法律、法规赋予其相应的执法手段。行政机关违法或者不当行使职权，应当依法承担法律责任，实现权力和责任的统一。依法做到执法有保障、有权必有责、用权受监督、违法受追究、侵权须赔偿。第三个目的是对事故发生规律的认识逐步深化的结果。如果将每次事故都能够及时准确地上报，将事故信息汇总起来，进行处理和分析，那么人们就能逐步地认识事故的发展规律。对于人为原因造成的事故（责任事故）可以完全避免，而对那些非人为原因造成的事故（非责任事故），如地震、气象灾害则可以提前预报，减少事故损失。

结合社会实践以及依法行政的理论，这三个目的确定是可行的，内容也是较为完整的。在实际操作过程中，存在一定程度的事故隐瞒不报，可能的原因包括单位负责人不懂安全法规：担心企业荣誉受损；负责人担心利益受损：事故受害者愿意私了。这些原因客观存在，但是对于事故报告制度的建立来说，只有不断完善与事故报告相关的供给制度，事故报告制度才能在揭发事故、消除隐患方面发挥更大作用，它的三个目的才能最终实现。从事故报告制度可以看到，在今后开展对某一问题如行政程序的立法或调研时，一定要注意制度之间的关联性，防止制度相互抵触，这样才能保证制度的实效。

3. 运营安全事故报告

在城市轨道交通运营生产经营活动中，若发生运营安全生产事故，应首先启动事故的上报机制，并及时组织现场抢险救援等工作。

(1)事故的上报

现场工作人员应立即向部门负责人和调度控制中心，控制中心接到报告后，应立即向安全监察部和公司领导报告。若发生人员重伤及死亡等社会影响恶劣的运营安全事故，控制中心接到报告后，应立即向公司主要负责人报告，公司主要负责人接到报告后应尽快向行业上级主管部门报告，并在 2 h 内形成书面“事故报告”。在紧急情况下，事故现场有关人员可越级向上级报告事故情况，任何人不得瞒报、迟报、谎报或拖延不报。

(2)事故报告的主要内容

①初报内容

事故发生的时间、地点、区间（上下行、百米标）、线路条件，事故相关单位和人员。

事故已造成或可能造成的伤亡人数，包括下落不明的人数，是否涉及外籍人员的伤亡，并初步估计直接的经济损失。

事故简要的经过情况，包括事故发生后，采取的措施及事故现场控制的情况。

事故原因的初步判断。

车辆脱轨辆数、设备损坏程度等情况。

救援要求及事故对运营的影响程度。

应立即报告的其他内容。

②事故补报

事故报告后出现新情况的，应当及时补报：自事故发生之日起 7 日内，造成的伤亡人数发生变化的，应当及时补报。事故发生部门应当及时续报相关情况，公司接到续报后应立即上报，直至事故救援和事故处置结束。

(3)报告要求

①事故各相关部门应迅速报告事故现场的实际情况，以便后续正确判断和处置；事故现场处置过程中，应该认真核实事故造成的影响和后果，若人员伤亡、脱轨车辆数、设备损坏等情况发生变化时，应及时补报。在事故现场处置结束后，在规定的时间内形成完整的书面报告，报给公司安全管理部门。

②事故发生单位负责人接到事故报告后，应当立即启动相应应急预案，或者采取切实有效措施，科学施救、安全施救，防止事故扩大，减少人员伤亡和财产损失。

2.3　事故调查与分析

事故发生是由于人们违背了劳动和生产过程的客观规律，但事故本身的发生、发展过程也有它的必然规律，所以事故调查具有可行性。根据国家对于生产安全事故的分类可知，城市轨道交通运营安全事故也可以分为：特别重大事故、重大事故、较大事故、一般事故。当出现特别重大事故、重大事故、较大事故时，由相应的政府职能部门进行事故的调查与分析。当出现一般事故时，若出现人身伤亡事故，市、区/县级政府职能部门通常也会介入调查。其他类型的一般事故通常由运营企业或者上级城轨集团公司组织调查。事故调查时，事故调查人员必须实事求是，根据事故现场的实际情况进行调查，按物证做出结论。调查人员必须掌握事故调查技术，懂得产品性能、工艺条件、设备结构、操作技术、轨道交通的生产作业等知识。事故不论大小，都应该按照事故的调查程序进行。调查工作程序一般不得省略或跨越。

为确保事故调查工作及时、有序和有效的开展，同时保证事故调查工作的实事求是、科学合理性及规范化，严格按照图 6-1 所示的事故调查程序组织开展事故调查工作。结合城市轨道交通企业的安全生产实际，当发生安全生产事故后，按以下步骤组织开展事故调查工作：

(1)组织事故现场勘察，提取相关物证

城市轨道交通企业安全生产监督监察部门接到事故报告后，要立即派员赶赴事故现场，进行勘察。向当事人或目击者了解事故发生经过情况，提取事故现场存留的有关痕迹和物证(致害物、残留物、破损部件、危险物品等)，封存与事故有关的

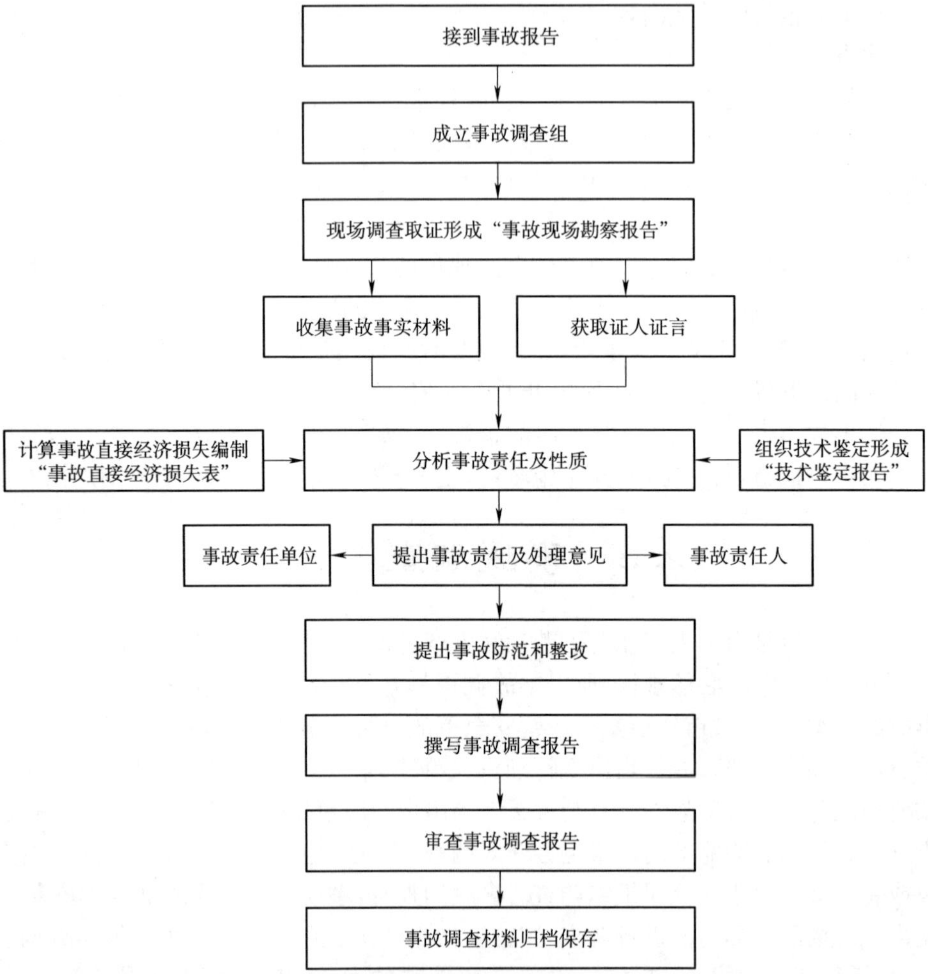

图 6-1 事故调查流程图

物件，并用摄影、照相等方法予以固定。对无法搬运或确需立即使用的物件，由勘察人员现场认定并做好相应标记和记录。

根据现场勘察和现场取证情况，绘制事故现场有关图纸（包括事故现场示意图、剖面图、流程图、受害者位置图等）。现场勘察完毕，向事故调查组提交“事故现场勘察报告”，报告应当载明事故现场勘察人员、勘察时间、勘察路线，说明事故地点基本情况和与事故相关的情况，认定事故类别，附有相应的事故图纸、照片等。参与现场勘察的人员在勘察报告上签字确认。

（2）收集事故事实材料

收集证明事故等级、类别和事故发生的相关事实与材料，包括：事故汇报记录、受伤人员统计表、医院伤害程度证明以及事故发生前生产设施、设备状况，有关技术文件和规章制度及执行情况，工作环境状况，受害人和肇事者的岗位资质状况、健康状况等。同时收集事故发生单位、相关单位和部门的文件、规章制度、报表、台账、记录、图件和向调查组提供的书面证明。

(3)获取证人证言

证人证言包括调查询问笔录和有关人员提供的情况说明、举报信件等。调查人员制订事故调查询问计划和询问提纲，明确调查询问对象和询问内容，对事故现场目击者、受害者、当事人和相关管理人员、负有监督管理职责的人员进行调查询问。对事故发生负有责任的人员必须调查询问，认定的责任者的违法违规事实应当有2个以上的证人证言或其他有效证据。

(4)计算事故直接经济损失

按照国家标准统计事故直接经济损失。"事故直接经济损失表"由事故发生单位或其主管部门盖章认可。

(5)组织技术鉴定

对较大以上生产安全事故和事故原因复杂的一般事故，事故调查组委托具备国家规定资质的单位进行技术鉴定。承担技术鉴定的单位或专家按照相关要求，在调查组的领导下，依法认定事故发生的直接原因和相关事故参数，并向调查组提交完整的"技术鉴定报告"。

(6)事故原因分析

从机械、物质(能量源和危险物质)、环境的不安全状态和人的不安全行为两个方面分析事故的直接原因；从技术、教育、管理、人的身体和精神等方面分析事故的间接原因。最终根据事故原因进行事故性质分析，对事故严重程度以及是属于责任事故或非责任事故做出认定。

(7)提出事故处理意见

根据事故原因分析、事故责任人的违法违规事实，调查组牵头单位提出事故处理初步意见。

(8)提出事故防范和整改措施建议

根据事故发生原因，向事故发生单位责任人提出有针对性的事故防范和整改措施建议，确保有效防止同类事故的再次发生。

(9)撰写事故调查报告

由牵头部门工作人员撰写事故调查报告。事故报告内容包括：事故发生单位概况，事故发生经过和事故救援情况，事故造成的人员伤亡和直接经济损失，事故发生的原因和事故性质，事故责任的认定以及对事故责任者的处理建议，事故防范和整改措施。

(10)调查组审查事故调查报告

事故调查组组长主持召开事故调查组全体成员会议,审查调查报告。审查的主要内容包括:事故经过是否查清楚;原因分析、性质认定、责任分析是否准确;报告撰写是否符合要求等。发现存在问题的,根据实际情况补充调查或修改事故调查报告。

(11)事故调查材料归档保存

事故调查组工作人员负责汇总事故调查的相关资料,按一卷一档的原则,将调查报告,各类请示、批复文件,相关证据材料,处理落实材料等整理归档并保存。

2.4 事故的处置

当安全生产事故不可避免地发生后,针对事故的处置就成为安全生产的最后一道防线。在事故救援过程中,应尽量避免由于企业应急处置能力不足和处置不当,导致事态扩大、造成人员伤亡和事故损失惨重的情况出现。事故报告应当及时、准确、完整,任何单位和个人对事故不得迟报、漏报、谎报或者瞒报。事故调查处理应当坚持实事求是、尊重科学的原则,及时、准确的查清事故经过、事故原因和事故损失,查明事故性质、认定事故责任,总结事故教训,提出整改措施,并对事故责任者追究责任。

1. 事故后期处置

(1)事故现场恢复

事故救援结束,本着"尽快恢复运营"的原则,做好现场清理,特别是对涉及运营线路上物品的清理,防止物品侵入限界,在现场处理完毕、次生灾害后果基本消除后,应及时组织评估并尽快恢复运营。

(2)善后处置

城市轨道交通所在地人民政府要及时组织制定补助、补偿、抚慰、抚恤、安置和环境恢复等善后工作方案并组织实施。组织保险机构及时开展相关理赔工作,尽快消除运营突发事件的影响。

(3)处置评估

运营突发事件响应终止后,履行统一领导职责的人民政府要及时组织对事件处置过程进行评估,总结经验教训,分析查找问题,并提出改进措施。

2. 事故责任判定

由政府主持调查的事故,按照《生产安全事故报告和调查处理条例》的要求确定事故责任。在企业组织调查事故的权限内,按照责任划分进行处理,一般根据有关规章、制度等对责任进行判定。

(1)运营安全事故责任分类

事故分为责任事故和非责任事故，事故责任分为全部责任、主要责任、重要责任、次要责任和同等责任：

①全部责任指对事故损失和不良影响承担100%责任。

②主要责任指对事故损失和不良影响承担60%至90%的责任。

③同等责任指各方对事故损失和不良影响承担相同比例的责任。

④次要责任指对事故损失和不良影响承担30%至40%的责任。

⑤一定责任指对事故损失和不良影响承担10%至20%的责任。

(2)运营安全事故责任判定及处理

①对因车辆技术原因的，由负责组织调试作业的单位或部门承担主要责任。由于其他原因造成的事故按正常事故处理。

②因承包商在城轨管理界面内造成的设备维修、施工造成的事故，承包商承担责任事故，管理部门承担管理责任。

③货物装载或押运人员监督不力造成的事故，由装载或押运部门承担责任。

④由于处理人员操作不当导致车辆、设备、设施、器材、装置发生事故，由处理人员和所属部门承担全部责任。

⑤开展的技术革新、科研项目在正常开展期间，不列为运营责任事故，但由于人为因素除外。

⑥正式投入运营后设备发生事故时，应列为运营安全事故。

⑦事故由一方主体造成时，由该方承担全部责任；当由几方原因造成时，视各方原因依次承担主要责任、次要责任、一定责任；当责任难以划分时或同等时，负同等责任；在具有非造成事故直接原因但与事故发生有一定关系时，负一定责任。

⑧当事故具备多种定性条件时，按事故性质等级高的定性。

⑨因不可抗力或人为故意造成运营安全事故时，经运营公司审查确定，可列为非责任事故。

⑩因隐瞒、弄虚作假、破坏证据等一经查证，列为该部门或人员全部责任。

第3章　城市轨道交通事故统计分析

3.1　事故统计分析

事故统计是指运用统计学原理对安全生产诸方面的数量进行统计、分析和研究，从数量方面反映安全生产状况。统计的范围和对象，是企业职工在生产工作过程中所发生的同生产工作有关的人身伤亡事故或因设备不安全而引起的人身伤亡事故。伤亡事故统计的目的，是通过调查分析伤亡事故统计资料，全面及时准确地掌握伤亡事故的起数、人数、损失及原因，为领导机关了解安全生产情况，制定安全生产工作方针、政策，研究改善职工劳动条件提供可靠的数据资料。对于轨道交通事故中的常用事故统计方法如图6-2所示。

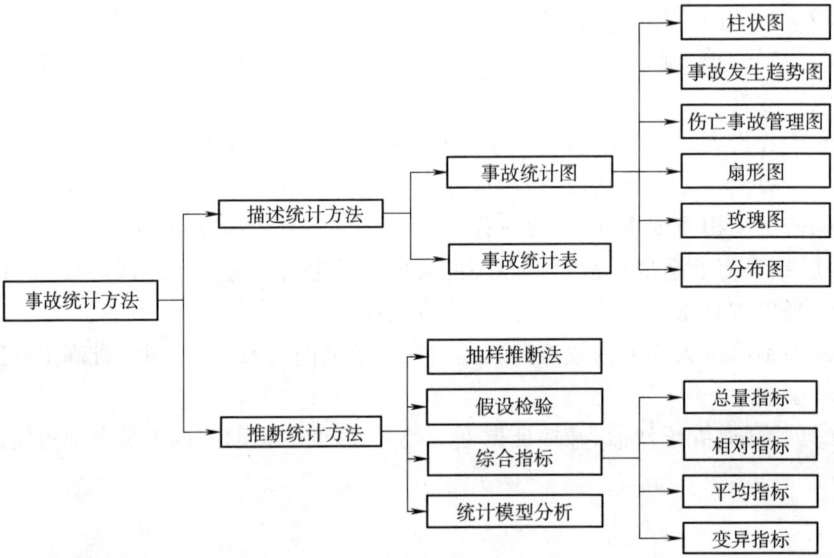

图6-2　常用事故统计分析方法

1. 描述统计方法

描述统计方法是研究如何取得反映客观现象的数就据，并通过图表形式对所搜集的数据进行加工处理和显示，进而通过综合概括与分析得出反映客观现象的规律性数量特征的一种统计分析方法。主要包括统计图法和统计表格法两大类。

(1)统计图法

统计图统计法是利用一些几何图形或象形图形等,将统计数字或计算出的统计指标形象化,从而反映事故现象的数量关系和发展变化趋势。统计图法的主要作用是可以表明现象之间的对比关系,反映事故现象的变化趋势,表明事故的分布情况以及揭示事故现象之间的相互依存的关系等。常用的统计分析统计图主要包括柱状图、趋势图、扇形图、玫瑰图、分布图以及伤亡事故管理图。

①柱状图

柱状图是通过柱状图形来表示各统计指标的数值大小,常用于分析事故主次因素的方法,因此又称为主次因素图。如图 6-3 所示,该方法可以清楚地定量反映出发生事故各因素影响的大小和相互关系,明确主要原因和主攻方向。

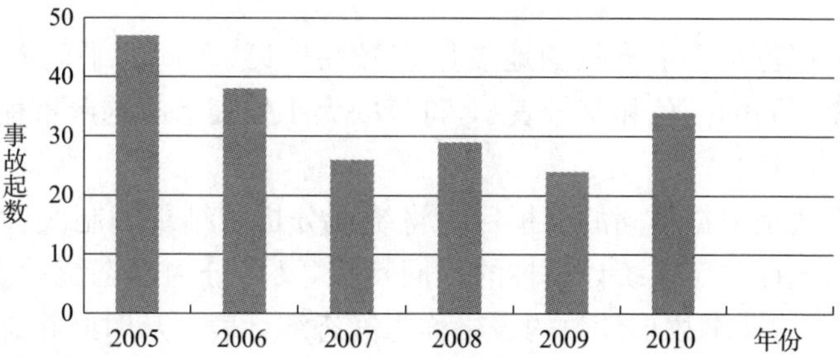

图 6-3 2005—2010 年重特大交通事故起数

②趋势图

事故发生趋势图是一种折线图,如图 6-4 所示。它是按时间顺序对事故发生情况用不间断的折线来表示各统计指标的数值大小和变化。由于此方法是按照时间顺序对比不同时期的伤亡事故统计指标,可以展示事故发生趋势和评价某一个时期内企业的安全状况,因此它最适合于表现事故发生与时间的关系。

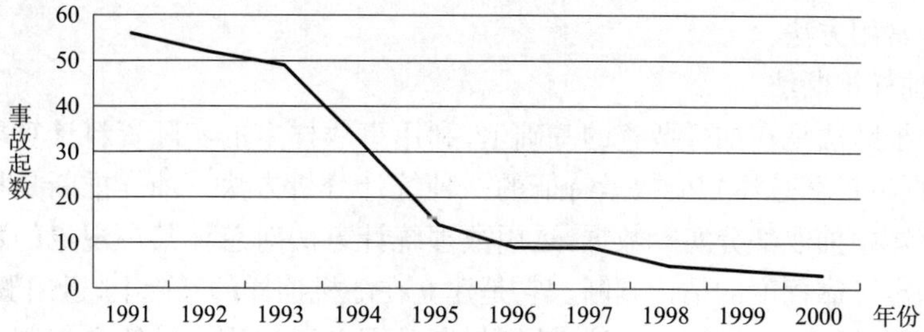

图 6-4 伤亡事故发生趋势

③伤亡事故管理图

伤亡事故管理图可直观地表达出企业每一年的轻伤、重伤、死亡及千人员伤率的数据分布情况，通过伤亡事故管理图可以快速反应伤亡情况。

④扇形图

扇形图是通过用一个圆形中各个扇形面积的大小不同来代表各种事故因素、事故类别、统计指标的所占比例，故又称作圆形结构图。与事故趋势图不同的是该方法不能直观地反映出其变化趋势和各种类别的数量多少。

⑤玫瑰图

玫瑰图是利用圆的角度来表示事故发生的时序，用经向尺度表示事故发生的频数。

⑥分布图

分布图是把曾经发生事故的地点用符号在厂区、车间的平面图上表示出来。不同的事故用不同的颜色和符号表示，符号的大小代表事故的严重程度。

(2)统计表格法

统计表格法是根据不同的分析目的将统计分析的结果编制成各种表格，即为统计表。按照统计数字或统计指标的不同特点，又可分为静态统计表和动态统计表，仅列出同一时期事故统计数的表格称为静态统计表。从时间状态上看，该表上的统计数是静止的，从而便于对于不同地区或不同性质提交条件的事故进行相互对比；将不同时间事故统计数字列成表格，称为动态统计表，动态表格可用于反映交通事故随时间变化或分布的情况。

2. 推断统计方法

推断统计方法就是用概率数字来决定某两组(或若干组)数字之间存在某种关系的可能性，并由样本特征来推断总体的特征方法。该方法主要是指通过抽样调查等非全面调查，在获得样本数据的基础上，以概率论和数理统计为依据，对总体的情况进行科学推断，主要包括抽样推断法、假设检验法、综合指标法和统计模型分析四种常用方法。

(1)抽样推断法

抽样推断法是在抽样调查的基础上，利用事故样本的实际资料计算事故样本指标，并据以推算总体相应数量特征的一种统计分析方法。抽样推断是根据随即原则从整体中抽取部分实际数据，运用数理统计方法对总体某一现象的数量性做出具有一定可靠程度的估计判断。它是建立在随机抽样的基础上，运用概率估计，由部分推算整体的一种研究方法，抽样推断的误差可以事先计算和控制。在进行抽样调查时的抽样类型主要包括简单随机抽样、类型抽样、等距抽样和整群抽样四种常用类型。

①简单随机抽样

该抽样方法是按随机原则直接从总体 N 个单位中抽取 n 个单位作为样本，并且保证每个单位被选中的机会相等。

②类型抽样

类型抽样是先对总体各单位按主要标志加以分组，然后再从各组中按随机原则抽选一定单位构成样本。

③等距抽样

等距抽样是按某一标志对总体各单位进行排队，然后依照一定顺序和间隔抽取单位作为调查样本。

④整群抽样

整群抽样是通过将总体各单位划分成许多群，然后从其中随机抽取部分群，并对所选中的群进行全面调查。

(2)假设检验法

假设检验是利用样本的实际资料来检验事先对总体某些数量特征所作的假设是否可信的一种统计分析方法。主要包括单侧检验、双侧检验和总体平均数的假设检验以及正态分布检验法。其中假设检验的步骤如下：

①根据所调查的实际情况，建立原假设和备选假设；

②选择检验的显著性水平，求出相应的临界值；

③确立检验统计量，并根据样本信息计算检验统计量的实际值；

④将实际求得的检验统计量取值与临界值进行比较，做出拒绝或接受原假设的决策。

a. 单侧检验

单侧检验包括左单侧检验和右单侧检验两种方法。该方法是指所检验的样本取自的总体参数偏高或偏低于某个特定值时，选择使用的一种单方面检验方法。

b. 双侧检验

双侧检验是一种注重检验样本平均值和总体平均数，或样本成数与总体成数有没有显著差异，而不管差异正负所采用的统计检验方法。

c. 总体平均数的假设检验

该方法是通过抽样平均数和总体平均数的对比，判断所要检验的总体平均数与原总体平均数是否发生显著性差异的一种统计检验方法。

d. 正态分布检验

(a)根据实际情况提出原假设；

(b)根据给定的显著水平，确定假设的接受区间和拒绝区间；

(c)求出实际调查的样本平均数$\bar{X}$和原假设总体平均数M_0；

(d)求实际的临界值(概率度)t,则 $t=\frac{\bar{X}-M_0}{\sigma/\sqrt{n}}$;

(e)将实际求得的 t 值与原假设的临界值 t_a 进行比较,若 $t \geqslant \frac{t_a}{2}$,$-t \geqslant \frac{-t_a}{2}$,则拒绝原假设,否则就接受原假设(双侧检验);若 $-t \leqslant -t_a$,则拒绝原假设,否则接受原假设(左单侧检验);若 $t \geqslant t_a$,则拒绝原假设,否则接受原假设(右单侧检验)。

(3)综合指标法

综合指标法是对大量的事故资料总结分类,进行综合统计分析,通过对大量的事故资料综合分析,从各种变化的影响中找出事故发生的规律性,利用这种方法进行事故类别分析;事故发生时间、地点的分析以及对事故伤亡人数和经济损失等进行分析。按其反映的总体现象数量特征的不同可分为总量指标、相对指标和平均指标。

(4)统计模型分析

统计模型分析法就是借助统计和其他数学方法对客观现象的运行过程和结果的数量模拟。运用统计模型可以分析客观事故、隐患总量、结构和变动趋势,而且还可以反映事故与事故、事故与隐患之间的关联程度以及现象之间的关系。

应用统计模型是对事故的发展变化、相互联系进行研究,它以数学模型反映、分析、研究事故,加强了定量研究的手段。统计模型有很多种,如回归分析模型、统计预测模型和各种函数模型等。这些统计模型研究某些事故之间的联系以及发展变化规律,这些联系和规律既可以是静态的也可以是动态的。

选择统计模型时,还必须根据被研究的事故要素的相互联系的特点和变化规律的不同,选择适应事故的特点和规律的统计模型。

①回归分析

回归分析是指对具有相互依存关系的变量,通过建立回归分析模型,从而研究某一变量对另一变量的平均变动的影响程度的方法。常见的回归模型种类主要有简单回归与多元回归模型、线性回归与非线性回归模型。

②相关关系分析

a. 函数关系与相关关系

函数关系是指变量之间存在着严格的依存关系,即自变量每取一个值,相应的因变量必然有一个确定值,并且可以用一个数学表达式来反映这种关系。

相关关系是指现象之间存在的相互依存关系,即当一个现象的数量发生变化时,另一个现象也会相应地发生数量变化,但这种关系是非确定性的依存关系。

b. 相关关系分析

当两个变量 X 和 Y 之间具有相关关系时，可以通过相关系数 r 来反映二者之间的相关程度。则 $r=\dfrac{L_{xy}}{\sqrt{L_{xx}\times L_{xx}}}$，其中，$L_{xy}=\sum X_i\times Y_i-\dfrac{1}{n}\times\sum X_i\times\sum Y_i$，$L_{xx}=\sum X_i^2-\dfrac{1}{n}\times(\sum X_i)^2$，$L_{yy}=\sum Y_i^2-\dfrac{1}{n}\times(\sum Y_i)^2$。

变量相关性判断：

a)当 $|r|=1$ 时，表明两变量之间完全线性相关；

b)当 $|r|=0$ 时，表明两者完全不相关；

c)当 $0<|r|<1$ 时，$|r|$ 值越大，则两变量之间的线性相关性越好。

3.2　城市轨道交通运营安全事故统计分析

1. 城市轨道交通安全事故指标体系

由于安全生产涉及各行各业，各行业的主管部门针对本行业的特点，制定并实施各自的事故统计指标体系，以此来反映本行业的事故情况。常见的事故统计指标体系如图 6-5 所示，指标通常分为绝对指标和相对指标。

(1)绝对指标

事故绝对指标是指反映伤亡事故发生状况和数量的绝对数值，对事故状况直接进行描述。地铁系统作为一个涵盖了多学科、多专业的复杂系统，造就了其运营事故的类别也是纷繁复杂，种样繁多。对于轨道交通安全事故来说，由于运营的特殊性和特点，常用的轨道交通系统安全事故绝对指标体系主要有事故等级次数指标、事故死亡人数指标和事故损失程度指标。

①事故等级次数指标

根据国标(GB/T 50438—2007)《地铁运营安全评价标准》，地铁事故分为 5 个等级：特别重大事故、重大事故、大事故、险性事故和一般事故。因此，可根据事故实际死亡人数和事故损失程度，确定出事故的等级，从而统计出各种事故等级的发生次数。

②事故死亡人数指标

事故死亡人数主要是指一般事故、较大事故、重大事故和特别重大事故死亡的人数。根据国标(GB/T 50438—2007)《地铁运营安全评价标准》，来确定 5 个地铁交通事故等级对应的死亡人数。

③事故损失程度指标

事故损失程度指标是指中断行车时间和直接经济损失费用。同样，可以根据

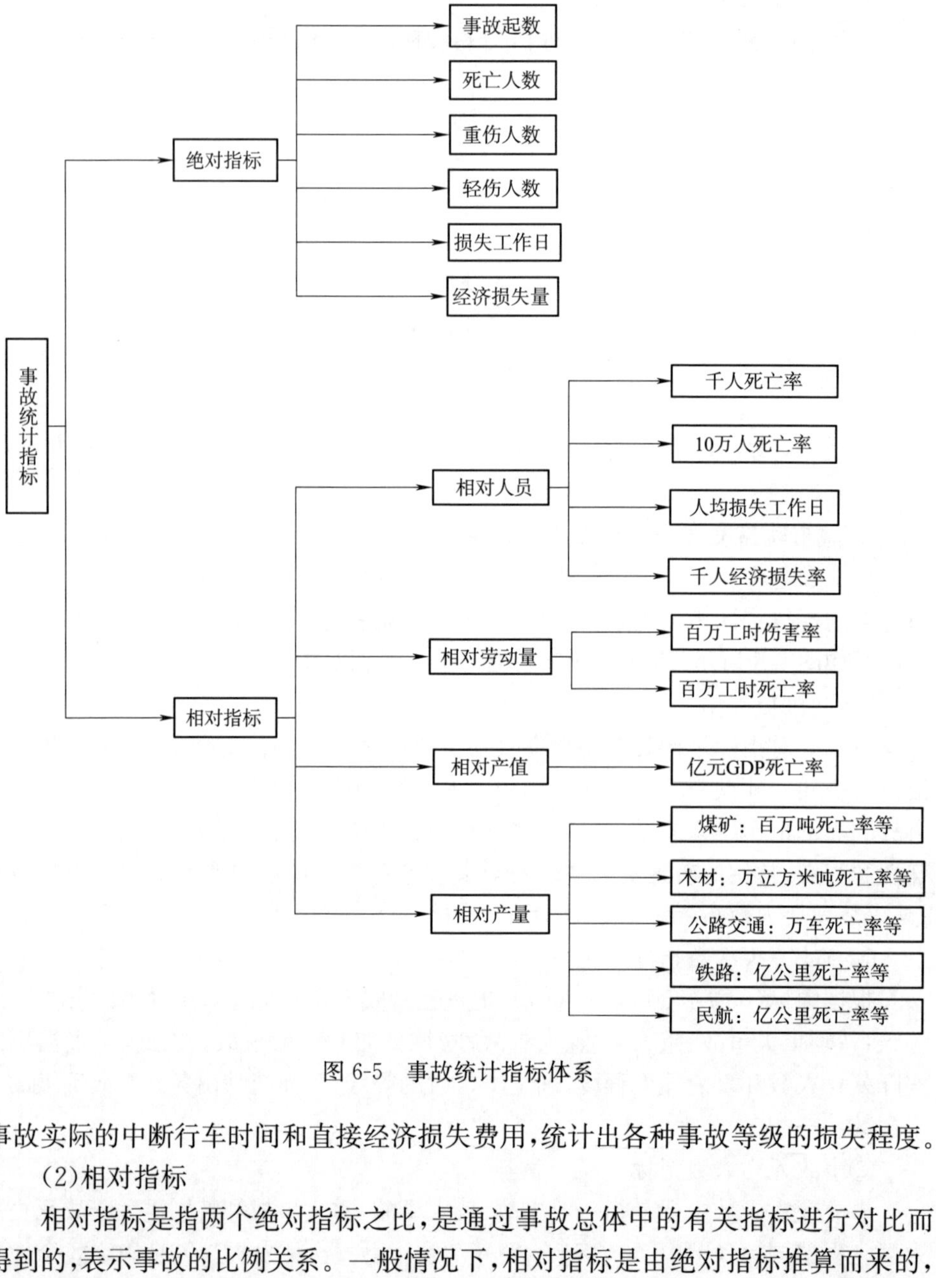

图6-5 事故统计指标体系

事故实际的中断行车时间和直接经济损失费用，统计出各种事故等级的损失程度。

(2)相对指标

相对指标是指两个绝对指标之比，是通过事故总体中的有关指标进行对比而得到的，表示事故的比例关系。一般情况下，相对指标是由绝对指标推算而来的，主要用于横向对比，利用相对指标可深入地认识事故的发展变化程度、内部构成、对比情况、事故强度等。此外，相对指标还可把一些不能直接进行对比的绝对指标放在共同的基础上分析比较，常见的轨道交通安全事故相对指标主要包括结构相对数、比较相对数、强度相对数和动态相对数。

①结构相对数：事故结构即是事故总体的组成状况，为了从结构方面认识事故总体，因此需要建立结构相对数指标。结构相对数的计算方法如下：

$$\text{结构相对数}(\%)=\frac{\text{总体中某部分的数值}}{\text{总体全部数值}}\times 100\%$$

②比较相对数分为两种类型。一种是将同一总体中联系的两个指标数相对比；另一种是同类现象在同一时期的指标数在不同地区间对比。其计算方法如下：

$$\text{比较相对数}(\%)=\frac{\text{乙地某种指标数}}{\text{甲地某种指标数}}\times 100\%$$

③强度相对数：强度相对数是两个性质不同但仍有密切联系的绝对指标相互对比，用以表现事故总体中某一方面的严重程度。强度相对数的计算方法如下：

$$\text{强度相对数}(\%)=\frac{\text{某一绝对指标数}}{\text{另一有联系而性质不同的绝对指标数}}\times 100\%$$

④动态相对数：动态相对数是事故现象在不同时间同一指标对比的比值，用以表明事故随时间变动的状态和趋势。动态相对数的计算方法如下：

$$\text{动态相对数}(\%)=\frac{\text{报告期指标数}}{\text{基期指标数}}\times 100\%$$

2. 事故统计与计算

我国城市轨道交通事故统计和计算应符合《中华人民共和国地铁运营安全评价标准》(GB/T 50438—2007)的相关规定：

(1)年度百万车公里等效事故率计算方法如下：

$$\text{年度百万车公里等效事故率}=\frac{\sum(\text{事故个数}\times\text{事故折算因子})}{\text{百万车公里}}$$

(2)事故折算因子计算。

①责任事故折算因子见表6-3。

表6-3　事故折算因子

事 故 等 级	责任事故折算因子
特别重大事故	100
重大事故	22
大事故	11
险性事故	3.5
一般事故	1

②非地铁方全责的事故折算因子按下式计算：

非地铁方全责事故折算因子＝责任百分比×相应责任事故折算因子

③非责任事故折算因子按下式计算：

非责任事故折算因子＝0.1×相应责任事故折算因子

3. 事故统计结果与分析

(1)运营事故统计规律分析

通过对城市轨道交通运营事故统计分析(共收集到937起城市轨道交通运营事故统计数据，其中国外78起，国内859起)，如图6-6和6-7所示，可以发现最主要的事故类型有12种，分别为列车脱轨、恐怖袭击、列车相撞、跳下站台、踩踏事故、地震、异物侵入、爆炸事故、火灾事故、供电事故、毒气事故，其中列车脱轨、火灾事故、恐怖袭击、列车故障是最主要的事故类型，所占事故总数的百分比分别为21.69%、16.87%、14.46%、10.84%。而对比国内，通号、车辆、供电、乘客等原因是导致轨道交通事故的主要原因，合计占比高达84.65%，究其原因，主要有以下几点。

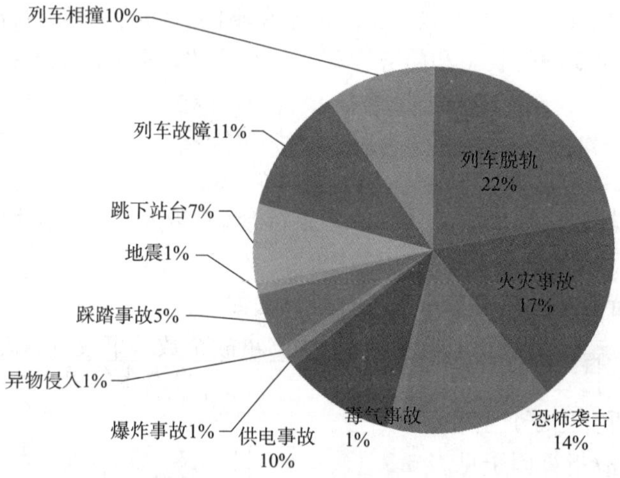

图6-6 国外事故类型统计图

①国外轨道交通系统大多已经运营多年，设备陈旧老化、安全投入过少，导致列车频繁出轨。还有部分国家政局动荡，恐怖分子活动频繁，这就不难解释国外轨道交通事故中出现火宅、毒气、爆炸等事故类型。

②我国城市轨道交通发展迅速，但仍然处于一个快速发展的阶段，采用的设备多为最近几年的新型设备，可靠性更高一些，但由于各工作缺乏对新设备的使用经验，可能导致通号类故障和车辆类故障偏多。

③数据统计原因，由于受制于国外数据统计的相对比较困难，导致国外轨道交通事故统计的样本数据太少。数据大多源自网络和既有研究文献，导致统计的事

故都是较为严重的事故，一般事故的统计较少，进而导致相对失真。

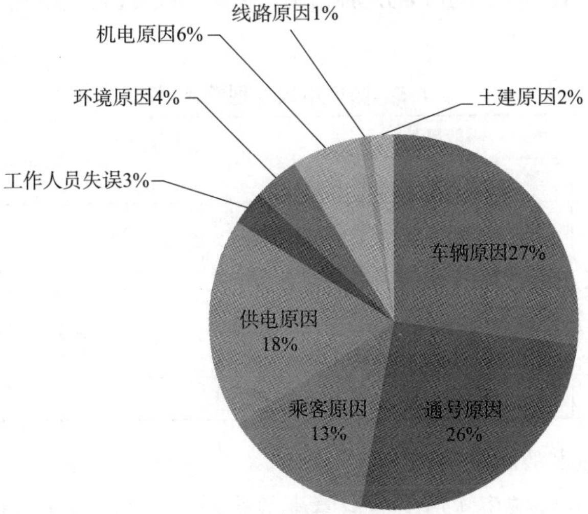

图 6-7　国内事故类型统计图

(2)事故类型划分

通过对城市轨道交通运营事故统计分析，可以发现国内和国外在轨道交通事故类型存在诸多不同。见表 6-4，国内城市轨道运营事故或者故障主要集中在信号故障、车辆故障和乘客原因这三个方面，占统计事故总数的 68.54%，而国外则主要以火灾、列车脱轨、恐怖袭击、乘客坠落等为主，占统计事故总数的 73.83%。

表 6-4　国内外事故类型统计对比

区域	主要事故类型
国内	信号故障、车辆故障、乘客原因、环境原因、供电故障、机电故障、线路影响因素、土建影响因素
国外	火灾、列车脱轨、恐怖袭击、乘客坠落、停电、自然灾害、毒气、爆炸、设备故障

通过对国内城市轨道交通运营事故的分类统计分析可以发现，虽然事故致因因素纷繁复杂，但是通常都与人的行为失误相关。经不完全统计，现代工业企业事故中，约 85%以上的事故直接或间接源于人的失误。在城市轨道交通层面，主要表现在员工违章违纪、漏检漏修、操作失误、管理不当等。由于人的行为具有可塑性，只要加强管理、加强培训，研究事故的致因机理，便可以很大程度上减少事故发生的概率，从而达到事故预防的目的。

(3)事故等级分布规律

通过对国内事故类型统计数据的对比分析见表 6-5，可以发现，城市轨道交通运营事故发生的次数与事故大小呈现反比例关系，即事故越严重，发生的次数越少，事故越微小，发生的次数越多。一般A类事故、一般B类事故、一般C类事故、险性事故、大事故、重大事故分别占比为86.63%、3.95%、4.86%、2.74%、0.61%、1.22%。

表6-5 国内事故类型统计对比

年份	一般事故			险性事故	大事故	重大事故	合计
	A	B	C				
北京2009年	46	3	6	0	1	1	57
北京2010年	59	4	3	3	0	1	70
北京2011年	81	2	4	3	0	1	91
北京2012年	99	4	3	3	1	1	111
合计	285	13	16	9	2	4	329

(4)轨道交通事故特征分析

从统计的国内外城市轨道交通运营事故来看，不难发现事故的发生都是遵循一般客观规律的，通常兼具偶然性和必然性，并且具备满足一般事故所具有的特征。其中较为主要的包括以下几点：

①事故发生的必然性和规律性

能量的意外释放以及客观存在的不安全因素，决定了城市轨道交通事故发生的必然性；由于事故是人、车、环境、管理等多种因素互为因果的连锁反应，因此必然拥有其规律性。

②事故发生的多样性

从事故发生的原因来看，事故致因呈现多样化。社会、自然和系统状态等运营管理所难以实施控制的环境的环境因素、设施设备等系统自身因素，人为蓄意破坏行为、乘客不安全行为、工作人员不规范行为等人为因素，都可能导致重大运营事故的发生。

③事故的动态性

造成地铁火灾事故的因素繁多，各种因素即相互独立又彼此联系，一种因素或多种因素都可能导致火灾事故的发生，并且这些因素在时序层面具有动态性，即事故会随着时间的推移而发生演化。

④事故影响因子的复杂性

城市轨道交通系统是一个集线路、车辆、信号、通信、供电、机电等专业于一体的复杂大系统。因此其风险因子或危险因素之间的相互作用形式也是复杂多样，通常呈现非线性关系。

附录　国家处置城市地铁事故灾难应急预案

一、总　　则

1　编制目的

做好城市地铁事故灾难的防范与处置工作，保证及时、有序、高效、妥善地处置城市地铁事故灾难，最大程度地减少人员伤亡和财产损失，维护社会稳定，支持和保障经济发展。

2　编制依据

依据《中华人民共和国安全生产法》《中华人民共和国消防法》《突发公共卫生事件应急条例》《国务院关于特大安全事故行政责任追究的规定》和《国家突发公共事件总体应急预案》，制定本预案。

3　适用范围

本预案适用于我国地铁（包括轻轨）发生的特别重大事故灾难，致使人民群众生命财产和地铁的正常运营受到严重威胁，具备下列条件之一的：

(1)造成 30 人以上死亡（含失踪），或危及 30 人以上生命安全，或者 100 人以上中毒（重伤），或者直接经济损失 1 亿元以上；

(2)需要紧急转移安置 10 万人以上；

(3)超出省级人民政府应急处置能力；

(4)跨省级行政区、跨领域（行业和部门）；

(5)国务院认为需要国务院或建设部响应。

4　工作原则

(1)以人为本、科学决策

发挥政府公共服务职能，把保障人民群众的生命安全、最大程度地减少事故灾难造成的损失放在首位。运用先进技术，充分发挥专家作用，实行科学民主决策。

(2)统一指挥、分级负责

在国务院的统一领导下，由建设部牵头负责，省（区、市）人民政府和国务院其他有关部门、军队、武警按照各自的职责分工和权限，负责有关地铁事故灾难的应急管理和特别重大、重大事故灾难的应急处置工作。

(3)属地为主、分工协作

地铁事故灾难应急处置实行属地负责制，城市人民政府是处置事故灾难的主体，要承担处置的首要责任。国务院各有关部门、军队、武警、省(区、市)人民政府要主动配合、密切协作、整合资源、信息共享、形成合力，保证事故灾难信息的及时准确传递、快速有效处置。

(4)应急处置与日常建设相结合、有效应对

国务院各有关部门、军队、武警和省(区、市)人民政府，尤其是地铁所在地城市人民政府，对事故灾难要有充分的思想准备，调动全社会力量，建立应对事故灾难的有效机制，做到常备不懈。应急机制建设和资源准备要坚持应急处置与日常建设相结合，降低运行成本。

二、组织机构与职责

1　国家应急机构

国务院或国务院授权建设部设立城市地铁事故灾难应急领导小组(以下简称"领导小组")。领导小组下设办公室、联络组和专家组。

领导小组办公室设在建设部质量安全司，具体负责全国地铁事故灾难应急工作。领导小组联络组由各成员单位指派的人员组成。领导小组专家组由地铁、公安、消防、安全生产、卫生防疫、防化等方面的专家组成。

2　省级、市级地铁事故灾难应急机构

省级、市级地铁事故灾难应急机构应比照国家地铁事故灾难应急机构的组成、职责，结合本地实际情况确定。

3　城市地铁企业事故灾难应急机构

城市地铁企业应建立由企业主要负责人、分管安全生产的负责人、有关部门参加的地铁事故灾难应急机构。

三、预警预防机制

1　监测机构

城市人民政府建设行政主管部门负责城市地铁的运行监测、预警工作，建立城市地铁监测体系和运行机制；对检测信息进行汇总分析；对城市地铁运行状况进行收集、汇总分析并做出报告，每半年向国家和省级地铁应急机构做出书面报告。

2　监测网络

由省级、市级建设行政主管部门、城市地铁企业组成监测网络，省级、市级建设行政主管部门设立城市地铁监察员对城市地铁进行检查监督。

3　监测内容

城市地铁的规章制度、强制性标准、设施设备及安全运营管理。

四、应急响应

1　分级响应

Ⅰ级响应行动由领导小组组织实施，当领导小组进入Ⅰ级响应行动时，事发地各级政府应当按照相应的预案全力以赴组织救援，并及时向领导小组报告救援工作进展情况。

Ⅱ级以下应急响应行动的组织实施，由省级人民政府决定。城市人民政府可根据事故灾难的严重程度启动相应的应急预案，超出本级应急处置能力时，及时报请上一级应急机构启动上一级应急预案实施救援。

(1)领导小组的响应

建设部在接到特别重大事故灾难报告2小时内，决定是否启动Ⅰ级响应。

Ⅰ级响应时，领导小组启动并实施本预案。及时将事故灾难的基本情况、事态发展和救援进展情况报告国务院并抄报国家安全监管总局；开通与国务院有关部门、军队、武警等有关方面的通信联系；开通与事故灾难发生地的省级应急机构、事发地城市政府应急机构、现场应急机构、相关专业应急机构的通信联系，随时掌握事态进展情况；派出有关人员和专家赶赴现场，参加、指导应急工作；需要其他部门应急力量支援时，向国务院提出请求。

Ⅱ级以下响应时，及时开通与事故灾难发生地的省级应急机构、事发地城市政府应急机构的通信联系，随时掌握事态进展情况；根据有关部门和专家的建议，为地方应急指挥救援工作提供协调和技术支持；必要时，派出有关人员和专家赶赴现场，参加、指导应急工作。

(2)国务院有关部门、军队、武警的响应

Ⅰ级响应时，国务院有关部门、军队、武警按照预案规定的职责参与应急工作，启动并实施本部门相关的应急预案。

2　不同事故灾难的应急响应措施

(1)火灾应急响应措施

①城市地铁企业要制定完善的消防预案，针对不同车站、列车运行的不同状态以及消防重点部位制定具体的火灾应急响应预案；

②贯彻"救人第一，救人与灭火同步进行"的原则，积极施救；

③处置火灾事件应坚持快速反应的原则，做到反应快、报告快、处置快，把握起火初期的关键时间，把损失控制在最低程度；

④火灾发生后，工作人员应立即向"119""110"报告。同时组织做好乘客的疏

散、救护工作，积极开展灭火自救工作；

⑤地铁企业事故灾难应急机构及市级地铁事故灾难应急机构，接到火灾报告后，应立即组织启动相应应急预案。

(2)地震应急响应措施

①实行高度集中，统一指挥。各单位、各部门要听从事发地省、直辖市人民政府指挥，各司其职，各负其责。

②抓住主要矛盾，先救人、后救物，先抢救通信、供电等要害部位，后抢救一般设施。

③市级地铁事故灾难应急机构及地铁企业负责制定地震应急预案，做好应急物资的储备及管理工作。

④发布破坏性地震预报后，即进入临震应急状态。省级人民政府建设主管部门采取相应措施：

a. 根据震情发展和工程设施情况，发布避震通知，必要时停止运营和施工，组织避震疏散；

b. 对有关工程和设备采取紧急抗震加固等保护措施；

c. 检查抢险救灾的准备工作；

d. 及时准确通报地震信息，保护正常工作秩序。

⑤地震发生时，省级人民政府建设主管部门及时将灾情报有关部门，同时做好乘客疏散和地铁设备、设施保护工作。

⑥地铁企业事故灾难应急机构及市级地铁事故灾难应急机构，接到地震报告后，应立即组织启动相应应急预案。

(3)地铁爆炸应急响应措施

①迅速反应，及时报告，密切配合，全力以赴疏散乘客、排除险情，尽快恢复运营；

②地铁企业应针对地铁列车、地铁车站、地铁主变电站、地铁控制中心，以及地铁车辆段等重点防范部位制定防爆措施；

③地铁内发现的爆炸物品、可疑物品应由专业人员进行排除，任何非专业人员不得随意触动；

④地铁爆炸案件一旦发生，市级建设主管部门应立即报告当地公安部门、消防部门、卫生部门，组织开展调查处理和应急工作；

⑤地铁企业事故灾难应急机构及市级地铁事故灾难应急机构，接到爆炸报告后，应立即组织启动相应应急预案。

(4)地铁大面积停电应急响应措施

①地铁企业应贯彻预防为主、防救结合的原则，重点做好日常安全供电保障工

作，准备备用电源，防止停电事件的发生；

②停电事件发生后，地铁企业要做好信息发布工作，做好乘客紧急疏散、安抚工作，协助做好地铁的治安防护工作；

③供电部门在事故灾难发生后，应根据事故灾难性质、特点，立即实施事故灾难抢修、抢险有关预案，尽快恢复供电；

④地铁企业事故灾难应急机构及市级地铁事故灾难应急机构，接到停电报告后，应立即组织启动相应应急预案。

3 应急情况报告

应急情况报告的基本原则是：快捷、准确、直报、续报。

(1)快捷

最先接到事故灾难信息的单位应在第一时间报告，最迟不能超过1小时。

(2)准确

报告内容要真实，不得瞒报、虚报、漏报。

(3)直报

发生特别重大事故灾难，要直报领导小组办公室，同时报省、市地铁事故灾难应急机构。紧急情况下，可越级上报国务院，并及时通报有关部门。

(4)续报

在事故灾难发生一段时间内，要连续上报事故灾难应急处置的进展情况及有关内容。

(5)报告内容

特别重大事故灾难快报及续报应当包括以下内容：

①事件单位的名称、负责人、联系电话及地址；

②事件发生的时间、地点；

③事件造成的危害程度、影响范围、伤亡人数、直接经济损失；

④事件的简要经过；

⑤其他需上报的有关事项。

4 报告程序

(1)地铁事故灾难发生后，现场人员必须立即报警，并报告地铁企业应急机构。有关部门接到报告后，应迅速确认事故灾难性质和等级，立即启动相应的预案，并向上级地铁应急机构报告。

(2)特别重大事故灾难发生单位、属地政府及其相关行政主管部门，接报后必须做到：

①迅速采取有效措施，组织抢救，防止事故灾难扩大；

②严格保护事故灾难现场；

③迅速派人赶赴事故灾难现场，负责维护现场秩序和证据收集工作；

④服从地方政府统一部署和指挥，了解掌握事故灾难情况，协调组织事件抢险救灾和调查处理等事宜，并及时报告事态趋势及状况。

(3)因抢救人员、防止事故灾难扩大、恢复生产以及疏通交通等原因，需要移动现场物件的，应当做好标志，采取拍照、摄像、绘图等方法详细记录事故灾难现场的原貌，妥善保存现场重要痕迹、物证。

(4)发生特别重大事故灾难的单位及城市地铁事故灾难应急机构应在事故灾难发生后4小时内写出事故灾难快报，分别报送国家、省地铁事故灾难应急机构。

(5)情况接报：

①领导小组办公室获悉发生城市地铁事故灾难后，迅速通知领导小组，并根据事故灾难的性质和严重程度提出启动预案的建议。

②领导小组接到报告后，应将有关情况上报国务院，同时通报国务院有关部门。

(6)紧急处置：

紧急处置应按照属地为主的原则，依靠本行政区域的力量。事故灾难发生后，地铁企业和当地人民政府应立即启动应急预案，并按照应急预案迅速采取措施，使事故灾难损失降到最低。

根据事态发展情况，出现急剧恶化的特殊险情时，现场应急指挥机构在充分考虑专家和有关方面意见的基础上，及时制定应急处置方案，依法采取紧急处置措施。

(7)医疗卫生救助：

各级卫生行政部门要根据《国家突发公共事件医疗卫生救援应急预案》，组织做好应急准备，在应急响应时，组织、协调开展应急医疗卫生救援工作，保护人民群众的健康和生命安全。

(8)应急人员的安全防护：

现场处置人员应根据需要佩带相应的专业防护装备，采取安全防护措施，严格执行应急人员进入和离开事故灾难现场的相关规定。

现场应急机构根据需要具体协调、调集相应的安全防护装备。城市人民政府应事先为城市地铁企业配备响应的专业防护装备。

(9)群众的安全防护：

现场应急机构负责组织群众的安全防护工作，主要工作内容如下：

①根据事故灾难的特点，确定保护群众安全需要采取的防护措施；

②决定紧急状态下群众疏散、转移和安置的方式、范围、路线和程序，指定有关部门具体负责实施疏散、转移和安置；

③启用应急避难场所；

④维护事发现场的治安秩序。

(10)社会力量的动员与参与：

现场应急机构组织调动本行政区域社会力量参与应急工作。超出事发地省级人民政府的处置能力时，省级人民政府向国务院申请本行政区域外的社会力量支援。

(11)现场检测与评估：

根据需要，现场应急机构成立事故灾难现场检测与评估小组，负责检测、分析和评估工作，查找事故灾难的原因和评估事态的发展趋势，预测事故灾难的后果，为现场应急决策提供参考。检测与评估报告要及时上报领导小组办公室。

(12)信息发布：

城市地铁事故灾难应急信息的公开发布由各级城市地铁事故灾难应急机构决定。对城市地铁事故灾难和应急响应的信息实行统一、快速、有序、规范管理。

信息发布应明确事件的地点、事件的性质、人员伤亡和财产损失情况、救援进展情况、事件区域交通管制情况以及临时交通措施等。

(13)应急结束：

Ⅰ级响应行动由领导小组决定终止。

Ⅱ级以下响应行动的终止由省级人民政府决定。

五、后期处置

1 善后处置

事发地的城市人民政府负责组织地铁事故灾难的善后处置工作，包括治安管理、人员安置、补偿、征用物资补偿、救援物资供应和及时补充、恢复生产等事项。尽快消除事故灾难影响，妥善安置和慰问受害及受影响人员，保证社会稳定，尽快恢复地铁正常运营秩序。

2 保险理赔

地铁事故灾难发生后，保险机构及时开展应急人员保险受理和受灾人员保险理赔工作。

3 调查报告

属于Ⅰ级响应行动的地铁事故灾难由领导小组牵头组成调查组进行调查；必要时，国务院可以直接组成调查组。属于Ⅱ级以下响应行动的地铁事故灾难调查工作由省级人民政府规定；必要时，领导小组可以牵头组成调查组。

应急状态解除后，现场地铁事故灾难应急机构应整理和审查所有的应急记录和文件等资料，总结和评价导致应急状态的事故灾难原因和在应急期间采取的主要行动，必要时，修订城市地铁应急预案，并及时作出书面报告。

(1)应急状态终止后的两个月内，现场地铁事故灾难应急机构应向领导小组提交书面总结报告。

(2)总结报告应包括以下内容：发生事故灾难的地铁基本情况，事故灾难原因、发展过程及造成的后果(包括人员伤亡、经济损失)分析、评价，采取的主要应急响应措施及其有效性，主要经验教训和事故灾难责任人及其处理结果等。

六、保障措施

1　通信与信息保障

领导小组应指定专门场所并建设相应的设施满足进行决策、指挥和对外应急联络的需要。

逐步建立并完善全国地铁安全信息库、救援力量和资源信息库，规范信息获取、分析、发布、报送格式和程序，保证国务院及国务院有关部门、省级、市级应急机构之间的信息资源共享。

保证应急响应期间领导小组同国务院，省级、市级和地铁企业事故灾难应急机构、应急支援单位通信联络的需要；明确联系人、联系方式。

能够接受、显示和传达地铁事故灾难信息，为应急决策和专家咨询提供依据；能够接受、传递省级、市级地铁应急机构应急响应的有关信息；能够为地铁事故灾难应急指挥、与有关部门的信息传输提供条件；对省级、市级和地铁企业事故灾难应急机构预案及地铁企业基本情况进行备案。

2　应急支援与装备保障

(1)救援装备保障

有地铁运营的城市人民政府负责地铁应急装备的保障。领导小组负责指导、监督地铁应急装备保障工作。

(2)应急队伍保障

领导小组和国务院有关部门、军队、武警根据本预案规定的职责分工，做好应急支援力量准备。地方人民政府建立并完善以消防部队为骨干的应急队伍。

(3)交通运输保障

发生事故灾难后，事发地人民政府有关部门负责对事发现场和相关区域进行交通管制，根据需要开设应急特别通道，确保救灾物资、器材和人员运送及时到位，满足应急处置需要。

(4)医疗卫生保障

各级卫生行政部门，要按照《国家突发公共事件医疗卫生救援应急预案》落实医疗卫生应急的各项保障措施。

(5)治安秩序保障

应急响应时,事发地公安机关负责事故灾难现场的治安秩序保障工作。

(6)物资保障

省级人民政府和城市人民政府及其有关部门,应建立应急设备、救治药物和医疗器械等储备制度。

领导小组根据实际情况,负责监督应急物资的储备情况。

国家发展改革委、商务部协调有关省级人民政府跨地区的物资调用。

(7)资金保障

城市人民政府应当做好事故灾难应急资金准备。领导小组应急处置资金按照《财政应急保障预案》的规定解决。

(8)社会动员保障

事发地人民政府根据需要动员和组织社会力量参与地铁事故灾难的应急。领导小组协调事发地以外的社会力量参与救援。

(9)紧急避难场所保障

城市人民政府负责规划与建设能够基本满足事故灾难发生时人员避难需要的场所。

(10)应急保障的衔接

省级、市级的应急保障按国家有关法律、法规、标准的规定及各自批准的应急预案进行。应急保障应为各自所需的应急响应能力提供保证,并保证各级响应的相互衔接与协调。

3 技术储备与保障

领导小组专家组对应急提供技术支持和保障。省级人民政府应比照领导小组专家组的设置,建立相应的机构,对应急提供技术支持和保障。

国务院有关部门和省级、市级人民政府要组织地铁安全保障技术的研究,开发应急技术和装备。

4 宣传、培训和演习

(1)公众信息交流

公众信息交流工作由城市人民政府和地铁企业负责,主要内容是城市地铁安全运营及应急的基本常识和救助知识等。城市人民政府组织制订宣传内容、方式等,并组织地铁企业实施。

(2)培训

对所有参与城市地铁事故灾难应急准备与响应的人员进行培训。

(3)演习

省级人民政府地铁事故灾难应急机构应每年组织一次应急演习。城市(含直辖市)人民政府应每半年组织一次应急演习。

5　监督检查

领导小组对地铁事故灾难应急预案实施的全过程进行监督。

七、附　　则

1　名词解释

(1)地铁

本预案所称地铁是指承担城市公共客运的城市轨道交通系统,包括地上形式和地下形式。

(2)特别重大、重大事故灾难

本预案所称的特别重大、重大事故灾难是指需要启动本预案中规定的Ⅲ级以上应急响应的灾难事故。

特别重大、重大事故灾难类型主要包括:

①地铁遭受火灾、爆炸等事故灾难;

②地铁发生大面积停电;

③地铁发生一条线路全线停运或两条以上线路同时停运;

④地铁车站内发生聚众闹事等突发事件;

⑤地铁遭受台风、水灾、地震等自然灾害的侵袭。

(3)本预案有关数量的表述中,“以上”含本数,“以下”不含本数。

2　预案管理与更新

建设部根据国家应急管理的有关法律、法规和应急资源的变化情况,以及预案实施过程中发现的问题或出现的新情况,及时修订完善本预案。

3　奖励与责任追究

(1)奖励

在地铁事故灾难应急工作中有下列表现之一的单位和个人,应根据有关规定予以奖励:

①出色完成应急任务,成绩显著的;

②防止或挽救事故灾难有功,使人民群众的生命和国家、集体财产免受损失或减少损失的;

③对应急准备或响应提出重大建议,实施效果显著的;

④有其他特殊贡献的。

(2)责任追究

在地铁事故灾难应急工作中有下列行为之一的,按照法律、法规及有关规定,对有关责任人视情节和危害后果,由其所在单位或上级机关给予行政处分;其中,对国家公务人员和国家机关任命的其他人员，分别由任免机关或监察机关给予行政处分；属于违反治安管理行为的，由公安机关依法予以治安处罚；构成犯罪的，由司法机关依法追究刑事责任：

①不按照规定制定事故灾难应急预案，拒绝履行应急准备义务的；

②不按照规定报告、通报事故灾难真实情况的；

③拒不执行地铁事故灾难应急预案，不服从命令和指挥，或者在应急响应时临阵脱逃的；

④盗窃、挪用、贪污应急工作资金或物资的；

⑤阻碍应急工作人员依法执行任务或者进行破坏活动的；

⑥散布谣言，扰乱社会秩序的；

⑦有其他危害应急工作行为的。

4　国际交流与合作

领导小组要积极建立与国际地铁应急机构的联系，开展国际间的交流与合作活动。

5　预案实施时间

本预案自印发之日起实施。

参 考 文 献

[1] 徐新玉.城市轨道交通运营管理规章[M].北京:人民交通出版社,2011.

[2] 王艳辉,祝凌曦.城市轨道交通运营安全管理方法与技术[M].北京:北京交通大学出版社,2011.

[3] 束昱.城市地下空间灾害事故案例选编[M].上海:同济大学出版社,2009.

[4] 杨其鸣.大型铁路客运站系统安全风险辨识及分析研究[D].北京:北京交通大学,2018.

[5] 刘永胜.供应链风险预警机制[M].北京:中国物资出版社,2007.

[6] 李佳遥.基于事故链情境的铁路潜在风险关联推理研究[J].铁道学报,2017,39(11):8-14.

[7] 仇国芳,王举.基于概念格的施工安全事故知识发现研究[J].安全与环境学报,2019,19(5):1625-1630.

[8] 黄玉鑫,闫振国,范京道等.基于 Apriori 算法的煤矿双重预防信息系统[J].工矿自动化,2020,46(10):92-98,118.

[9] 李晨爽.地铁深基坑施工耦合风险动态管控研究[D].武汉:华中科技大学,2019.

[10] 曹吉鸣,申良法,彭为,等.风险链视角下建设项目进度风险评估[J].同济大学学报,2015,3(43):468-474.